resiliencia
desde el
CORAZÓN

Si este libro le ha interesado y desea que lo mantengamos
informado de nuestras publicaciones, puede escribirnos a
comunicacion@editorialsirio.com,
o bien suscribirse a nuestro boletín de novedades en:
www.editorialsirio.com

Título original: Resilience from the Heart
Traducido del inglés por Roc Filella Escolá
Maquetación y diseño de interior: Natalia Arnedo

© 2015 de Gregg Braden
Publicado inicialmente en inglés en el año 2015 por Hay House Inc., en Estados Unidos
Para oír la radio de Hay House, conectar con www.hayhouseradio.com

© de la presente edición
EDITORIAL SIRIO, S.A.
C/ Rosa de los Vientos, 64
Pol. Ind. El Viso
29006-Málaga
España

www.editorialsirio.com
sirio@editorialsirio.com

I.S.B.N.: 978-84-17030-00-1
Depósito Legal: MA-1680-2017

Impreso en Imagraf Impresores, S. A.
c/ Nabucco, 14 D - Pol. Alameda
29006 - Málaga

Impreso en España

Puedes seguirnos en Facebook, Twitter, YouTube e Instagram.

GREGG BRADEN

resiliencia
desde el
CORAZÓN

EDITORIAL
SIRIO

Nos ahogamos en la información, mientras pasamos hambre de buen juicio.
El mundo a partir de ahora estará a cargo de quienes sepan
sintetizar, personas capaces de reunir la información adecuada
en el momento preciso, reflexionar críticamente sobre ella
y tomar las decisiones importantes con prudencia.

E. O. WILSON, biólogo estadounidense

ÍNDICE

PREFACIO A LA NUEVA EDICIÓN

Hay una pregunta que nos hacemos todos los días. Se nos plantea en la vida de formas distintas y, en algunos casos, inesperadas. A veces nos la hacemos plenamente conscientes y nos damos cuenta de que la verbalizamos en susurros mientras respiramos. Pero no suele ocurrir así. En la mayoría de nosotros, la pregunta anida en el fondo de la mente como una incómoda sensación de algo inacabado e incompleto. Sin embargo, cualquiera que sea la forma en que la formulemos, la intención de la que nace es la misma. Es esta pregunta:

¿Qué hago para que mi vida y la de mi familia sean mejores?

Resiliencia desde el corazón trata exactamente de la respuesta a esta pregunta.

La primera versión del libro se publicó en enero de 2014. El título original era *El punto crucial*, y celebré su publicación con una gira mundial de presentaciones, seminarios de un día y talleres de fin de semana, para llevar la información directamente a las personas y las comunidades que pensaba que mejor provecho podían sacar de su mensaje. En Estados Unidos y los países donde se había traducido el libro, en los distintos públicos, fui testigo en directo de algo de lo que con solo las cifras de ventas nunca me hubiese dado cuenta. Desde mi privilegiado puesto de observación en escenarios internacionales, podía mirar a los ojos al auditorio y ver de primera mano cómo sentían las personas las ideas de las que les hacía partícipes.

Por ejemplo, cuando reconocía que una «normalidad nueva» está reemplazando al mundo familiar de nuestro pasado —un territorio inexplorado de extremos que van del cambio social y el cambio climático a la inseguridad laboral, económica y profesional, incluyendo el estrés que estos cambios nos provocan—, la ola de cabezas que asentían me decía que estaba sintonizando con el público. Cada vez que indicaba que, para prosperar en la nueva normalidad, antes debemos admitir y llorar el fin del mundo que se extingue, el murmullo colectivo de asentimiento me transmitía el gran valor curativo de aceptar, manifiesta y sinceramente, la nueva normalidad.

Pero el lenguaje corporal de la sala me demostraba también otras cosas, algo que me costaba más reconocer. Pronto descubrí, por ejemplo, cuándo al público le era difícil conectar con lo que estaba diciendo. Y, tal vez lo más importante, aprendí a entender por su lenguaje corporal cuándo le era completamente imposible asimilar mis palabras. Los momentos de silencio sepulcral, roto solo por esporádicos carraspeos o el movimiento de sillas, y por las personas que salían al baño antes de hora, me indicaban de manera evidente que me había salido de la zona de confort de las ideas aceptadas. La cuestión es que, desde la noche del primer programa en Copenhague hasta el final de la gira mundial, surgió un patrón claro respecto a la información, un patrón sumamente significativo y útil. Era un modelo previsible, y lo siguió siendo a lo largo de toda la gira.

Sin excepción alguna, lo que más atraía al público era la *experiencia* real de desarrollar resiliencia en su cuerpo y su vida: las técnicas y los ejercicios que los ayudaran a aceptar el cambio de forma sana. Al regresar a Estados Unidos, el patrón se repetía. Era universal y no estaba relacionado con la cultura ni el modo de vida. *El punto crucial* trataba de muchas de las técnicas para la resiliencia que yo explicaba en los programas, pero las había emplazado en los últimos capítulos del libro, pensando que cobrarían mayor sentido en un contexto más amplio.

Sin embargo, los diferentes públicos me mostraron algo distinto. No querían esperar hasta el final de los seminarios para tener experiencias prácticas. Era evidente que deseaban conocer las estrategias y experimentar enseguida las técnicas que llevaban a una vida más sana, y querían que las compartiera con ellos lo antes posible. Sé escuchar. He aprendido a prestar atención a la gente y a la retroalimentación que comparte conmigo.

Esta nueva edición del libro original, con otro título, otra estructura y otros objetivos, es mi respuesta a las muchas sinceras peticiones que se me hicieron precisamente en ese sentido. *Resiliencia desde el corazón* está diseñado para abordar desde un primer momento las técnicas y las aplicaciones, en los tres primeros capítulos. En los siguientes, se explica con hechos y plena transparencia por qué la resiliencia es tan necesaria y cómo aplicar a nuestra vida las técnicas que aprendamos en este libro.

La mejor ciencia del siglo XXI recoge hoy el espíritu de nuestras tradiciones espirituales más antiguas y más preciadas. Unas y otras revelan que la clave de la resiliencia está en el corazón. Tanto si te enfrentas a problemas de salud como si ayudas a seres queridos a superar sus dificultades, te debates en una situación económica imposible, o te sientes agobiado por los extremos de un mundo volátil, *Resiliencia desde el corazón* está escrito pensando en ti. En estas páginas encontrarás todo lo que necesitas para aceptar de forma saludable los mayores retos de la vida. Por favor, acepta este libro como mi oportunidad para decirte «gracias» por apoyar este trabajo y por invitarme, e invitar a mi mensaje, a entrar en tu vida.

Agradecido,
GREGG BRADEN

INTRODUCCIÓN
El poder de la resiliencia en tiempos extremos

S i alguna vez has ido de viaje, ya conocerás el proceso. Para prepararlo, primero te haces una idea del lugar al que vas a ir. Te informas sobre el tiempo, consultas mapas y metes en la maleta todo lo que vayas a necesitar.

En este sentido, la clave es que cuando sabes a dónde vas, sabes qué tienes que llevarte. Y cuando te encuentras con que vas a algún sitio en el que nunca has estado antes, te abres a lo desconocido. Esta simple idea es la que anida en el corazón de este libro.

El viaje

Todos estamos de viaje, un viaje importante. Nos lleva a un lugar en el que nadie ha estado jamás. No existen guías ni agencias de Internet que nos puedan decir cómo es exactamente nuestro destino. No hay listas de lo que vamos a necesitar cuando lleguemos. A diferencia de cuando planificamos un viaje ocasional a algún lugar exótico del que podemos regresar pasados unos días, el billete aquí es solo de ida. Es un tipo de viaje completamente distinto. No vamos a otro sitio de cualquier parte de la Tierra. Vamos a otro mundo escondido dentro de la vida cotidiana, y las decisiones que hoy tomamos son las que nos llevan allí. Vamos juntos disparados por el carril rápido de la autopista que cruza las fronteras de las creencias, las religiones y los hábitos tradicionales del pasado. Y, al hacerlo, también traspasamos en un suspiro los límites de lo que creíamos que era posible. Estas experiencias son el pasaporte al nuevo mundo que emerge ante nuestros propios ojos.

El destino

No puedo decir con toda seguridad cómo va a ser nuestro destino. Cuando el polvo se asiente y en lugar de intentar controlar el nuevo ambiente, aprendamos a adaptarnos a él, después de que economías nuevas y sostenibles sustituyan a las que hoy quiebran y fracasan, tras acoger la tecnología que proporciona toda la energía que necesitamos sin los efectos devastadores de los carburantes fósiles, solo puedo imaginar cómo serán nuestras vidas y el mundo. Y cuando lo hago, veo un lugar para todos.

Veo un mundo en el que hemos elevado el nivel de vida de todos, en lugar de bajar el de muchos en beneficio de unos pocos. Veo un mundo en el que las diferencias de color de la piel y de religión han quedado obsoletas, y donde recurrir a la guerra para solucionar los problemas ha dejado de tener sentido. Veo un mundo en el que nuestro amor por la cooperación es mayor que el miedo que nos separa. Y veo el cambio de modo de pensar que hace posible todo esto.

Sin embargo, para alcanzar este cambio, hemos de empezar por reconocer las realidades a las que nos enfrentamos y todo lo que auguran. Un buen punto de partida es reconocer el hecho de que vivimos en un tiempo de extremos.

Un tiempo de extremos

Vivimos en un tiempo en el que podemos esperar que ocurran *grandes* acontecimientos: *grandes* cambios en el mundo y *grandes* cambios en nuestras vidas. Y, hay que decirlo, los extremos de los que hablo no tienen que ser necesariamente negativos. Además, para el caso, ni siquiera es preciso que sean positivos. Ocurre sencillamente que son *grandes* acontecimientos. Y los grandes acontecimientos se producen a nuestro alrededor, en nuestra vida y en nuestro mundo. En los próximos capítulos expondré las razones de estos extremos, pero aquí lo fundamental es que estamos viviendo en una extraña época de transición.

Vivimos la emergencia de una nueva «normalidad», y el éxito de la transición depende de nuestra disposición a reconocer el cambio y de nuestra capacidad de aceptarlo de forma sana. La cultura globalizada del empleo, el dinero, los mercados y los recursos implica que hoy es imposible separar los extremos del mundo de lo que significan en nuestra vida cotidiana.

La crisis del cambio climático es un ejemplo perfecto de esta relación: las sequías sin precedentes provocadas por el cambio de los patrones climáticos globales se traducen directamente en unas cosechas estacionales insuficientes y en los precios más altos que hemos de pagar por los alimentos en el supermercado. La deuda extrema y la quiebra de las economías del otro lado del planeta se traducen directamente en un precio más alto de la gasolina en las estaciones de servicio y como consecuencia del billete del autobús, el tren o el taxi que nos llevan al trabajo todos los días. Debido a estos y otros extremos, es más difícil conseguir créditos bancarios y el interés que se nos paga por los ahorros, las cuentas corrientes y los planes de pensiones está casi en el nivel más bajo de todos los tiempos, en torno al 0%. La desaceleración de la industria global se traduce directamente en pérdida de empleos y de seguridad laboral en el ámbito local.

Estos son los tipos de extremos del mundo que generan grandes cambios en la vida. Entre las muchas incertidumbres que llevan consigo, hay algo de lo que podemos estar seguros: nuestras vidas están cambiando de formas a las que no estamos acostumbrados y para las que estamos preparados, a una velocidad que nunca habíamos conocido.

La clave

Soy optimista por naturaleza. Veo motivos reales para el optimismo en nuestra vida. Pero también soy realista. Soy perfectamente consciente del inmenso trabajo necesario para adentrarnos en el nuevo mundo que tenemos delante. La capacidad de afrontar con éxito los retos que convergen en nuestras vidas empieza en el reconocimiento de la que puede ser la pregunta más evidente pero más difícil que nos podemos hacer: ¿cómo podemos abordar los problemas si no estamos dispuestos a reconocerlos?

La voluntad de plantearnos esta simple pregunta es la clave para desarrollar más resiliencia en nuestro tiempo de extremos.

Todos estamos en el viaje

Una gran diferencia entre los viajes que podamos haber hecho anteriormente y el gran viaje en el que hoy nos encontramos es que en la actualidad no elegimos a aquellos que nos acompañarán. La razón es muy simple: todos los habitantes del planeta participamos en él. No se puede dejar a nadie atrás. El mundo actual está tan interconectado, y a tantos niveles, que es imposible que el cambio que se esté produciendo en un sitio no asome también en otros. Es una realidad de la que he sido testigo directo en mis viajes a algunos de los lugares más remotos y aislados que quedan en el mundo, por ejemplo el Tíbet.

En 2005, después de una serie de peregrinaciones anteriores a los monasterios de la altiplanicie tibetana, vi por primera vez cómo el brillo inquietante de los teléfonos móviles iluminaba las oscuras estancias milenarias al encenderse debajo de los hábitos de monjes y monjas. Para las personas que viven en esos apartados monasterios, su antiguo mundo asentado en el aislamiento está hoy camino de una conectividad recién descubierta. La nueva tecnología augura que su mundo y sus vidas nunca volverán a ser los mismos.

Una crisis de pensamiento

Pero no hace falta ir al Tíbet para encontrar pruebas de la espectacular transformación que el mundo está experimentando. El cambio se refleja en todas partes, tanto en cómo funciona todo en nuestra vida como en aquello del pasado que *ya no funciona*. Los viejos tiempos de una economía basada en el petróleo, por ejemplo, están cediendo el paso a una nueva economía basada en energías más limpias y sostenibles. Las viejas ideas de producción de los alimentos en grandes explotaciones corporativas a medio mundo de distancia dan paso hoy a una nueva producción sana y sostenible de los alimentos en pequeñas granjas que dan vida a las economías locales. La vieja costumbre de asentar la salud en empresas que destruyen el planeta cede el paso hoy a modelos de investigación nuevos y socialmente responsables.

Y en este proceso de desaparición del mundo antiguo y emergencia de otro nuevo, el choque entre ambos acentúa otra crisis, mayor aún, a la que todos nos enfrentamos pero sobre la que probablemente nunca leeremos ni oiremos hablar en los medios de comunicación populares. Es una crisis silenciosa que se asemeja al proverbial elefante de la habitación:* algo que todos ven pero nadie reconoce, una verdad evidente que es ignorada o pasa inadvertida.

Podemos decir que la mayor crisis a la que nos enfrentamos en nuestro tiempo de extremos es una crisis de pensamiento. Y el pensamiento es la clave de cómo satisfacemos nuestras necesidades en la nueva normalidad. Se nos ha encargado, a ti y a mí, que nos empleemos en algo que nunca se ha hecho antes. Estamos ante el reto de cambiar radicalmente las ideas que tenemos sobre nosotros mismos y sobre nuestras relaciones con el resto del mundo, y cambiarlas a una velocidad que ninguna generación anterior ha experimentado.

La disposición a pensar de otro modo será la clave del éxito de nuestro viaje. El viaje en el que estamos inmersos es de enormes dimensiones, pero también es una pequeña excursión, porque el mundo al que nos dirigimos ya está aquí. En este mismo instante, está ya con nosotros.

Tenemos las soluciones

Tenemos la suerte de que ya se ha descubierto la tecnología para resolver los mayores problemas a los que nos enfrentamos. Las más grandes dificultades que nunca pudiéramos haber imaginado ya están superadas. Ya entendemos los principios superiores. Todo ello ya existe en este momento, aquí mismo, ahora mismo, y lo tenemos al alcance de la mano. Lo único que falta entre nosotros y el nuevo mundo

---

* «El elefante en la habitación» es un modismo inglés que se utiliza para ilustrar la evidencia que es ignorada, algo obvio que pasa desapercibido o de lo que nadie quiere hacerse cargo.

—con abundancia de energía que se puede obtener de fuentes limpias y accesibles a todos los miembros de nuestra comunidad global; con gran cantidad de alimentos limpios, sanos y que pueden estar al alcance de todas las bocas del plantea, y donde todos los seres humanos pueden satisfacer las necesidades básicas para una vida cómoda y significativa— es un *pensamiento* que haga sitio en nuestra vida para lo que ya existe en el mundo.

Las preguntas que nos hemos de hacer, y responder ahora, son estas: ¿estamos dispuestos a aceptar el pensamiento que da prioridad a estas posibilidades?, ¿permitiremos que las verdades más profundas de las relaciones con nosotros mismos, entre unos y otros y con la Tierra, sean el pasaporte para nuestro viaje?

Este libro se ha escrito para ayudarte a responder estas preguntas.

La imagen de conjunto

Mientras vayas leyendo las páginas que siguen, te invito a que tengas presentes cinco hechos:

- Hecho 1: ahora es diferente. Desde la quiebra de las economías nacionales y el cambio global del dominio de la energía hasta la realidad del cambio climático y del fracaso de la guerra para resolver nuestras diferencias, se cierne sobre nosotros una convergencia de situaciones extremas que no tienen parangón conocido en la historia del mundo. Precisamente *porque* hoy es diferente, el pensamiento del pasado ya no sirve para resolver nuestros problemas.

- Hecho 2: la vida mejora, y la resiliencia es la clave. Es importante recordar que lo único que ahora mismo se desmorona son formas de vivir y de pensar que han dejado de ser sostenibles. La resiliencia personal crea espacio para los grandes cambios que vivimos y es el mejor aliado en este tiempo de extremos.

- Hecho 3: *el punto de inflexión, o punto crucial*, que es el cambio a mejor puede sustituir al punto crítico de los extremos aterradores. La naturaleza propicia un momento en que toda crisis puede pasar a ser transformación, en que la mera supervivencia a los extremos del mundo se puede convertir en una próspera forma de vida. Ese momento es el *punto de inflexión*. Un punto de inflexión aparece cuando una nueva fuerza —un hecho, un descubrimiento, una experiencia— nos cambia la manera de enfrentarnos a lo que sucede o pueda suceder. *Lo importante es que los puntos de inflexión de la vida pueden ser espontáneos o se pueden crear.*

- Hecho 4: ya disponemos de soluciones nuevas. Ya contamos las soluciones necesarias para crear puntos de inflexión. No tenemos necesidad de reinventar la rueda. Lo que necesitamos es construir el «camino» del pensamiento que le dé a la «rueda» de las soluciones algo sobre lo que correr.

- Hecho 5: la mayor crisis es la más difícil de aceptar. A los científicos y a los líderes políticos y religiosos se les ha escapado en el mismo grado el factor individual que media entre la crisis y la transformación: la *crisis del pensamiento*. Debemos acoger el pensamiento que nos permita aceptar las soluciones que existen en nuestras vidas.

Estos cinco hechos estructuran la realidad a la que nos enfrentamos, y en ellos tenemos la clave, nosotros y el mundo, para dar el siguiente paso hacia la transformación. La capacidad de prosperar en medio de tan descomunal cambio —*la resiliencia personal*— es el primer paso para asegurar el éxito del viaje en el que estamos embarcados.

En este libro

En los capítulos que siguen, te invito a compartir un viaje fáctico y sincero de posibilidades muy reales. No es una exposición romántica de la vida vista a través del cristal rosa de las ilusiones vanas. Al contrario, es una evaluación sincera de las realidades que se nos han plantado en la puerta de casa y de las estrategias que nos pueden guiar a todos en decisiones que nos van a cambiar la vida.

En las páginas siguientes, responderé las dos cuestiones que parecen estar en mente de todos: *qué significan los extremos globales para nuestra vida personal y cómo es posible mejorar nuestra vida cotidiana y la de nuestra familia.* A medida que vayas leyendo, descubrirás:

- Estrategias para que la resiliencia basada en el corazón acepte el cambio y la pérdida con una mente sana.
- Cambios concretos que puedes introducir ahora mismo en tu vida para convertir los puntos críticos en puntos de inflexión para la transformación.
- El camino para adaptar bien tus ideas sobre el trabajo y la carrera profesional, el dinero y la economía a un mundo transformado.
- Los hechos que definen este tiempo de extremos y que los medios de comunicación de mayor influencia pasan por alto.
- Las claves para ascender, tú y todos, a un nivel superior de vida recta, sana y sostenible.

Es importante que sepas desde el principio qué puedes esperar de este libro, por qué fue escrito, qué es y qué no es:

- *Resiliencia desde el corazón* no es un libro científico. Aunque voy a hablar de avances de la ciencia que invitan a reconsiderar nuestra relación con el mundo y la forma en que se nos ha condicionado para que resolvamos nuestros problemas, este libro no se ha escrito para ajustarse al formato ni cumplir los estándares del clásico manual científico o una publicación técnica.
- No es un estudio de investigación revisado por iguales. No ha pasado por un largo proceso de revisión por parte de un tribunal acreditado ni de un selecto panel de especialistas condicionados a ver el mundo a través de los ojos de un único campo de estudio, como la física, las matemáticas o la psicología.
- Está basado en la investigación y bien documentado. Está escrito con actitud amable hacia el lector e incluye estudios de casos, datos históricos y experiencias personales que refuerzan la visión de nosotros mismos como seres con un gran potencial.

- Es un ejemplo de lo que ocurre cuando se traspasan las fronteras tradicionales entre la ciencia y la espiritualidad. Al aunar los descubrimientos realizados durante el siglo XX en la biología, las geociencias y el cambio social, obtenemos un marco de gran fuerza para situar los espectaculares cambios de nuestra era en un contexto que nos ayude a tratar esos cambios.

Si los hechos están claros, las decisiones son evidentes

A todos se nos ha inducido a pensar sobre nosotros mismos, las naciones, las religiones y la vida de forma que nos ayude a entender nuestro mundo: a través de historias basadas en lo que nuestras familias y comunidades aceptaban como verdadero en un determinado momento. Si somos sinceros con nosotros mismos y reconocemos que el mundo está cambiando, es evidente que esas historias también tienen que cambiar. Te invito a que consideres los hechos que se exponen en este libro y a continuación analices qué significan para ti. Habla de ellos con las personas de tu vida. De este modo, descubrirás por ti mismo si cambia tu historia, y en qué sentido.

Resiliencia desde el corazón está escrito con un objetivo en mente: darnos fuerza en las decisiones que propicien vidas prósperas en un mundo nuevo, transformado y sostenible. Creo que es posible aceptar este camino sin abandonar las tradiciones de nuestras familias y el legado que tanto enriquecen a nuestro mundo.

La clave de nuestra transformación es bien sencilla: cuanto mejor nos conozcamos, mejor preparados estaremos para tomar decisiones sabias.

GREGG BRADEN
Santa Fe, Nuevo México

CAPÍTULO 1

EL CORAZÓN INEXPLORADO

Nuevos descubrimientos revelan misterios aún más profundos

Si el siglo xx ha sido el siglo del cerebro...,
el siglo xxi debería ser el siglo del corazón.[1]

GARY E. R. SCHWARTZ Y LINDA G. S. RUSSEK, autores de *The Living Energy Universe*

¿Qué supondría descubrir que la función del corazón humano —*tu* corazón— es algo más que simplemente bombear sangre a todo el cuerpo?

Es evidente que el corazón *bombea* la sangre que alimenta nuestros órganos y a cada una de los, más o menos, cincuenta billones de células que forman nuestro cuerpo, pero descubrimientos recientes apuntan a que el cometido del corazón puede ir más allá de esta función de bombeo. Los beneficios de armonizar el corazón con el cerebro para darnos una mayor y más profunda intuición, precognición (conocimiento de sucesos futuros) y la sabiduría directa de la inteligencia del corazón nos pueden catapultar hasta puntos muy alejados del pensamiento tradicional en lo que se refiere a cómo vivimos y resolvemos los problemas. Son estas capacidades, también, las que nos proporcionan la resiliencia para aceptar, de forma más positiva, el gran cambio de nuestras vidas.

Las páginas que siguen solo empiezan a rascar en la superficie de lo que nos aguarda al explorar unas capacidades que parecen milagrosas y que hoy están documentadas como funciones normales —aunque menos evidentes— del corazón. ¿Qué otros papeles desempeña este órgano que apenas empezamos a conocer? Cuanto más descubrimos, más profundo se hace el misterio.

Vivimos en un mundo donde situaciones y escenarios que hace solo una generación hubiesen parecido misteriosos, y hasta imposibles, se han convertido en algo habitual. En una sola generación, por ejemplo, hemos sido testigos de cómo la capacidad de trasplantar órganos humanos ha pasado de ser algo que solo se materializaba en muy contadas ocasiones a los más de treinta mil trasplantes de órganos y tejidos que hoy se realizan al año en Estados Unidos.[2] El conocimiento del código de la vida nos ha lanzado desde el descubrimiento de la doble hélice del ADN, en 1953, hasta el punto actual: hoy podemos insertar información digital de un libro directamente en el código genético de una bacteria viva, y luego recuperar y leer esta información al cabo de más de veinte generaciones, perfectamente conservada en su ADN.[3] El éxito de estas capacidades, y de otras muchísimas, ha llevado a los científicos a pensar que estamos en el buen camino en lo referente a la comprensión básica de las células, la vida y el funcionamiento del organismo. La idea es que no podríamos conseguir los avances que hemos logrado si, para empezar, las reglas básicas no fueran acertadas.

Debido precisamente a esta idea, el nuevo descubrimiento que hace posible la propia esencia de este capítulo ha sorprendido por igual a muchos científicos y a la gente común. El físico Neil deGrasse Tyson describe muy bien la situación cuando dice: «La propia naturaleza de la ciencia son los descubrimientos, y los mejores son los inesperados».[4] Los científicos llevan casi cincuenta años alargando la esperanza de vida de la gente gracias a los trasplantes de corazón, y lo han hecho tan bien que hoy no parece probable un cambio en la idea que tenemos de este órgano. Sin embargo, las nuevas pruebas de inteligencia basada en el corazón hacen inevitable dicho cambio.

El corazón inexplorado

Las implicaciones de los recientes descubrimientos acerca del corazón están sacudiendo los cimientos de las ideas que hemos ido sumando acerca de su función en la vida y el organismo humano. Y todo se resume en la respuesta que demos a una pregunta fundamental: ¿cuál es el órgano rector de nuestro cuerpo?

Si tu respuesta es «el cerebro», no eres el único que así lo cree. Si a una persona media se le pide que señale el órgano que controla las funciones fundamentales del cuerpo, con frecuencia la respuesta es la misma: «El cerebro». Este es el órgano rector del cuerpo humano, evidentemente. Y no es de extrañar que así sea.

Desde los días de Leonardo da Vinci, hace quinientos años, hasta finales de la pasada década de los noventa, las personas instruidas de todo el mundo occidental creyeron que el cerebro era el que «dirigía» la sinfonía de funciones que nos mantienen vivos y sanos. Así lo han afirmado los maestros con la autoridad propia de su profesión. Es la premisa en que médicos y trabajadores de la salud han basado decisiones de vida o muerte. Y es lo que la mayoría de las personas dicen cuando se les pide que señalen cuál es el órgano que rige el funcionamiento del organismo. La idea de que el cerebro es el órgano rector del cuerpo humano ha sido aceptada y transmitida por algunos de los científicos, instituciones académicas y pensadores más innovadores de la historia moderna, y hoy sigue impregnando el pensamiento establecido.

En la página web *Anatomy of the Brain* de la clínica Mayfield, asociada al departamento de neurocirugía de la Universidad de Cincinnati, se ilustra bellamente esta creencia. Dice:

> Este misterioso órgano de menos de kilo y medio [el cerebro] controla todas las funciones necesarias del cuerpo, recibe e interpreta la información que le llega del mundo exterior y encarna la esencia de la mente y el espíritu. La inteligencia, la creatividad, la emoción y los recuerdos son algunas de las muchas áreas que el cerebro gobierna.[5]

La idea de que el cerebro es el centro de control del cuerpo, las emociones y los recuerdos ha sido tan universalmente aceptada y ha estado tan profundamente integrada en nuestra consciencia colectiva que se ha dado por supuesta casi sin cuestionarla en modo alguno —hasta hoy.

Hoy, lo que pensábamos que sabíamos de nuestro órgano rector está cambiando. Es inevitable. La razón es muy simple: los descubrimientos expuestos en este capítulo, y las décadas de investigación que han seguido, demuestran que el cerebro solo es parte de la ecuación. No hay duda de que las funciones cerebrales incluyen elementos como la percepción y las destrezas motoras, el procesamiento de la información y el desencadenante químico de todas nuestras funciones, desde cuándo tenemos sueño y cuándo tenemos hambre hasta las ganas de sexo y la fortaleza del sistema inmunitario. Pero también es verdad que el cerebro no puede hacer todo esto él solo: forma parte de una historia mucho mayor y de la que aún queda mucho por contar. Una historia que empieza en el corazón.

El corazón humano: más que una simple bomba

En la escuela me enseñaron que la principal función del corazón era transportar sangre a todo el cuerpo. Me decían que era una *bomba*, simple y llanamente, y que su trabajo consistía en bombear continuamente durante toda nuestra vida para conseguir algo extraordinario en todos los sentidos.

El corazón adulto late una media de ciento una mil veces al día, y hace circular unos siete mil litros de sangre a través de cien mil kilómetros de arterias, vasos sanguíneos y capilares. Sin embargo, se van acumulando pruebas científicas de que el bombeo del corazón, por fundamental que sea, puede no tener tanta importancia en comparación con otras funciones descubiertas recientemente. En otras palabras, el corazón, en efecto, bombea la sangre con fuerza y eficacia por todo el cuerpo, pero es posible que ese no sea su principal propósito.

Ya en 1932, el estudio científico del papel del corazón abrió la puerta a una posibilidad, y una polémica, que aún hoy sigue abierta. En el estudio inicial, J. Bremer, científico de la Universidad de Harvard, filmó el movimiento del flujo sanguíneo por el cuerpo de un pollo en las primeras fases de su formación.[6] Tan primeras, en realidad, que el corazón del pollo aún no había empezado a funcionar. Lo que convirtió esa película en algo excepcional fue que Bremer consiguió documentar el movimiento de la sangre del pollo por el cuerpo, *sola, sin necesidad de que el corazón la bombeara.*

Otros experimentos destinados a resolver el misterio, realizados con embriones parecidos, demostraron que la sangre fluía en una serie de movimientos en espiral, como si fueran remolinos, y no en línea recta. Los estudios mostraron también que, después de haber extraído el corazón del cuerpo, el movimiento seguía por todos los sistemas de este durante nada menos que diez minutos.[7]

Las consiguientes preguntas son obvias: *¿Cómo* es posible que la sangre fluya en el embrión antes incluso de que el corazón empiece a funcionar, *por qué* la sangre sigue fluyendo *después* de que el corazón haya sido extraído? ¿Qué podría impulsar el movimiento de la sangre? Es interesante que estas preguntas ya se habían respondido más de diez años antes de que se filmara la película de Harvard. Y la respuesta a ellas la dio el mismo hombre, el filósofo y arquitecto nacido en Austria Rudolf Steiner, creador del método Waldorf de enseñanza y aprendizaje.

A principios de la década de 1920, Steiner había estado investigando el movimiento de los fluidos en su entorno natural, entre ellos, el agua y la sangre. Descubrió, y más tarde demostró, que *en su estado natural*, los líquidos, como el agua cuando aún está en el suelo y la sangre cuando aún se encuentra dentro de las venas y arterias, se mueven libremente por sí solos gracias a una acción que se origina dentro del propio fluido. Y no lo hacen en línea recta, como se percibe a simple vista, sino que siguen diminutos patrones espirales generados por continuos pequeños remolinos para mantener su flujo. Este movimiento en espiral resolvía el misterio de la sangre que fluye sin ayuda del corazón.

En los ríos y arroyos podemos observar el remolino que describía Steiner. Su trabajo demostró que el mismo principio se aplica a escala menor al flujo de la sangre a través de las venas y capilares de un cuerpo vivo. Sus investigaciones provocaron mucha polémica, pero estaban bien verificadas y documentadas y señalaban un camino mejor delimitado para posteriores estudios. Se consideraron de tanta importancia en su día que Steiner fue invitado a compartir sus descubrimientos con eminentes médicos del afamado Goethenaum (el centro mundial del movimiento antroposófico), ubicado en Dornach (Suiza). En su exposición, demostró que el corazón no es la fuerza primaria que mueve la sangre a presión a través del cuerpo. Al contrario, la sangre se mueve sola como consecuencia de lo que él denominaba el «impulso biológico»: el efecto en espiral que más tarde, en 1932, filmó Bremer.

Es evidente que el corazón desempeña un papel en el proceso, pero Steiner postulaba que era más el de estimular el impulso inherente al movimiento de la sangre, no la razón principal del propio movimiento. Su obra nunca fue refutada en los círculos científicos y sigue siendo hoy objeto de polémica. Lo que él documentó a principios del siglo XX da paso a una pregunta obvia que está en la base de este capítulo: si bombear sangre a través del cuerpo no es la finalidad principal del corazón, ¿cuál es?

Las implicaciones del descubrimiento de Steiner siguen siendo hoy una rica fuente de indagación específica sobre los procesos inexplorados del corazón y, en general, sobre nuestra relación con la naturaleza. La ciencia médica optó por una visión más mecánica de la función del corazón, pero el trabajo de Steiner, de hace casi un siglo, ayuda a desentrañar los nuevos misterios que el pensamiento actual no puede explicar. Y aunque sus proposiciones pudieron parecer radicales en los pasados años veinte y treinta, la idea de que el corazón es algo más que una bomba nació mucho antes de que Steiner hiciera públicos sus descubrimientos.

Una puerta a otros mundos

En casi todas las tradiciones indígenas y esotéricas del mundo, el corazón ha sido objeto de gran estima como puerta a la más profunda sabiduría del mundo y a los reinos que se encuentran *más allá* de él. En la Biblia moderna, por ejemplo, se menciona ochocientas setenta y ocho veces, y la palabra *corazón* aparece en cincuenta y nueve de sus sesenta y seis libros. El Nuevo Testamento lo describe como una inmensa fuente de sabiduría cuya interpretación requiere una comprensión exquisita. En el libro de los Proverbios se dice: «Como aguas profundas es el consejo en el corazón del hombre, y el hombre de entendimiento lo sacará».[8] Idéntico sentimiento se expresa en la tradición del pueblo omaha de América del Norte: «Pregúntate desde el corazón y desde él se te responderá». El Sutra del Loto del budismo mahayana habla del «tesoro escondido del corazón». En el comentario, se dice que es «tan inmenso como el propio universo, que disipa cualquier sentimiento de impotencia».[9]

En el conjunto de textos conocidos como *Libro de los muertos* del antiguo Egipto (llamado originariamente *Libro de la salida al día* o *Libro de la emergencia a la luz*), se nos lleva, más allá de las antiguas parábolas, a la práctica de una ceremonia en la que participa el corazón en el momento de la muerte. El ritual se conoce como «el peso del corazón». Se realiza para determinar si el espíritu de la persona que ha muerto viajará al más allá. El papiro tan bellamente ilustrado de la figura 1.1 muestra a Anubis, el dios con cabeza de chacal, pesando en una balanza el corazón del difunto. En esta imagen concreta, es el corazón de una mujer desconocida. A la izquierda de la balanza, supervisando el proceso y registrando el resultado, está Thot, el dios con cabeza de ibis y escriba de los dioses.

En el platillo derecho de la balanza está el corazón de la mujer. En el otro hay una pluma, representación de los principios de la verdad y la justicia, y conocida como *maat*. La finalidad de la ceremonia es determinar si las obras de la mujer en vida la han dejado con el corazón equilibrado con la verdad y la justicia, representadas por la pluma, o si le han cargado tanto el corazón que ahora pesa más que la pluma. A la derecha de Tot vemos a Ammit, la bestia «devoradora de los muertos», registrando el resultado. Si el corazón es tan ligero como la pluma, se dejará que la mujer pase al más allá.

Esta es una de las representaciones más antiguas y claras de la idea de que el corazón va unido a la calidad de vida, la memoria personal y el comportamiento moral en este mundo. La ceremonia muestra con extraordinaria fuerza la creencia en la función del corazón en nuestra vida, una creencia ancestralmente arraigada entre los egipcios y otras muchas tradiciones.

Figura 1.1. Fragmento del Libro de los Muertos en que se muestra el peso del corazón después de la muerte para determinar si se deja que el espíritu pase al más allá. Fuente: Getty Images.

Durante miles de años se pensó que el corazón era el centro del pensamiento, la emoción, la memoria y la personalidad: el órgano rector del cuerpo. Dicha creencia dio origen a tradiciones que pasaron de generación en generación. Se establecieron ceremonias. Y se desarrollaron técnicas para utilizar el funcionamiento del corazón como conducto de la intuición y la sanación.

Tal idea no cambió hasta la historia más reciente. El viaje de exploración para conocernos ha seguido una trayectoria similar a la del péndulo: en los últimos tiempos hemos visto cómo el pensamiento ha oscilado hacia la noción extrema del corazón como bomba aislada que se puede reparar o cambiar como cualquier máquina que envejece. Y hoy la misma ciencia que en su día optó por una visión tan extrema inicia el movimiento de vuelta, a medida que el péndulo del pensamiento regresa para encontrar un nuevo equilibrio. Esta vez, el equilibrio nos invita reconsiderar las ideas actuales sobre cuál es el órgano al que podemos asignar seriamente la función rectora del cuerpo humano.

¿Cuál es el órgano que rige el cuerpo: el corazón o el cerebro?

Más de tres mil años después del *Libro de los muertos*, el pintor e inventor Leonardo da Vinci realizó algunos de los primeros intentos científicos de desvelar los secretos del cuerpo humano. Tenía especial interés por el cerebro: qué hace y cómo funciona. Le fascinaba el hecho de que esté conectado directamente a muchas partes del organismo, incluido el corazón, y pensaba incluso que podía ser la sede del alma mientras el cuerpo estaba vivo. Evidentemente, Leonardo no contaba con los beneficios de la tecnología de los que hoy gozamos, por ejemplo los rayos X y las resonancias magnéticas, pero sí tenía otra poderosa ventaja que ha desaparecido: la ventaja de una determinada forma de pensar.

A diferencia del pensamiento moderno, que ha separado arte y ciencia, Leonardo da Vinci insistía en que ambas formas de conocimiento son complementarias, y hasta mutuamente necesarias, si se pretende dominar un determinado campo de estudio. Por ejemplo, gracias a su habilidad como pintor pudo documentar su trabajo con cadáveres animales y humanos sin ninguna de las cámaras actuales y registrar lo que descubría en el laboratorio para transmitirlo a sus alumnos y a las generaciones futuras. La combinación de estas habilidades fue la que le llevó a dibujar la primera ilustración científica de la conexión del corazón con el resto de los principales órganos corporales. Y lo hizo de forma realmente innovadora.

Durante la disección de un cadáver de buey, pensó que si vertía cera directamente en las cavidades del cerebro, podría ver la conexión de la red de vasos sanguíneos. Mientras seguía en estado líquido, la cera fluía por las venas, arterias y capilares del mismo modo que lo hacía la sangre cuando el buey estaba vivo. Una vez enfriada, la cera equivalía al modelo 3D del camino por el que fluía la sangre en el cerebro.

La buena noticia es que el modelo de Leonardo le permitió trascender las teorías del cerebro como órgano solitario y aislado. El modelo de cera mostraba claramente que el cerebro es un punto central de conexión: un cruce de caminos en el que confluyen vasos sanguíneos y otras partes del cuerpo, incluido el corazón.

Aquí es donde Leonardo acertó. Las conexiones que documentó ayudaron a científicos y médicos a tomar decisiones trascendentales en el tratamiento de heridas de guerra y enfermedades de la época.

El quid de la historia reside en lo que no «alcanzó a» acertar.

Los modelos de cera, efectivamente, mostraban las conexiones físicas entre los principales órganos, pero no podían mostrar lo que ocurría *dentro* de las propias conexiones. En su tiempo, Leonardo no tenía forma de detectar las sutiles señales eléctricas y ondas del pulso generadas por el latido del corazón vivo que viajan por los caminos que él descubrió. Debido a estas limitaciones, concluyó que el cerebro, dado que estaba conectado con los otros órganos, tenía que ser el órgano rector del cuerpo. Y su método y sus modelos fueron tan convincentes que dicha conclusión se impuso durante más de quinientos años como principio básico de la psicología y la medicina.

Durante los más de quinientos años posteriores a Leonardo, la idea ha sido que todo lo que nos ocurre, desde cuándo nos despertamos y cuándo nos dormimos hasta cuánto y a qué velocidad crecemos, pasando por la actuación de nuestro sistema inmunitario, el impulso sexual y los cinco sentidos que nos conectan con el mundo, está regulado por el cerebro. El papel del cerebro en todas estas funciones, y muchas más, está perfectamente documentado, sin duda. Pero la clave está en que no actúa solo. El sorprendente descubrimiento de una red neuronal —*células similares a las cerebrales situadas dentro del propio corazón*— que se comunica con el cerebro está cambiando nuestra forma de entender nuestro «órgano rector».

Cada vez son más los datos que apuntan a que el cerebro solo aporta la mitad de la fuerza necesaria para la regulación de las funciones que nos mantienen vivos y equilibrados, un papel que comparte en calidad de rector con el corazón.

> Cada vez son más las pruebas de que el corazón y el cerebro comparten la función de rector del cuerpo humano: dos órganos distintos conectados mediante una red común de información.

Si nos detenemos a pensar en esta afirmación, no debe sorprendernos que el corazón desempeñe un papel tan fundamental. Al fin y al cabo, el corazón, y no el cerebro, es el primer órgano que se forma en el útero, unas seis semanas después de la concepción. Y es el pulso de nuestro primer latido el que pone en movimiento la cascada de acontecimientos que conducen a la formación de los demás órganos corporales. A medida que nos desarrollamos, el corazón empieza a trabajar en armonía *con* el cerebro para regular estas funciones fisiológicas vitales de una forma que la ciencia solo está empezando a reconocer. Más allá del bombeo físico que podemos ver y medir con técnicas convencionales, hoy sabemos que el corazón hace mucho más. El descubrimiento dentro del propio corazón de células especializadas que normalmente se encuentran en el cerebro ha abierto la puerta a posibilidades nuevas y fascinantes sobre lo que este órgano significa en nuestra vida.

El «pequeño cerebro» del corazón

En 1991, un descubrimiento científico publicado en una revista académica especializada acabó con cualquier mínima duda acerca de la múltiple y variada función del corazón en el cuerpo. El título del artículo da idea del contenido: «Neurocardiología». Se trata de la íntima relación entre el corazón y el cerebro. El descubrimiento explicaba esta poderosa relación, anteriormente no reconocida. Un equipo de científicos, dirigidos por el doctor J. Andrew Armour, de la Universidad de Montreal, descubrió que unas cuarenta mil neuronas especializadas, llamadas *neuritas sensoriales*, forman una red de comunicación dentro del propio corazón.

La palabra *neurona* se refiere a una célula especializada que puede ser excitada (estimulada eléctricamente) para recibir y conducir estímulos, lo que le permite compartir información con otras células del cuerpo. Evidentemente, en el cerebro y a lo largo de la médula espinal se concentran grandes cantidades de neuronas, pero el descubrimiento de estas células en el corazón, y en cantidades más pequeñas dentro de otros órganos, da nuevas ideas sobre el grado de comunicación que existe en todo el organismo. Las *neuritas* son diminutas proyecciones que proceden del cuerpo principal de la propia neurona y que realizan distintas funciones. Unas *extraen* información de la neurona para conectar con otras células y otras detectan señales de diversas fuentes y las *introducen* en la neurona. Lo excepcional de este descubrimiento es que las neuritas del corazón repiten muchas de las funciones que se encuentran en el cerebro.

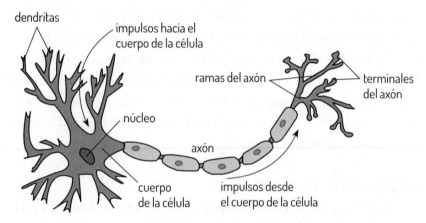

Figura 1.2. Ilustración de una neurona, con diversas proyecciones o neuritas (las dendritas hacia la izquierda y los axones hacia la derecha) que llevan información al cuerpo de la célula o la extraen de él. Fuente: dominio público.

Dicho de forma más sencilla, el doctor Armour y su equipo descubrieron lo que hoy se conoce como el «pequeño cerebro» del corazón. Y quienes lo hacen posible son las neuritas especializadas. En palabras de los científicos que lo descubrieron: «El "pequeño corazón" es una intrincada red de nervios, neurotransmisores, proteínas y células de apoyo similares a las que tienen lugar en el cerebro propiamente dicho».[10]

Una función fundamental del cerebro del corazón es detectar los cambios que se producen en el cuerpo, por ejemplo los niveles de hormonas y de otras sustancias químicas, y después comunicarlos al cerebro para que este pueda atender debidamente nuestras necesidades. Para ello, traduce el lenguaje corporal –la química– al lenguaje *eléctrico* del sistema nervioso para que el cerebro lo pueda entender. Los mensajes codificados del corazón informan, por ejemplo, de cuándo es seguro fabricar más adrenalina y concentrarse en determinar una reacción inmune más fuerte. Desde que el pequeño cerebro del corazón se ha reconocido, también han salido a la luz diversas funciones a las que antes se ponían muchos reparos. Algunas de estas funciones son:

- Aportar la sabiduría basada en el corazón: la «inteligencia del corazón».
- Estimular estados intencionales de profunda intuición.
- Posibilitar las habilidades precognitivas intencionales.
- Dirigir la comunicación del corazón con las neuritas sensoriales de otros órganos del cuerpo.

Se ha descubierto que el pequeño cerebro del corazón funciona de dos formas distintas pero relacionadas:

1. *Con independencia* del cerebro craneal para pensar, aprender, recordar e incluso percibir nuestro mundo interior y exterior por sí solo.
2. *En armonía con* el cerebro craneal para beneficiarnos con una única red neuronal potente compartida por los dos cerebros.

El descubrimiento del doctor Armour ha cambiado para siempre las ideas que nos enseñaron sobre nosotros mismos. Le da un nuevo significado a lo que es posible y a aquello de lo que somos capaces en lo referente a las funciones que el corazón y el cerebro desempeñan en el cuerpo.

En sus propias palabras: «En los últimos años, ha quedado claro que entre el corazón y el cerebro se produce una compleja comunicación bidireccional, de modo que cada uno influye en el funcionamiento del otro».[11]

El nuevo campo de la neurocardiología, la ciencia que estudia lo que tal descubrimiento significa, acaba de alcanzar la realidad de nuestra experiencia cotidiana. Así, se manifiesta de forma especial si analizamos los principios que nuestras tradiciones espirituales más antiguas y queridas nos ofrecen.

Como veíamos antes en este mismo capítulo, las tradiciones indígenas sostienen desde hace muchísimo tiempo que el corazón desempeña un papel fundamental en nuestra vida, mucho más allá del de una bomba muscular. No rechazan esta idea, pero las virtudes del corazón que se destacan en la sabiduría antigua son las que trascienden esta función de bombeo. Las enseñanzas ancestrales, casi de modo universal, elevan la función del corazón a un nivel en el que influye directamente en nuestra personalidad, nuestra vida cotidiana y nuestra capacidad de tomar decisiones morales, por ejemplo la de distinguir entre el bien y el mal, o lo correcto de lo incorrecto.

San Macario, el santo copto fundador del monasterio egipcio que lleva su nombre, entendió perfectamente estos tres niveles del potencial del corazón. Decía:

> El corazón en sí solo es una pequeña vasija, pero contiene dragones, leones y bestias venenosas y todos los tesoros de la maldad; y hay en él caminos desnivelados y ásperos y desfiladeros, como también está Dios y están los ángeles, la vida y el reino, la luz y los apóstoles, las ciudades celestiales, los tesoros, todas las cosas.[12]

Entre «todas las cosas» que san Macario describe, hoy tenemos que incluir los nuevos descubrimientos que demuestran la capacidad del corazón de recordar sucesos de la vida —incluso cuando el órgano ya no está en el cuerpo de la persona que los vivió.

El mismo corazón, un cuerpo distinto: los recuerdos que permanecen

Uno de los misterios de los trasplantes de corazón humano es que este, una vez extraído de su propietario originario, siga latiendo y pueda volver a funcionar después de ser colocado en otro cuerpo. El punto crucial del misterio es este: si el cerebro es realmente el órgano rector del cuerpo y manda instrucciones al corazón, ¿cómo es posible que este último funcione después de perder la conexión con el cerebro que emite esas instrucciones?

Los siguientes hechos, y el descubrimiento al que dieron lugar, arrojan una potente luz sobre este enigma y dan una nueva visión del cometido más profundo que el corazón cumple en nuestra vida.

El primer trasplante de corazón culminado con éxito se realizó en Ciudad del Cabo (Sudáfrica) el 3 de diciembre de 1967. Aquel día, el doctor Christian Barnard colocó el corazón de una mujer de veinticinco años, fallecida en accidente de tráfico, en el cuerpo de Louis Washkansky, un hombre de cincuenta y tres años que padecía una lesión cardíaca. Desde el punto de vista médico, la operación fue un éxito extraordinario. El trasplante salió bien, y el corazón de la mujer empezó a funcionar inmediatamente en el cuerpo del hombre, tal como el equipo médico esperaba.

Una de las mayores dificultades en todos los trasplantes, incluido el de Washkansky, es que el sistema inmunitario de la persona que recibe el corazón (o, para el caso, cualquier otro órgano) no reconozca como propio el tejido del nuevo órgano, e intente rechazarlo. Por esta razón, los doctores utilizan fármacos supresores del sistema inmunitario del receptor, para «engañar» al cuerpo y conseguir que acepte el órgano nuevo. La buena noticia es que la técnica es efectiva y con ella se consigue reducir la probabilidad del rechazo. Sin embargo, el éxito de tal empeño tiene un precio muy elevado. Con el sistema inmunitario tan debilitado, la persona que recibe el órgano se hace sensible a infecciones tales como el resfriado común, la gripe y la neumonía.

Y esto fue exactamente lo que ocurrió en el primer trasplante de corazón humano del mundo. El nuevo corazón de Louis Washkansky funcionó perfectamente hasta el último suspiro de este, que falleció a los dieciocho días de la intervención debido a una neumonía. Su supervivencia con un corazón nuevo durante más de dos semanas demostró que un trasplante era una posibilidad viable cuando un cuerpo por lo demás sano pierde un órgano por accidente o enfermedad.

En las décadas posteriores al primer trasplante del doctor Barnard, se han modificado y perfeccionado los procedimientos, hasta el punto de que hoy los trasplantes de corazón humano son algo habitual. En 2014, se realizaron aproximadamente cinco mil trasplantes de corazón en todo el mundo. La cifra puede parecer elevada, pero si se la compara con las cincuenta mil personas que están en lista de espera para recibir el corazón de algún donante, es evidente que la demanda de donantes de órganos seguirá siendo muy alta en el futuro próximo.

Si hablo aquí del telón de fondo de los trasplantes de corazón es porque tienen una relación directa con el tema de este capítulo. Desde los días de las primeras operaciones, siempre se ha producido un curioso fenómeno que hoy la comunidad médica reconoce como posible efecto secundario del trasplante. Uno de los primeros ejemplos fue la experiencia directa de una mujer llamada Claire Sylvia, a quien se le trasplantó un corazón en 1988. Su libro *A Change of Heart: A Memoir* es una exposición basada en la propia experiencia de cómo los recuerdos de la vida se pueden conservar en el corazón.

Sylvia, bailarina profesional en su día, había recibido con éxito el corazón y los pulmones de un donante cuya identidad no se desveló al principio. No mucho después de la operación, empezaron a apetecerle alimentos que nunca antes le habían atraído de forma especial, como los *nuggets* de pollo y los pimientos verdes. Y los *nuggets* debían ser de un tipo muy concreto. Inexplicablemente, tenía que satisfacer sus antojos en algún KFC. Antes de la operación nunca le había gustado ese tipo de comida, por lo que amigos, familiares y el médico estaban desconcertados.

Justo antes de la operación, dijeron a Sylvia que iba a recibir los órganos de un joven que había muerto en un accidente de motocicleta. Lo habitual es no facilitar más información al receptor, pero ella, con la que contaba, pudo identificar en una necrológica al joven, y además la dirección de sus padres. Fue a visitarlos y se enteró de los detalles de la vida de su hijo, Tim, cuyos pulmones y corazón llevaba ahora ella. Y esos detalles le confirmaron lo que la intuición ya le había dicho: a Tim le encantaban precisamente los pimientos verdes y los *nuggets* que ahora tanto le gustaban a ella.[13] Estaba claro que la comida de la que Tim disfrutaba en vida ahora formaba parte de la experiencia de Sylvia, y que los antojos que ella ahora sentía le llegaron por lo que se conoce como *transferencia de recuerdos*.

La historia de Claire Sylvia fue uno de los primeros y mejor documentados casos de transferencia de recuerdos a través de un órgano trasplantado y abrió la puerta al estudio riguroso y la final aceptación del fenómeno, pero desde entonces se han dado otros casos. En todos ellos, hay un cambio de personalidad del receptor del órgano. Los cambios van desde preferencias sobre la alimentación y determinadas comidas hasta alteraciones en el modo de ser —de la jovialidad y extroversión a la timidez, por ejemplo— e incluso en la orientación sexual de la persona... y en todos se reflejan las inclinaciones y el modo de vida del donante.

Los ejemplos de cambios de personalidad y de orientación sexual son fascinantes, pero la historia no acaba aquí. Parece que el contenido emocional de nuestra vida está tan profundamente integrado en la memoria del corazón que este lo conserva con enorme claridad y la persona que recibe el corazón normalmente vive de nuevo ese contenido. Los escépticos sobre las teorías de la memoria del corazón proponen una serie de explicaciones alternativas de los cambios de personalidad y estilo de vida que se producen después del trasplante, y hablan, por ejemplo, de efectos de la medicación y de influencias subconscientes, pero hay un tipo de experiencia que quienes no creen en dichas teorías no saben explicar. La historia documentada de este caso es la que ha llevado a la aceptación de la transferencia de los recuerdos como un hecho y a descartar cualquier coincidencia curiosa.

En 1999, el doctor Paul Pearsall, neuropsicólogo, publicó un libro pionero en el que documentaba casos de memoria del corazón: *El código del corazón*. En él se explicaban recuerdos, sueños e incluso pesadillas de personas a las que se les había trasplantado el corazón. Lo extraordinario de todos esos casos fue que se pudo confirmar que las experiencias de los receptores las habían vivido antes los respectivos donantes. Uno de los casos era el de una niña de ocho años que había recibido el corazón de otra niña dos años mayor.

Casi inmediatamente después de la operación, empezó a tener aterradores sueños vívidos –*pesadillas*– en los que era perseguida, agredida y asesinada. Técnicamente, el trasplante fue un éxito, pero el impacto psicológico continuaba. Al final se remitió a la niña al psiquiatra para un examen de su estado mental. Los sucesos y las imágenes que describía eran tan claros, coherentes y detallados que el psiquiatra estaba convencido de que los sueños eran algo más que un curioso efecto secundario del trasplante. En su opinión, describían el recuerdo de una experiencia real. La pregunta era: ¿a quién pertenecía el recuerdo?

Finalmente tuvo que intervenir la policía, y enseguida se descubrió que la niña repetía detalles de un crimen no resuelto perpetrado cerca de la ciudad, datos exactos sobre dónde, cuándo y cómo se había producido. Incluso repitió las palabras que se dijeron durante la agresión y el nombre del asesino. Con esos detalles, la policía pudo localizar y detener a un hombre que encajaba con la descripción y las circunstancias. Fue juzgado y declarado culpable del asesinato de la niña de diez años cuyo corazón estaba ahora en el cuerpo de la de ocho.[14]

Cuento todo esto porque demuestra la realidad del cerebro del corazón, que funciona como en su día se pensaba que solo el cerebro craneal funcionaba.

El descubrimiento del «pequeño cerebro» del corazón y las pruebas hoy verificadas de su capacidad de pensar y recordar han abierto la puerta a un muy diverso abanico de posibilidades en lo que se refiere al poder oculto del corazón y lo que este significa en nuestra vida. Durante más de ciento cincuenta años, se nos ha inducido a considerar el corazón y el cerebro desde otra perspectiva. Científicos y especialistas en diversas materias han creído que el *cerebro* era la clave, y con mucha frecuencia han desdeñado el corazón. Al mismo tiempo, pintores, músicos y pensadores intuitivos han considerado que la clave es el *corazón* y le han quitado importancia a la capacidad de pensamiento del cerebro. Hoy es evidente por qué el pensamiento mutuamente excluyente por lo general no funciona muy bien. Separar el cerebro del corazón ofrece una imagen incompleta de nosotros mismos. Está claro que se trata más de pensar en dos órganos que trabajan juntos que de centrarse solo en uno de ellos. Y cuanto más sepamos de cómo funcionan juntos el cerebro y el corazón, más podremos utilizar este conocimiento para desvelar los secretos de nuestro mayor potencial.

La matriz de Max Planck

En los apartados anteriores hemos visto ejemplos de naturaleza casi mística del papel del corazón. Y tal vez por esto, en el pasado tales capacidades fueron relegadas en gran parte al ámbito de la espiritualidad, la religión y la mística: porque las explicaciones de la ciencia se fueron rezagando respecto a las experiencias reales que vivían los implicados. Desde la PES (percepción extrasensorial) y la precognición hasta las madres que saben por intuición que sus hijos e hijas se encuentran en graves dificultades en el campo de batalla antes de que las noticias lleguen a los puestos de mando de los ejércitos, los seres humanos han experimentado durante siglos el extraordinario poder de su corazón, un poder del que se han beneficiado. Y no es extraño que así haya sido.

Estas experiencias son naturales y forman parte intrínseca de nosotros. *Son* parte de la naturaleza humana. Y negar la existencia de la sabiduría basada en el corazón es negar una parte esencial de nuestro ser. Un factor importante de la incomodidad que la comunidad científica ha sentido ante estas experiencias basadas en el corazón es que parecen implicar un reino que la ciencia tradicionalmente ha evitado. Este reino conlleva la existencia de un campo de energía que todo lo conecta y que hace posibles las experiencias intuitivas.

Una serie de descubrimientos realizados a finales del siglo pasado y principios del actual les dan hoy un nuevo sentido, y un nuevo contexto, a este pensamiento y a nuestras experiencias más íntimas de la vida, la naturaleza y el amor. Y la única forma de interpretar estas experiencias e incorporarlas a nuestra vida es entender qué son y por qué son posibles.

En una conferencia que dio en 1944, Max Planck, padre de la teoría cuántica, hizo una afirmación inesperada, incluso tal vez escandalosa, a los científicos de la época. Con palabras que parecían místicas y a algunos casi espirituales, dijo:

> Como hombre que ha dedicado su vida entera a la más lúcida de las ciencias, el estudio de la materia, puedo decirles, como resultado de mi investigación acerca del átomo, lo siguiente: no existe la materia como tal. Toda la materia surge y persiste debido solamente a una fuerza que causa que las partículas atómicas vibren, manteniéndolas juntas en el más diminuto de los sistemas solares: el átomo. Debemos asumir que detrás de esta fuerza existe una mente consciente e inteligente. Esta mente es la matriz de toda la materia.[15]

Experimentos científicos (como los que se explican en mi libro *La matriz divina*) demuestran, más allá de cualquier duda razonable, que «la matriz» existe. (La película del mismo nombre, *Matrix*, se basa en la idea de Planck de la existencia de un mundo invisible que influye en el mundo en el que vivimos). Con independencia de cómo decidamos llamarlo o de que existan o no leyes de la física que se le puedan aplicar, el campo de sutil energía que conecta todo lo que hay en la creación es *real*. No excluye nada. Existe como existimos tú y yo. Es el universo de nuestro interior y el universo de nuestro alrededor, el puente cuántico entre todo lo que es posible en la mente y el corazón y lo que se materializa en el mundo.

Esta matriz de energía es la que explica por qué las partículas cuánticas permanecen profundamente conectadas y reaccionan unas a otras aunque estén separadas por miles de kilómetros en el plano físico. También explica por qué las personas hacemos lo mismo. Explica la intuición que une a madre e hijo, esté el hijo en la habitación contigua o al otro lado del planeta. Explica por qué parece que las personas profundamente conectadas a través del corazón «saben» lo que le ocurre a la otra antes incluso de decirse una sola palabra.

Hoy, más de setenta años después de la famosa conferencia de Planck en la que describió lo que él denominó la matriz que conecta toda la materia, la ciencia actual ha pulido lo que entendemos por matriz y lo que esta significa exactamente. La conclusión es que estamos inmersos en un campo de energía omnipresente, siempre existente desde que con el *Big Bang* arrancó el tiempo. La existencia de este campo implica tres principios que inciden directamente en cómo vivimos, en todo lo que hacemos y en la función que el corazón cumple en nuestra vida. Algunos de estos principios pueden contradecir creencias bien asentadas tanto de la ciencia como de la espiritualidad, pero también son los principios que abren la puerta a una forma de ver el mundo y de vivir que nos da fuerza y nos reafirma en la vida. Son los siguientes:

1. El primer principio señala que, dado que todo existe *dentro* de una matriz, todo está conectado. Esta conexión es la que genera profundos estados de conexión entre las personas, y la que hace posibles los patrones entre los acontecimientos importantes de la vida.

2. El segundo principio indica que la matriz del universo es *holográfica*, es decir, que cualquier parte del campo contiene todo el campo. Dado que, según se cree, la propia conciencia es holográfica, esto significa que el espacio físico entre las personas y las «cosas» que experimentamos no es ninguna barrera para las profundas conexiones que la inteligencia del corazón hace posibles. En otras palabras, no hay razón para pensar que es más fácil comunicarnos con los seres queridos si están en la habitación de al lado que si están en otro continente. La matriz holográfica promete que, en el reino en el que opera el corazón, si algo existe en alguna parte, existe en todas partes.

3. Según el tercer principio, pasado, presente y futuro están íntimamente unidos. La matriz es el contenedor del tiempo y da continuidad entre las experiencias del presente y las del futuro. Este principio es el que hace posible la experiencia de la precognición en nuestra vida.

Comoquiera que lo llamemos, o comoquiera que lo definan la ciencia y la religión, es evidente que ahí fuera hay algo —una fuerza, un campo, una presencia— que es la gran «red» que nos une con nuestros semejantes, con nuestro mundo y con una presencia mayor. También es evidente que en nuestro cuerpo hay un órgano que está diseñado para sentir ese campo y comunicarse con él: *el corazón*. El corazón genera los campos de energía más fuertes conocidos del cuerpo humano; en lo que a electricidad se refiere, tiene una fuerza entre cuarenta y sesenta veces mayor que la del cerebro.

Si sabemos darnos cuenta realmente de lo que estos descubrimientos revelan acerca de las relaciones de unos con otros, con el mundo y más allá, los sucesos de todos los días adquieren un significado completamente nuevo. Pasamos a ser partícipes, y no víctimas, de unas fuerzas que no podemos ver ni entender. Por el mero hecho de estar aquí, en este lugar, ya somos poderosos.

La intuición profunda: a la carta

Como he indicado antes, la expresión *inteligencia del corazón* abarca una serie de experiencias que históricamente han quedado fuera de la circunscrita investigación científica, incluidas la intuición, la precognición y la capacidad de acceder a la mente subconsciente. Seguramente podemos afirmar que todos hemos tenido una o más de estas experiencias en algún momento de la vida, pero también que, por lo que parece, son experiencias aleatorias y espontáneas. A menos que contemos con la necesaria formación para crear las condiciones que las hacen posibles, parece que se producen cuando *ellas* quieren, *no* cuando *nosotros* queremos que se produzcan.

La llamada semanal a mi madre es un ejemplo perfecto de esta conexión espontánea. Hubo un tiempo en mi vida en que tenía por costumbre llamar a mi madre todas las semanas, desde que abandoné la casa de mi infancia para ir a la universidad hasta hace unos pocos años, cuando su salud nos impedía seguir con nuestro ritual. Esperaba ansioso la conexión del domingo por la tarde. Cuando a mediados de los años sesenta se divorció de mi padre, mi madre decidió vivir sola.

Nuestras visitas físicas eran pocas y muy distanciadas, y la llamada semanal era lo que nos mantenía en contacto. Y en esas llamadas de los domingos había un misterio que se repetía con frecuencia.

Levantaba yo el teléfono para marcar el número de mi madre, y ella lo acababa de hacer y ya la oía. No ocurría todos los domingos, pero sí muy a menudo, tanto que siempre esperaba encontrármela con solo levantar el teléfono. Lo hacía con la intención de marcar el número, y enseguida oía su voz al otro extremo de la línea, antes de que el teléfono llegara a sonar.

—¡Hola! —decía—. Soy mamá.

—Lo sé —respondía yo—. Iba a marcar tu número, pero ya estás ahí.

Aquello le sorprendía menos a ella que a mí, y le divertía.

—Oye —decía—. Tenemos que ir al psiquiatra. Somos expertos en precognición.

Nos reíamos, y siempre era una buena forma de iniciar nuestra puesta al día semanal. La mayoría de nosotros hemos mantenido conexiones telefónicas regulares con otra persona en algún momento de la vida. Si comparto aquí mi experiencia es para ilustrar dos puntos:

1. El hecho de que dos personas levantemos el teléfono exactamente en el mismo instante demuestra que reaccionamos a un impulso que nos lleva a hacerlo. Si estamos separados por cientos o miles de kilómetros, el impulso de conectarnos ha de viajar a través de algo, un medio que haga posible la conexión. Del mismo modo que esa melodía que tanto nos gusta viaja en forma de ondas sonoras a través del aire hasta llegar a nuestros oídos, la intención del corazón de conectarnos ha de viajar a través de algo (la matriz de Planck) para incitarnos a reaccionar levantando el teléfono en el momento exacto. Un segundo antes o después, y no se establecería la conexión.

2. Estas conexiones normalmente no responden a una decisión consciente. Hacemos lo que solemos hacer durante el día y de repente sentimos un impulso espontáneo, un sentimiento «visceral», que nos lleva a levantar el teléfono y llamar. El

hecho de que se produzca de forma espontánea revela que nos estamos comunicando a un nivel que está *más allá* de nuestra mente pensante: respondemos a una indicación subconsciente. En las experiencias intuitivas de la vida, descubrimos prácticamente al instante dos hechos casi universales sobre nuestro impulso de conectar:

- Normalmente no es un pensamiento consciente.
- Se produce de forma espontánea, cuando no lo esperamos.

Mi deseo es contrastar todo esto con lo que puede suceder cuando desconectamos el «piloto automático» de la intuición y aprendemos a crear a voluntad las condiciones para una intuición profunda: nuestra intuición a la carta.

Muchos de los descubrimientos recientes sobre la inteligencia del corazón y lo que significa para nuestra vida han sido obra de científicos del Instituto HeartMath (IHM), un centro pionero de investigación dedicado a desentrañar y entender todo el potencial del corazón humano.[16] El avance en el trabajo que condujo a las técnicas que hoy se emplean en el IHM sentó las bases de este a principios de los pasados años noventa.

Los estudios del IHM, en muy estrecha consonancia con las conclusiones a las que llegaron los científicos de principios del siglo XX, indican que la función del corazón es mucho mayor, y más sutil, de lo que se ha reconocido en el pasado. Si somos capaces de comprender las condiciones físicas del cuerpo que hacen posible la intuición, podremos recrear estas condiciones cuando y como queramos, sin tener que esperar a que solo se den en nuestra vida muy de vez en cuando.

Un estudio realizado en el IHM en 2007 aportó algunas de las primeras pruebas científicas de qué significa realmente la intuición y cómo se produce. El objetivo del estudio era investigar la relación intuitiva tan habitual entre madre e hijo. Se basaba en descubrimientos anteriores que demostraban que «las señales que genera el corazón tienen capacidad para afectar a otras personas de nuestro entorno».[17]

En este estudio particular, se utilizaron monitores para evaluar las ondas cerebrales de la madre (medidas como en un electroencefalograma convencional) y el latido del corazón del bebé (medido como en un electrocardiograma convencional), mientras la madre tenía al bebé en su regazo.

La idea era que la interacción de los campos eléctricos del latido del corazón del bebé con los del cerebro de la madre es la que avisa a esta de las necesidades de su hijo. El estudio explicaba que, al principio, el cerebro de la madre no detectaba el latido del corazón del bebé. Sin embargo, cuando concentraba la atención exclusivamente en su hijo, el patrón de su cerebro cambiaba de forma radical y, para algunos, inesperada. *Cuando la madre se concentraba en el bebé, sus ondas cerebrales detectaban el latido de su corazón.* El estudio concluía que la madre, al concentrarse en su hijo, adquiría mayor sensibilidad a las señales electromagnéticas de su corazón.

Esto tiene muchas implicaciones para nuestra vida, pero los propios científicos son quienes mejor explican la razón de que yo lo mencione aquí: «Estos descubrimientos tienen implicaciones fascinantes, porque indican que cuando la madre se encontraba en el debido estado psicofisiológico se hacía más sensible a la sutil información codificada en las señales electromagnéticas de su bebé».[18]

Actualmente, estudios posteriores del IHM y de otros centros de investigación señalan que esa conclusión se puede extender más allá de la madre y su bebé, a nuestra capacidad de conectar con los sutiles campos de otras personas y las intenciones de su corazón, cualquiera que sea la distancia que nos separe. Tal vez no quepa extrañarse de que el estudio concuerde con lo que nos ocurría a mi madre y a mí en aquellas llamadas de los domingos por la tarde. También nos ayuda a comprender cómo la madre de la persona que combate en una guerra que se libra al otro lado del mundo puede saber con tanta exactitud lo que le ocurre a su hijo.

Cuando creamos una coherencia psicofísica en nosotros mismos (comúnmente abreviada como «coherencia»), nos hacemos más sensibles a la información que nos llega de otras personas y del mundo que nos rodea. Y, quizás lo más importante, nos hacemos más sensibles a la información de la que disponemos en nuestro interior. Concretamente, adquirimos fuerza para crear profundos estados de intuición a la carta, a voluntad, cuando decidamos hacerlo. Esta capacidad es la que da fuerza a la sabiduría y la inteligencia del corazón que antes pudieron parecer esporádicas y huidizas.

> Crear coherencia entre el corazón y el cerebro nos da fuerza para
> experimentar profundos estados de intuición
> y para hacerlo cuando nos plazca.

Establecer conexión entre el corazón y el cerebro

El estudio del IHM sobre la conexión entre madre e hijo realizado en 2007 abre la puerta a una serie de profundas ideas y grandes posibilidades sobre cómo crear a voluntad estados extraordinarios de conciencia. La confirmación científica de la presencia del latido del corazón del hijo en las ondas cerebrales de la madre aleja el discurso de nuestra conexión mutua del ámbito de la posibilidad y del «quizás», y lo sitúa directamente en el mundo real de la vida cotidiana. Demuestra claramente que al armonizar corazón y cerebro damos paso a la creación sistemática de experiencias intuitivas que antes tal vez fueran solo espontáneas y esporádicas. Si somos capaces de aprender a armonizar el latido del corazón con las ondas cerebrales, nos abrimos paso a la intuición que conecta a la madre con su hijo.

Afortunadamente, los estudios pioneros que durante más de veinte años ha realizado el IHM han desarrollado las técnicas que nos ayudan a hacer exactamente eso. La que fue dramaturga y congresista Clare Boothe Luce dijo en cierta ocasión: «El punto culminante de la sofisticación es la sencillez».[19] Una gran verdad, en mi opinión, y esta misma sencillez se da de forma especial en la naturaleza. La naturaleza es sencilla y elegante hasta que, con nuestras complicadas definiciones y fórmulas complejas, la hacemos difícil. Por lo tanto, ¿puede haber algo más natural que simplemente conectar el «pequeño cerebro» que hay en el corazón con el cerebro que hay en la cabeza para crear una red única y potente de armonía en nuestra vida? De esto trata la técnica de la coherencia entre corazón y cerebro.

En todos los momentos de todos los días, en nuestro interior tiene lugar una conversación. Es, sin duda, una de las comunicaciones de mayor importancia que jamás mantendremos. Es el diálogo mudo, a menudo subconsciente e inacabable, de las señales basadas en la emoción entre el corazón y el cerebro. La razón de que esta conversación sea de tan vital importancia es que la calidad de la señal emocional que el primero envía al segundo determina las sustancias químicas que este libera en el cuerpo. Cuando sentimos emociones que habitualmente llamaríamos *negativas* (por ejemplo, enfado, odio, celos y cólera), el corazón envía al cerebro una señal que refleja nuestros sentimientos. Las emociones de este tipo son irregulares y caóticas, y este es exactamente el aspecto de la señal que envían al cerebro. Imagina los monitores que recogen las subidas y bajadas de las acciones en la bolsa cualquier día extraño o volátil, y te harás una idea del tipo de señales que creamos en el corazón en momentos de caos (ver el capítulo 2, figura 2.1).

El cuerpo humano interpreta estas señales como estrés y pone en marcha los mecanismos que nos ayudan a reaccionar adecuadamente a él. El estrés de las emociones negativas sube los niveles de cortisol y adrenalina de la sangre —las habitualmente llamadas *hormonas del estrés*, que nos preparan para una reacción rápida y potente contra lo que nos lo causa.

Los estudios demuestran que cuando generamos sentimientos positivos, como el aprecio, el cariño, la gratitud y la comprensión, la señal que va del corazón al cerebro se armoniza mejor para reflejar la calidad de las emociones. Ante una señal armonizada, no es necesaria ninguna reacción de luchar o huir. Las hormonas del estrés disminuyen, lo cual permite que el corazón y el cerebro produzcan sustancias químicas que mejoren el sistema inmunitario y la cantidad de dehidroepiandrostero-na (DHEA), precursora de todas las demás hormonas del cuerpo.

Esté basada en los sentimientos que el estrés genera o en la armo-nía, la conversación entre el corazón y el cerebro —concretamente entre las neuritas sensoriales cardíacas y las neuronas cerebrales— se mantie-ne de manera constante como un diálogo de muy baja frecuencia. Esta conversación es la que genera la armonía de la coherencia entre el cora-zón y el cerebro antes mencionada. Cuando la coherencia es óptima, la frecuencia es de aproximadamente 0,10 hercios. Se trata, efectivamen-te, de una vibración muy débil, por debajo del umbral de los 20 hercios, que suele ser la frecuencia más baja que las personas podemos detectar sin ayuda. Sin embargo, otras formas de vida pueden detectar una fre-cuencia de 0,10 hercios, por ejemplo las ballenas y algunos peces. Y se cree que esta frecuencia es la que desempeña un papel esencial en las señales subconscientes que detectamos cuando estamos en presencia de otros corazones: las «vibraciones» que nos llegan de las personas y de algunos animales. En este sentido, lo importante para nosotros es que la calidad de la señal, *nuestra coherencia corazón-cerebro*, va unida directa-mente a la calidad de la emoción que sentimos en el corazón.

Este es uno de los puntos en los que ciencia y espiritualidad se so-lapan hermosamente. La ciencia explica la relación eléctrica entre el corazón y el cerebro, y las antiguas prácticas y técnicas espirituales han ayudado a los seres humanos a aplicar esta relación a su vida —y a ha-cerlo sin ninguna explicación científica—. Lo más probable es que no sea casualidad que las rigurosas técnicas científicas desarrolladas por los investigadores del IHM se asemejen tanto a algunas de las antiguas tradiciones que aún se mantienen en los monasterios y en la sabiduría popular de los pueblos indígenas. Todos aprendemos de forma dife-rente, y creo que cuando algo es verdad, se manifiesta en el mundo en diferentes formas para reflejar los diversos niveles de aprendizaje.

Con esta idea en mente, he decidido compartir, con el debido permiso, la técnica del IHM porque es segura, se asienta en una base científica bien estudiada que certifica sus pasos y se ha simplificado para hacerla accesible y de fácil uso en la vida cotidiana.

Sin embargo, como ocurre con toda técnica que pasa de profesor a alumno, la mejor forma de experimentar los pasos para crear la coherencia corazón-cerebro es con un profesional experto que facilite el proceso. Por lo tanto, aunque en los párrafos siguientes explico los principios para hacerlo, te recomiendo que los experimentes por ti mismo siguiendo las instrucciones gratuitas que encontrarás en www. heartmath.org/resources/heartmath-tools/quick-coherence-technique-for-adults, o las de algún instructor titulado.[20]

La técnica para crear la coherencia corazón-cerebro recibe el acertado nombre de Técnica de Coherencia Rápida®,* y consta de dos sencillos pasos. Cada uno de ellos, con mutua independencia, envía al cuerpo la señal de que se ha puesto en marcha un determinado cambio. Sumados, los dos pasos generan una experiencia que nos devuelve a la armonía natural que existía en nuestro cuerpo antes de que, con nuestros condicionamientos, empezáramos a dividir la red corazón-cerebro.

Pasos de la Técnica de Coherencia Rápida©

- **Paso 1: foco en el corazón.** Concéntrate en la zona del corazón y comienza a respirar un poco más despacio, como si el aire te saliera del corazón.

  Este paso constituye por sí mismo una excelente técnica que puedes utilizar cuando los acontecimientos del día te agobien o, simplemente, cuando quieras estar mejor conectado contigo mismo. Al respirar despacio envías a tu cuerpo en general, y de forma particular a tu corazón, la señal de que estás en un lugar seguro y atiendas a tu interior.
- **Paso 2: activa un sentimiento positivo.** Intenta despertar un auténtico sentimiento regenerador, como aprecio o cariño por alguien o algo de tu vida.

  En este paso, la clave está en generar primero el sentimiento, lo mejor que puedas, y después *aceptarlo*, también de la mejor manera posible. Tu capacidad de mantener ese sentimiento es la que nutre la conversación óptima entre el corazón y el cerebro.

---

* También conocida como Técnica de Coherencia Cardíaca.

Te darás cuenta, espero, de que, como ocurre con cualquier habilidad, cuanto más practiques la coherencia entre el corazón y el cerebro, más fácil se te irá haciendo el ejercicio. Y con esta facilidad progresiva, más natural te irá pareciendo la experiencia. También descubrirás tu capacidad de mantener la conexión durante largos períodos de tiempo.

Llevo años utilizando yo mismo estas técnicas y, por mi experiencia directa, te puedo asegurar que funcionan. Y he descubierto que lo hacen en cualquier situación. Sea como preparación emocional antes de iniciar una conversación difícil o hacer una llamada telefónica, sea para recibir el impacto de una mala noticia sobre un amigo o la familia, o como preparación física antes de iniciar una sesión de yoga o de grabación de música, he llegado a la conclusión de que todo va mejor con la coherencia. Y por coherencia entiendo esta capacidad de crear armonía en el cuerpo como una disposición que nos permite rendir al máximo en cualquier cosa en que decidamos emplearnos. De modo que no se trata de una supuesta situación disyuntiva de «lo uno o lo otro», donde la coherencia corazón-cerebro sustituya a una práctica firmemente asentada. Se trata, mejor, de una exquisita muestra de respeto por las prácticas que más nos agradan, porque ponemos en ellas toda nuestra capacidad.

Llegados a este punto, deben estar claros los beneficios de la coherencia corazón-cerebro y la manera de crearla en nuestra vida. Una vez en el espacio de equilibrio y armonía dentro del cuerpo, también nos encontramos en armonía con el mundo exterior: esta es la armonía que incluye la conexión sanadora con el campo descrito antes en este capítulo: la matriz de la naturaleza. Y a partir de este punto de armonía, experiencias realmente extraordinarias pueden pasar a formar parte de nuestra vida. Por distintas que la intuición, la precognición y la sanación regeneradora puedan parecer unas de otras, a todas ellas podemos acceder cuando armonizamos el cuerpo con el mundo mediante la armonización de corazón y cerebro.

El acceso a la inteligencia del corazón

¿Te has encontrado alguna vez ante una decisión que parecía imposible de tomar? Tal vez se tratara de someterte a una intervención quirúrgica que iba en contra de tus convicciones, de seguir con una relación difícil o romper con ella, o de una pregunta que, si se respondía mal, pudiera tener consecuencias nefastas para ti o tus seres queridos. El elemento común de todas estas situaciones, por distintas que puedan parecer unas de otras, es que ninguna tiene una solución indiscutible. No existe en ninguna lo «correcto» ni lo «incorrecto».

No hay manual alguno al que puedas recurrir para que te diga lo que debes hacer. Y si alguna vez te has visto obligado a tomar una decisión así, probablemente descubrirías que cada amigo al que le pedías ayuda tenía su exclusiva opinión sobre lo que te convenía hacer, por lo que terminaste con una serie de opiniones que hacían más confusa aún la cuestión inicial.

O es posible que ocurriera algo distinto. Tal vez seguiste el consejo de un amigo o familiar de confianza que realmente intentaron ayudarte. O probaste la inmemorial solución de plantearte la decisión con una extensa lista de pros y contras. Es lo que me recomendaba mi madre cuando, de pequeño, me encontraba ante decisiones difíciles:

«Toma una hoja de papel y haz dos columnas —me decía—. Escribe "pros" en la parte superior de la que vas a completar con lo bueno de la decisión, y en la otra escribe "contras", para lo no tan bueno. Y ahí tendrás la respuesta. Y si no funciona, pregúntaselo a tu padre».

Te puedo decir por propia experiencia que ninguna de estas soluciones funciona. Antes de que mi padre se fuera de casa cuando yo tenía diez años, era muy difícil poder contar con él ante las grandes preguntas de la vida. De modo que si mi madre no sabía responder la que le planteaba, no me quedaba mucho más a lo que recurrir. Y me parecía que la lista que mi madre me decía que hiciera siempre se decantaba a favor de la respuesta que *yo* quería, y no de la que realmente fuera la mejor. La razón de que sea tan difícil tomar decisiones importantes pero que no están claras, ni mucho menos, está relacionada directamente con la forma de pensar a la que estamos condicionados.

Para la mayoría de los que nacimos y nos educamos en la sociedad actual, las respuestas siempre se encuentran «razonando». Y, aunque hay veces en que tal actitud nos sirve para emplear la lógica cerebral, por ejemplo cuando elaboramos planes minuciosos para construir nuestra casa, resolver un problema matemático difícil o determinar cómo invertir nuestro dinero para asegurarnos el futuro, también hay veces en que al responder las grandes preguntas de la vida solo mediante la lógica en realidad nos limitamos. El pensamiento del hemisferio izquierdo puede ser un proceso lento y torpe, por dos razones principales:

1. Las respuestas que basamos en el cerebro habitualmente pasan por los filtros de nuestras percepciones y de la experiencia acumulada. Por ejemplo, cuando se trata de lo que vayamos a hacer con una relación amorosa, la decisión que tomemos basándonos en la lógica pasa por el filtro de las percepciones que tengamos sobre nosotros mismos. La mente decidirá seguir con la relación o terminarla observando a través del cristal de la autoestima, el valor que nos concedamos, la idea de que la vida es una lucha o un auténtico remanso, etc.

2. La mente tiende a justificar mediante el razonamiento circular las conclusiones a las que hayamos llegado, una forma de pensamiento que avala la conclusión reafirmándola. Un ejemplo de razonamiento circular sería que te dijeras: «Me gusta Bon Jovi porque es mi conjunto favorito». Lo «circular» del razonamiento es que dice lo mismo dos veces —me gusta el conjunto porque es el que más me gusta— y emplea la segunda premisa para justificar la primera. Este tipo de razonamiento se puede materializar de formas inesperadas, por ejemplo el miedo a aceptar el reto de un trabajo difícil que nos ofrecen. En este caso, el proceso lógico circular es más o menos este: «Ya tengo un puesto fijo en esta empresa ⇨ Si acepto el nuevo trabajo y las nuevas responsabilidades, tal vez sea incapaz de cumplir las expectativas que conllevan ⇨ Si pierdo el nuevo trabajo, me quedo en la calle ⇨ Ya tengo un puesto fijo en esta empresa».

No estoy sugiriendo que ninguna de las anteriores características de la resolución mental de problemas sea mala —ni, para el caso, buena—. Lo que digo es que en la vida hay diferentes tipos de retos que se resuelven mejor con otros tipos de pensamiento: unos con el cerebro y otros con el corazón. Y el pensamiento basado en el corazón, aunque pueda sernos menos familiar en nuestro acelerado mundo tecnológico y de información digital, tal vez sea la técnica —en su sentido más estricto— más sofisticada que jamás conoceremos. El potencial que deriva de la unión de corazón y cerebro mediante la creación de coherencia entre ellos es nada menos que un portal de información de otros reinos y un conducto directo al propio campo real que Max Planck llamó «la matriz» en su conferencia de 1944. También es el fundamento de las tradiciones más antiguas y preciadas de nuestro pasado.

En las tradiciones de los pueblos nativos del Medio Oeste, donde yo nací, existe para referirse a la sabiduría del corazón una expresión que no tiene equivalente directo en nuestro idioma. Pero es una expresión que me encanta, y suelo pensar en ella cuando me encuentro en una situación grave o ante una decisión difícil: *chante ista*. Pertenece a la lengua de los siux lakota (existen expresiones parecidas en otras tradiciones) y más o menos significa «el ojo exclusivo del corazón».

El descubrimiento del «pequeño cerebro» del corazón le da hoy un nuevo sentido a esta expresión y al papel que este órgano puede desempeñar en nuestra vida. Para tomar sus decisiones no utiliza los filtros de la experiencia anterior. El ojo exclusivo del corazón —el estado de armonía que nosotros mismos nos creamos en la coherencia corazón-cerebro— accede a lo que nos conviene en una determinada situación. En lugar de pensar mediante una lista de pros y contras o sopesando la probabilidad de que una experiencia del pasado se repita hoy, la inteligencia del corazón sabe al instante qué nos conviene.

Decidamos aceptarlas o ignorarlas, nuestras impresiones intuitivas están ahí a nuestro servicio. Así ocurre con los sentimientos que albergamos hacia los demás y con lo que el instinto nos dice al tomar grandes decisiones. Estudios científicos sobre el acierto de las primeras impresiones sobre si una persona merece o no confianza aportan ejemplos claros de este tipo de intuición que todos hemos tenido en algún momento de la vida.

Un estudio dirigido por Alexander Todorov, psicólogo de la Universidad de Princeton, demostró que cuando vemos a alguien por primera vez, la evaluación que le hacemos es casi inmediata: «Solo necesitamos unas milésimas de segundo –dice–. El cerebro lo emite [el juicio] antes incluso de darse cuenta del sexo o el aspecto de la otra persona».[21]

Nos formamos rápidamente una opinión sobre alguien a quien nunca hemos visto antes, algo perfectamente comprensible. Es la forma que tiene la naturaleza de mantenernos seguros. Nuestros antepasados, por ejemplo, no contaban con el lujo de muchas horas para conocer a quienes se les ponían delante mientras iban por la Tierra en busca de alimentos y un clima hospitalario. No podían sentarse con una reconfortante taza de té y preguntar por los amigos comunes, la familia o los pasatiempos favoritos de la persona que los miraba envuelta en una piel de oso y con una lanza en la mano. Tenían que saber enseguida, casi de forma instantánea, si estaban seguros o no. Y si no lo estaban, tenían que reaccionar. Conocer las respuestas a estas preguntas en una o dos milésimas de segundo les daba tiempo para hacerlo.

Es evidente que las condiciones de vida han cambiado con la sociedad moderna, pero nuestra experiencia básica sigue siendo en gran parte la misma. Cuando nos encontramos con alguien por primera vez, seguimos teniendo necesidad de saber lo antes posible si estamos seguros y si podemos confiar en esa persona. Así ocurre en el mundo de los negocios, con las amistades, el amor y la intimidad.

Tradicionalmente, los científicos han atribuido la primera impresión que nos producimos unos a otros a las funciones cerebrales, pero nuevas pruebas apuntan a que en ese juicio interviene algo más que el cerebro. El corazón desempeña un papel fundamental en nuestra capacidad de llegar a una decisión en milésimas de segundo.

En un resumen de recientes estudios del IHM sobre la intuición se explica claramente el papel que en ella representa el corazón. Dice sobre los instintos viscerales: «En el núcleo de esta capacidad (la intuición) está el corazón humano, que abarca un grado de inteligencia cuya complejidad e inmensidad seguimos analizando e intentando comprender. Hoy sabemos que podemos cultivar esta inteligencia de muchas formas y en beneficio propio».[22] Como apuntaba antes, el corazón sortea los filtros del cerebro (las ideas generadas por experiencias pasadas, la autoestima, la autovaloración y demás); por esto puede tomar decisiones sobre nuestra seguridad y nuestro bienestar casi de forma instantánea.

El estudio de Todorov descubrió que en solo una décima de segundo enjuiciamos una cara nueva. En otros diversos estudios se ha comprobado que, como nuestras madres nos dicen en términos no científicos, estas primeras impresiones generalmente aciertan. Vivimos en una sociedad que tradicionalmente ha desechado la intuición, pero muchas veces nos sorprendemos utilizándola ante decisiones de suma importancia.

Tengo amigos, por ejemplo, que me confesaron que cuando conocieron a la persona con la que después se casarían, la primera impresión fue tal que les dieron ganas de echar a correr. Sin embargo, en lugar de hacer caso a ese consejo de la intuición, lo racionalizaron. Todo lo que después sucedió parece demostrar que, efectivamente, no había ninguna buena razón para seguir con la relación.

En un caso, hicieron falta doce años de matrimonio para que una amiga, antigua compañera de trabajo, admitiera que la primera impresión que le produjo su marido había sido acertada. En todo ese tiempo, el hombre con el que se casó no le había mostrado más respeto del que le mostró cuando la conoció. En este caso, lo fundamental es que ella supo —su *corazón* supo— casi al instante (en menos de una décima de segundo) que la relación no era segura. Y al no tener en cuenta lo que la intuición le dijo desde un principio, empleó doce años de su vida en llegar a la misma conclusión. En esos años, también había tenido experiencias que le dieron fuerza para formarse una idea distinta de sí misma y aceptar que merecía que la respetaran.

Es evidente que, en lugar de pensar en términos absolutos y de decisiones de blanco o negro, tenemos la oportunidad de informarnos en distintos niveles, mediante diferentes experiencias, sobre nuestra estancia en el mundo y las decisiones que hayamos de tomar. Y por esta razón es importante que reconozcamos la diferencia entre el tipo de intuición descrito en este capítulo y el papel que el instinto desempeña en nuestra vida: dos experiencias distintas pero relacionadas.

Es ahora el momento perfecto para diferenciar la intuición basada en el corazón de lo que conocemos como *instinto* por experiencia. El instinto es la forma que tiene la naturaleza de informarnos en el presente, a partir de las experiencias del pasado. Y el pasado del que nos informa puede ser el nuestro propio o incluir también el pasado colectivo de la reacción de nuestros ancestros ante una determinada situación íntimamente integrada en nuestra psique. Es indudable que el instinto nos puede ser de mucha utilidad en algunas situaciones, por ejemplo ante el desasosiego que sentimos al andar por una calle oscura a la una de la madrugada en una ciudad desconocida. En este caso, el instinto es en gran parte un proceso mental basado en las experiencias acumuladas de personas que han vivido circunstancias similares durante miles de años. Antes, una calle oscura solía ser sinónimo de problemas. Cuando el instinto entra en acción, el cuerpo reacciona con un subidón de adrenalina que sentimos en el estómago —la reacción visceral— y nos prepara por si hay que luchar o huir.

Hago esta distinción porque la intuición del corazón no funciona del mismo modo. Más que informarnos desde un punto del pasado, lo hace sobre lo que ocurre en este momento. A veces la reacción intuitiva y la experiencia visceral nos pueden confundir, sobre todo cuando las dos se producen al mismo tiempo. Si el cerebro nos dice que, históricamente, una calle oscura nunca ha sido segura, el corazón nos puede decir que, aunque tal vez sea así, en este momento, en esta calle concreta, estamos seguros. Nuestro trabajo consiste en conciliar las dos experiencias.

La mejor manera de hacerlo que he descubierto en mi caso es utilizar las técnicas para acceder a la inteligencia del corazón que se explican partir de la 65. Es un sistema que se basa en el momento presente inmediato, por lo que generalmente desecha toda la información extraña que me dificulte saber si la situación en la que me encuentro es segura o no.

La experiencia que tengo de la inteligencia del corazón es que es tan rápida que, de hecho, la respuesta a cualquier pregunta que yo pueda hacer normalmente aparece antes de que haya terminado de formularme la pregunta en la mente. Decidir si sigues o no con el encargo de llevar a un grupo a Egipto a finales de los años noventa es un ejemplo perfecto del tipo de decisión que no tiene una respuesta clara. También lo es de un tiempo en que el juicio del corazón era claro, directo y preciso.

DEL CAOS A LA CERTEZA: *UN CASO REAL COMO LA VIDA MISMA*

En noviembre de 1997, tenía programado llevar a un grupo a Egipto. Formaba parte de una peregrinación anual que había dirigido desde mi primer grupo cinco años antes, en 1992. Decir que Egipto es un destino fascinante no hace justicia a la realidad: supera todo lo que se pueda imaginar. Contemplar con tus propios ojos la Gran Esfinge, un misterio que de niño había estudiado en diversas imágenes, y la Gran Pirámide, con sus casi ciento cuarenta metros de altura, es una experiencia única. Y me había comprometido por contrato a llevar a un grupo de turistas de diferentes países por el desierto egipcio para que vivieran esa experiencia, y muchas más.

En los noticiarios de la tarde del 17 de noviembre, los medios de comunicación empezaron a mostrar unas aterradoras imágenes. Los detalles se iban conociendo poco a poco, pero estaba claro lo que había sucedido. Terroristas armados habían dado muerte a cincuenta y ocho turistas extranjeros y cuatro egipcios en un atentado particularmente terrible en el templo de la reina Hatshepsut, un popular yacimiento arqueológico cercano a la ciudad de Luxor. Mi grupo tenía previsto iniciar el viaje a la semana siguiente.

La que hoy se conoce como «masacre de Luxor» fue devastadora para Egipto en muchos sentidos. La industria del turismo quebró. Cientos de agencias abandonaron el país y se cancelaron los viajes. Las compañías aéreas dejaron de volar a El Cairo. Los hoteles estaban vacíos. Y el orgullo del pueblo egipcio sufrió una profunda herida. «Nosotros no somos así», me decían mis amigos egipcios por teléfono. «Por favor, no penséis que somos como ellos», suplicaban.

Inmediatamente comencé a recibir llamadas para preguntarme por el viaje previsto. La familia y los amigos me pedían que no me fuera. Quienes se habían apuntado me suplicaban que no cancelara el viaje. A las autoridades egipcias les preocupaba la posibilidad de otro atentado. Y la agencia de viajes me pedía que me decidiera, y que lo hiciera pronto.

Las opciones eran claras: podía posponer el viaje, cancelarlo definitivamente o seguir con lo programado. Me sentía inclinado hacia cualquiera de las posibilidades. Las personas con quienes hablaba tenían cada una su opinión, y todas eran razonables. Y justo cuando creía haber tomado la decisión acertada, me llamaba alguien y me daba una buena razón para tomar otra.

Era claramente una de esas ocasiones en que la decisión no era entre blanco o negro; no existía una opción buena y una mala, ni había forma de saber lo que iba a ocurrir en los próximos días y semanas. Estaba solo, con mi instinto, mi intuición y la voluntad de tomar la decisión más respetuosa con el grupo y conmigo mismo.

Abrumado por el caos de información y opiniones, desconecté el teléfono y corté todo contacto con la gente. Desde mi casa en el alto desierto del norte de Nuevo México, fui a dar un largo paseo por un camino polvoriento por el que había ido muchas veces cuando tenía que tomar alguna decisión difícil. Y le apliqué a mi vida la técnica exacta que compartí en la página 53 para escuchar lo que mi más profunda intuición pudiera decirme acerca del viaje.

Me detuve al cabo de un buen rato y cerré los ojos, puse toda la atención en mi interior y me concentré en el corazón. En este proceso, siempre me ha sido útil tocar con la punta de los dedos la zona cercana a este órgano, para centrar en ella toda la percepción. Empecé a respirar despacio, e inmediatamente tuve una sensación familiar de tranquilidad que me impregnaba todo el cuerpo. Me sentía yo mismo, y cuanto más lo sentía, más empezaban a cobrar un nuevo significado los terribles acontecimientos de aquel día. Cuando comencé a notar sentimientos de gratitud, en este caso por el sosiego de mi cuerpo y por la oportunidad de tomar aquella decisión tan importante, me hice la pregunta que nadie podía contestar por mí. Desde la inteligencia del corazón, me pregunté en silencio si era un buen momento para que mi grupo viviera la experiencia de los misterios de Egipto.

En los años que llevo usando la inteligencia basada en el corazón, he descubierto que para que funcione es necesario formular las preguntas de manera breve y directa. El corazón no necesita ningún preámbulo a la pregunta que le hagamos ni conocer la historia que pueda haber detrás de la decisión que queremos tomar. Ya sabe todo eso. A algunas personas, la sabiduría del corazón les llega como un sentimiento; a otras, como la sensación de que saben sin necesidad de preguntar, y a otras, como una voz familiar que llevan oyendo toda la vida. En mi caso, normalmente ocurre todo eso: a menudo oigo primero una voz sutil, reforzada por un sólido sentimiento de reafirmación, seguridad y certidumbre, seguido de una sensación de determinación y plenitud. Y esto fue exactamente lo que sucedió aquel día en el alto desierto.

Antes incluso de que terminara de formular la pregunta, ya tenía la respuesta a mi disposición: completa, directa y clara. Inmediatamente sentí –supe– que el viaje iría bien. Sería una experiencia profunda, intensa y sanadora. Y, sobre todo, tuve la seguridad de que si dejaba que la intuición nos guiara en todas las fases del viaje, estaríamos seguros.

En este sentido, quiero dejar perfectamente claro lo que estoy diciendo. Mi decisión se basó en las impresiones sensoriales que recibí como resultado de un proceso metódico de base científica. Es, además, un proceso que otras personas emplean a veces de forma menos estructurada, con resultados similares. El valor de acceder a la inteligencia del corazón es que nos posibilita hacer preguntas sin que nos condicione el resultado, a través del *chante ista*, el ojo exclusivo del corazón. Cuando tuve clara la decisión, llamé personalmente a todos los que se habían inscrito para el viaje, y todos, de cualquier edad o país que fueran, me pidieron que siguiéramos con el viaje, con la condición de que yo estuviera seguro de que no corríamos ningún peligro.

A la semana siguiente, y según lo previsto, salí hacia Egipto con cuarenta personas encantadoras, para iniciar una hermosa aventura, un viaje presidido por la cordialidad y que estuvo lleno de sorpresas. Llegamos a un país que estaba llorando la pérdida de muchas vidas y tambaleándose por el impacto del atentado. El entonces presidente de Egipto, Hosni Mubarak, era amigo de nuestro guía y estaba tan sumamente agradecido por que hubiéramos ido a su país en un momento tan difícil que escribió una carta oficial en la que autorizaba al Departamento de Antigüedades a mostrarnos yacimientos arqueológicos muy especiales. Después supimos que algunos de ellos no se habían abierto desde las primeras excavaciones en el siglo XIX y no se han vuelto a abrir después de nuestro viaje. Huelga decir que la experiencia fue increíble y los lazos que se crearon entre el grupo y los egipcios forjaron amistades que aún hoy perduran.

La belleza de la sabiduría del corazón es que nos libera de la carga de tener que decidir en segundos. Basándome en lo que sabía que estaba ocurriendo en aquel momento, sentí que la decisión de dirigir aquel viaje era acertada. Creo también que si lo hubiera cancelado basándome en lo que aquel día sabía, también *esa* hubiese sido una buena decisión. En el momento en que decidí seguir adelante, sentí que había tomado la mejor decisión posible, porque con ella respetaba la confianza que habían puesto en mí y me respetaba a mí mismo.

Cuento esta historia como ejemplo de cómo la herramienta de la coherencia entre corazón y cerebro me ha servido en el mundo real. Es un ejemplo de una decisión importante que afectaba a cuarenta personas y un viaje por medio mundo, pero uso exactamente la misma herramienta, en algunos casos a diario, para planificar el día, templar las relaciones y seguir los principios que considero importantes cuando la vida me pone a prueba. Lo que sé con absoluta certeza es que, si respetamos el corazón, nunca nos podremos equivocar. Sé también que si a mí me funciona la inteligencia del corazón, también te funcionará a ti.

EJERCICIO: CÓMO HACER UNA PREGUNTA A TU CORAZÓN

Quiero aprovechar esta oportunidad para compartir una técnica que te ayudará a acceder a la sabiduría de tu. Y quiero que este ejercicio sea personal, de modo que te ofrezco este apartado como si hablara contigo directamente, como si estuvieras en mi sala de estar sentado frente a mí.

La inteligencia de tu corazón te acompaña siempre. Es constante. Puedes confiar en ella. Es importante que así lo reconozcas, porque significa que esa sabiduría – las respuestas a las preguntas más profundas y enigmáticas de la vida que nadie más puede responder– ya existe en tu interior. El vínculo entre tu corazón y el punto donde habitan tus respuestas no es algo que haya que elaborar ni crear antes de poder usarlo, sino que ya está establecido. Te ha acompañado desde que naciste, y nunca te ha abandonado. Tú decides el momento en que vayas a acceder a ese vínculo como «línea directa» con las verdades más profundas de la vida. También de ti depende cómo vayas a aplicar la sabiduría del corazón a la realidad de tu vida diaria.

Y en este punto es donde interviene el discernimiento. La sabiduría del corazón puede ser cierta para ti, pero no siempre lo puede ser para los demás. Tus amigos, hijos, hermanos, pareja y familia, todos cuentan con su propia sabiduría del corazón. No tenemos forma de saber con seguridad cuál es la verdad para ellos. Y no siempre podemos saber cómo afectan nuestras mejores intenciones a la experiencia de otra persona. Cuando dudes si has de compartir lo que la inteligencia del corazón te ha revelado, te recomiendo que te hagas estas tres preguntas:

1. ¿Cuál es mi intención al compartir lo que he descubierto?
2. ¿Quién se beneficiará si comparto esta información? O concretamente: ¿se beneficiará ....? (Pon en los puntos suspensivos el nombre de la persona con la que pienses compartir lo que se te ha revelado).
3. ¿A quién puede perjudicar que comparta esta información?

En primer lugar, lo más importante es que seas absolutamente claro contigo mismo sobre la primera. Saber lo que pretendes es la base de tu responsabilidad personal. Con ese propósito firmemente asentado, es más fácil evaluar tu respuesta a las dos preguntas siguientes, para determinar si se ajustan al objetivo que has formulado. Lo hagan o no, tendrás la respuesta a tu pregunta sobre la conveniencia de compartir ese profundo conocimiento de que dispones.

Teniendo en cuenta estas ideas, vamos a aplicar los pasos de la coherencia al acceso a la inteligencia del corazón. Te recomiendo hacerlo en un lugar donde puedas cerrar los ojos y dirigir la atención hacia tu interior. (No lo intentes mientras vayas conduciendo o estés haciendo algo que requiera toda tu atención). Los siguientes pasos te llevarán directamente al conocimiento más profundo de tu corazón:

Paso 1: concéntrate en el corazón

- **Acción:** deja que la conciencia pase de la mente a la zona del corazón.
- **Resultado:** de este modo le envías al corazón la señal de que se ha producido un cambio: ya no estás ocupado en el mundo que te rodea, y vas cobrando conciencia de tu mundo interior.

Paso 2: respira más despacio

- **Acción:** empieza a respirar un poco más despacio de lo normal, dejando entre cinco y seis segundos entre la inspiración y la espiración.
- **Resultado:** este paso tan sencillo le manda al cuerpo una segunda señal de que estás seguro y en un lugar que favorece el proceso. Es bien conocido que respirar lenta y profundamente favorece la relajación del sistema nervioso (la reacción parasimpática).

Paso 3: percibe una sensación reconfortante

- **Acción:** haz todo lo que puedas para percibir una auténtica sensación de cariño, aprecio, gratitud o comprensión por algo o alguien.
- **Resultado:** aquí, la clave del éxito es que te sientas completamente franco y sincero. Como veíamos antes, la calidad de este sentimiento ajusta y optimiza la coherencia entre el corazón y el cerebro. Aunque todos podemos tener esta experiencia, tal vez debas experimentar el proceso varias veces hasta determinar lo que a ti te funciona.

Paso 4: hazle una pregunta a la inteligencia de tu corazón

- **Acción:** los tres pasos anteriores generan entre corazón y cerebro la armonía que te permite aprovechar la sabiduría del corazón. Respirando despacio y con la atención puesta en él, ha llegado el momento de que hagas una pregunta.

- **Resultado:** normalmente, como mejor funciona la inteligencia del cora,
  es con preguntas breves y concretas. Recuerda que el corazón no necesit.
  ningún preámbulo ni lo que pueda haber detrás de lo que le preguntes. Haz
  tu pregunta en silencio, como una sola frase concisa, y después deja que la
  inteligencia del corazón responda de modo que te sirva.

Muchos me piden que interprete los símbolos que aparecen en sus sueños o
el significado de alguna experiencia que hayan tenido. Puedo dar mi opinión, pero
nada más. Es *mi* idea de lo que la imagen o experiencia pueda significar en *su* vida. La
realidad es que no puedo saber de ningún modo qué significan los sueños y la experiencia para quienes los han vivido. También es verdad que *ellos sí* lo pueden saber.

La clave es esta: *si tienes capacidad suficiente para vivir la experiencia, la tienes
también para saber por ti mismo qué significa esa experiencia.*

Un sueño misterioso es la mejor oportunidad para aplicar la sabiduría del corazón a una situación real. A partir de la armonía entre corazón y cerebro establecida
en los cuatro pasos anteriores, limítate a hacer el siguiente tipo de preguntas, com-
pletando el espacio en blanco con el nombre de las personas, los símbolos o los
temas y objetos sobre los que preguntes. Solo son ejemplos. Puedes elegir el que
más te convenga o usarlos de guion para elaborar el tuyo propio.

- *Desde el profundo saber de mi corazón, pido que se me muestre el significado de... que aparece en mi sueño.*
- *Mediante el ojo exclusivo de mi corazón que solo sabe mi verdad, pido que
  se me explique el significado de... que vi en mi sueño.*
- *Pido ayuda para comprender el sentido que... tiene para mi vida.*

Paso 5: escucha

- **Acción:** piensa en cómo se siente tu cuerpo inmediatamente después de
  hacer la pregunta. Toma nota de cualquier sensación de calor, hormigueo,
  silbido en los oídos y demás. Todos tenemos nuestra exclusiva forma de
  aprender y experimentar. No existe una manera correcta ni incorrecta de
  recibir la sabiduría del corazón. Lo fundamental es saber qué es lo que a ti
  mejor te funciona.

...ra quienes ya estén familiarizados con el saber de su cuerpo ...ste paso es la parte más fácil del proceso. Para quienes pue- ...menos experiencia de escuchar a su cuerpo, es un ejercicio de ...tención.

Como decía antes, suelo recibir la sabiduría del corazón en forma de palabras que me llegan al mismo tiempo que percibo las sensaciones corporales. Otras personas nunca oyen las palabras y solo experimentan una comunicación no verbal, por ejemplo cierto calor en la zona del corazón o el estómago. Otras sienten que las baña una ola de paz mientras reciben la respuesta a la pregunta. En cualquier caso, lo que importa es escuchar al cuerpo y averiguar cómo se comunica contigo.

Puedo decir francamente que la sabiduría del corazón nunca me ha llevado a tomar una mala decisión. Y aunque no he empleado esta técnica para todas las decisiones importantes de mi vida, también puedo decir sinceramente que las únicas de las que me he arrepentido son las que tomé sin hacer caso a lo que el corazón me decía.

Ya dispones de una técnica pautada que te ayudará a sentirte con fuerza suficiente ante los mayores retos de la vida. Probablemente no podrás cambiar las situaciones que se te presenten, pero seguro que cambiarás el modo de sentirlas y de reaccionar ante ellas. Si aún no lo has hecho, es posible que descubras que tu capacidad de acceder a la sabiduría del corazón, a la carta, pasa a acompañarte como un buen amigo y como una de las mejores fuentes de fuerza para tu vida. La coherencia y el acierto de las soluciones basadas en el corazón te empoderan para afrontar cualquier situación, para enfrentarte a cualquier persona o problema, con una seguridad que es difícil de encontrar si te sientes indefenso, abrumado, impotente y perdido.

¿Conocemos ya el futuro?

El caso de mi viaje a Egipto es un claro ejemplo de una forma de intuición que nos es familiar a la mayoría. Nace del profundo conocimiento de una verdad relativa: algo que nos conviene en un determinado momento. Existen otras formas de intuición que aparecen de otra manera. A veces, se refieren menos a decisiones y opcio éticas de nuestra vida personal, y más a seguir un impulso que, de u. modo u otro, nos sirve de ayuda. Una de estas formas de intuición es la experiencia de la *precognición*: la capacidad de saber o sentir que va a ocurrir algo antes de que realmente suceda.

En algunos casos la precognición aparece en la vida de forma personal y consciente. El jugador que tiene «buena mano» para escoger el número de lotería que después va a ser premiado o el que siempre gana en los juegos de cartas con grandes apuestas utilizan esta capacidad en beneficio propio. Hemos leído casos de agentes de la ley que tienen un sexto sentido «visceral» que los advierte de algo extraño en la casa que acaban de visitar, siguen su instinto y acaban por salvar a un bebé de una situación de violencia doméstica que podría haberle causado la muerte. A lo largo de sus vidas, estas personas de las que acabo de hablar aprendieron a confiar en su sexto sentido, que les decía que algo iba a ocurrir de una determinada forma y, la mayoría de las veces, no se equivocaron.

Esta visión de sucesos futuros se suele dar en un nivel personal, pero también hay casos bien documentados de precognición de grupo o masiva de sucesos que afectan a muchas personas.

No es tanto la precognición de un suceso concreto, sino una sensación inconsciente, un impulso de desviarse de la rutina diaria habitual simplemente porque parece que es lo que conviene hacer. El 11 de septiembre de 2001 ilustra de manera impactante este tipo de intuición subconsciente.

Aquel día ocurrió algo terrible y murieron muchas personas, pero casi de inmediato quedó claro que pudo haber sido peor. Si todo el mundo hubiera seguido la rutina de todos los días, el número de muertos podría haber sido mucho más alto y la tragedia, mucho mayor. Inmediatamente después de los sucesos del 11S, fueron apareciendo, una tras otra, historias de personas que ese día habían cambiado de planes de forma inesperada, lo que les salvó la vida, por motivos que atribuyeron simplemente al azar y la suerte. Padres que tenían el despacho en lo más alto de las Torres Gemelas de repente decidieron

e y quedarse en casa con la familia. Personas que te-
en los aviones que fueron secuestrados quedaron
.scos o en conversaciones que no podían cortar, por
perdieron el vuelo. Casualidades como estas se producen de
vez en cuando, pero la gran cantidad de individuos que cambiaron de
planes el 11 de septiembre, y con ello salvaron la vida, demuestra que
hubo algo más que una simple coincidencia.

Entre los que aquel día salvaron la vida, al parecer por «casualidad», hubo varios famosos. Robert Redford, por ejemplo, se encontraba en Nueva York por cuestiones de negocios, y tenía previsto regresar a California ese mismo día en el vuelo Network-Los Ángeles,
que tomaba con frecuencia. Si hubiera subido a aquel avión, habría
sido uno de los muertos del vuelo 93 que se estrelló en un campo de
Pensilvania sin dejar supervivientes. Contó su experiencia del 11S en
un artículo publicado en *Usa Today*: «Todos pudimos sufrir los horro-
res [de los atentados]. Algunos pueden decir que "se libraron por la
gracia de Dios..." Yo soy uno de ellos».[23]

Redford no fue el único que tuvo la «suerte» de haber cambiado
de planes el 11S. Más de trescientas cincuenta personas que iban a tomar los aviones que fueron secuestrados aquel día no pudieron embar-
car por diversas razones. Algunos famosos que compartieron la suerte
de Redford y cambiaron de planes fueron Mark Wahlberg (la noche
anterior tenía previsto tomar el vuelo 11 de American Airlines a Bos-
ton para reunirse con unos amigos);[24] Jaime Pressly (a última hora decidió no tomar ese mismo vuelo);[25] Edward James Olmos (iba a tomar
ese vuelo para participar en la gala de los Premios Grammy Latinos en
Los Ángeles, pero se encontraba cansado y lo cambió por otro);[26] Wi-
llie Brown, alcalde de San Francisco; el humorista Seth MacFarlane; la
estrella de la MTV Julie Stoffer, y otros.

Muchos protagonistas de este tipo de historias aseguran que hay en
ellas algo que requiere una interpretación personal. Llamémoslo como
queramos, pero el hecho de que tantos decidieran cambiar sus planes
de vuelo aquel día, o se encontraran con que no tenían más remedio
que cambiarlos, indica que reaccionaron a un impulso —una indicación

inconsciente– que los llevó a hacerlo. Un estudio de investigación publicado por la Universidad Cornell puede dar la primera explicación verosímil de cómo es posible que sintamos y sigamos ese impulso de forma que escapa a cualquier normalidad estadística. No es extraño que este estudio pueda haber generado de paso un misterio aún más profundo.

El *Journal of Personality and Social Psychology* publicó un artículo de Darly Bem, psicólogo social, en el que este explicaba una serie de experimentos que había realizado para estudiar la capacidad que algunas personas tienen de percibir, o sentir, las consecuencias de sucesos que aún no se han producido.[27] En otras palabras, los experimentos estaban diseñados para estudiar si es posible la precognición. En uno de ellos, Bem utilizó un ordenador en cuya pantalla se iba repitiendo la misma imagen de dos cortinas, una al lado de la otra. Cada vez que aparecían las cortinas, una escondía detrás una imagen y la otra no; solo la pared en blanco. Cuando aparecían las cortinas, a la persona sometida al estudio se le decía que escogiera la que *sintiera* que ocultaba una imagen.

Hay aquí dos datos que son fundamentales para ilustrar la importancia de este experimento:

1. La imagen que aparecía detrás de la cortina era de parejas realizando actos sexuales consentidos y no violentos. Así se les decía a los sujetos del experimento, y también que podían abstenerse de realizar la prueba si las imágenes les molestaban.
2. Nadie sabía, ni siquiera los científicos que habían diseñado el experimento, cuál de las dos cortinas ocultaba la imagen. El ordenador lo decidía de forma aleatoria.

En todas las pruebas, las cortinas aparecían treinta y seis veces. Bem hizo el experimento con más de mil participantes, y los resultados fueron claros y sistemáticos. En cada elección había dos posibilidades, por lo tanto, un 50% de probabilidades de que el participante escogiera la cortina que escondía la imagen. El éxito de los resultados estuvo por encima de la probabilidad estadística, con un 53,1% de decisiones acertadas. De algún modo, los participantes elegían la cortina que ocultaba la imagen erótica en un porcentaje estadísticamente superior al de la suerte. La comunidad científica continúa estudiando el fenómeno y experimentos como este demuestran que los participantes, de una manera u otra, *sabían* —percibían o sentían con antelación— el resultado antes de que se viera en la pantalla del ordenador.

Otro estudio similar del Instituto HeartMath invita a dar un paso más y ofrece una pista del porqué. Los científicos del IHM diseñaron una serie de experimentos para determinar la posibilidad de lo que se denomina *intuición no local*.

Los casos de este tipo de intuición pertenecen a muy diversas categorías del tipo de experiencias expuestas en este capítulo: padres que se ponen en contacto con sus hijos, o al revés; saber que va a ocurrir algo que aún no ha sucedido, como en el estudio anterior, o alguien te llama en el momento exacto en el que tú piensas hacerlo (lo mismo ocurre a veces cuando nos encontramos tarareando una canción, encendemos la radio y suena la misma canción).

Las investigaciones del IHM consistían en medir una serie de parámetros del cuerpo de la persona sometida a la prueba, entre ellos, la conductividad de la piel, las ondas cerebrales y la actividad cardíaca. Las lecturas se hacían cuando el sujeto pulsaba el ratón para que apareciera una imagen aleatoria en la pantalla. Pero en este caso las imágenes pertenecían a dos categorías: imágenes relajantes de la naturaleza e imágenes provocadoras, por ejemplo de escenas violentas o bélicas.

Los científicos ya sabían que nuestro cuerpo responde a las imágenes relajantes, como las de las olas del mar que rompen sobre una larga playa de arena, de forma distinta a como lo hace ante imágenes de las consecuencias de la guerra. Estas diferencias son las que hacen que dichos experimentos sean tan llamativos. Las pruebas revelaron que el cuerpo de la persona en cuestión, incluidos corazón y cerebro, anticipaba correctamente el tipo de imagen que iba a ver, *antes de que apareciera en la pantalla*. En otras palabras, durante los seis segundos que mediaban entre el clic del ratón y la aparición de la imagen en la pantalla, el corazón *ya* estaba sintiendo la imagen. Los autores del estudio son claros sobre la importancia de estas investigaciones, y afirman: «Tanto el corazón como el cerebro reaccionan a la información sobre el futuro estímulo emocional antes de experimentar realmente el estímulo».[28]

Estos estudios arrojaron nueva luz y ofrecieron nuevas ideas sobre el poder de la intuición del corazón en lo que se refiere a sucesos que afectan a nuestro futuro. En este sentido, lo más importante es que el efecto es más pronunciado cuando el suceso tiene para nosotros un interés emocional. En el estudio de la Universidad Cornell, las imágenes eróticas contenían una carga emocional para quien realizaba la prueba. El 11 de septiembre, los sucesos que ya se desarrollaban en el corazón y la mente de los individuos que los vivían tenían para ellos una importancia emocional, como la tuvieron las consecuencias de lo ocurrido para millones de personas de todo el mundo.

Considerando la confirmación que en 1987 se hizo del campo de energía que conecta todas las cosas,[29] el descubrimiento de que el corazón humano genera y detecta campos sutiles de energía eléctrica y magnética y de las aproximadamente cuarenta mil células cardíacas especializadas que detectan precisamente estos campos no debe extrañarnos a quienes podemos percibir la «firma» de lo que allí ocurre. Sea una imagen erótica en el laboratorio, la masacre del 11S o el bienestar del hijo que está en la habitación contigua o al otro lado del mundo, las pruebas son claras: somos parte del mundo, y nuestra capacidad de percibir el mundo del que formamos parte es un elemento natural de nuestro ser. La disposición a aceptar y desarrollar esta capacidad nos puede enriquecer la vida y las relaciones de formas que, hace solo una generación, hubieran parecido imposibles.

Vivir desde el corazón: el siguiente paso de la evolución

Algunos pueblos indígenas y antiguas tradiciones arcanas comparten una imagen sobre cómo vivimos la vida y cómo interpretamos las experiencias. Son tradiciones distintas, pero las une una misma idea: para poder cerrar el círculo y aceptar nuestro poder, antes tenemos que iniciar un viaje de descubrimiento personal. Un viaje que nos puede alejar de lo que nos es familiar y que podemos tardar toda la vida en completarlo, pero la distancia es corta. No va más allá de unos cuarenta y cinco centímetros.

Seamos altos o bajos, y de cualquier raza, país o cultura, en todos nosotros la distancia media entre el centro del cerebro y el del corazón es la misma: cuarenta y cinco centímetros. Pero tan corta distancia puede inducir a engaño. Según sean las creencias de nuestra familia, nuestra comunidad, nuestra religión y las experiencias que vivamos, averiguar *cómo* pasar del pensamiento lógico de la mente al saber intuitivo del corazón, y *cuándo* conviene hacerlo, puede requerir meses o años.

Sin embargo, el descubrimiento del «pequeño cerebro» del corazón y los beneficios que nos reporta demuestran que merece la pena hacer el esfuerzo que tal cambio exige. Es el viaje que nos saca del pensamiento disyuntivo del cerebro, para adentrarnos en el saber intuitivo del corazón. Y la capacidad de hacerlo nos dará fuerza siempre, pero de forma especial hoy, en este tiempo de convergencia de extremos.

Como irás viendo a lo largo de este libro, es evidente que los primeros años del siglo XXI, el actual, no son una época más de la historia de nuestras sociedades, nuestras naciones y nuestro mundo. Vivimos en un tiempo de cambio acelerado: ciclos climáticos, conflictos y cambios económicos que nos sitúan ante una realidad a la que ninguna generación se ha enfrentado jamás en toda la historia conocida.

Ya no vivimos en los países aislados que sentaron la base de nuestra sociedad en los siglos XIX y XX. Ni en naciones con economía, tecnologías, redes eléctricas, y sistemas aislados de defensa y comunicaciones. Lo que hoy pensamos del dinero y la seguridad económica no es lo mismo que pensaban nuestros abuelos. El papel que la religión y la espiritualidad desempeñan en nuestra vida adquiere un nuevo mensaje al tratar de aplicar ideas de dos mil quinientos años de antigüedad al mundo del siglo XXI. Están cambiando los propios principios que nos han ayudado a sentirnos seguros en nuestra casa y en nuestra comunidad. Estos hechos nos llevan a percatarnos de la realidad más trascendental pero menos comprendida de nuestro tiempo: *vivimos una época de muchos, muchísimos extremos, y todos convergen en nosotros a la vez en esta vida, hoy, en este momento.* Estos hechos nos dan la certeza de dónde nos encontramos ahora mismo, en este preciso instante: vivimos rigiéndonos por una serie de normas nuevas.

En el capítulo 4 pongo todo mi empeño en detallar los extremos que te están cambiando la forma de vivir, trabajar y pensar, y en hacerlo de forma clara y sincera, pero ahora quiero exponer con claridad la razón de que hoy necesites la sabiduría del corazón y la consiguiente resiliencia.

La conciencia de que vivimos en un tiempo de extremos augura que hemos de estar dispuestos a grandes cambios en la vida. Sea la agitación social, el cambio climático, una economía global que se desploma por el peso de una deuda sin precedentes o un crecimiento de la población que lucha por un agua y unos recursos cada vez más escasos, si somos sinceros con nosotros mismos hemos de reconocer que estas crisis no son pasajeras. Con toda probabilidad, nos acompañarán toda la vida, y seguramente lo mismo les ocurrirá a nuestros hijos.

Como bien sabemos, lo único que no cambia en la vida es que todo cambia. También sabemos que este cambio puede ser una de las mejores experiencias que vivamos. Y los biólogos subrayan que la ansiedad que tal cambio nos genera es la que impulsa nuevos modos de pensar y de vivir: la transformación biológica que nos hace mejores personas, crea mejores familias y comunidades y, en definitiva, asegura nuestra supervivencia como especie. La fórmula es clara: a mayor cambio, mayor transformación. La razón de la importancia vital de los descubrimientos expuestos en este capítulo es que muchas de las formas de pensar ya no bastan para satisfacer las necesidades de nuestro mundo cambiante. En estos descubrimientos está la clave de uno de los saltos evolutivos de mayor trascendencia. *Estamos en pleno salto de una vida basada en cómo la mente ve el mundo a una nueva manera de pensar y vivir basada en cómo el corazón y la mente* SIENTEN *el mundo.*

En este sentido, lo importante es que cualquiera que sea el cambio que la vida te traiga, solo será un problema si no sabes cómo aceptarlo en tu propio beneficio. Y exactamente de esto es de lo que trata este libro. A medida que aprendas a fundir las sensaciones del corazón y la lógica del cerebro en un proceso único y potente, adquirirás la fuerza para gestionar provechosamente el cambio de tu vida. Y al hacerlo, te procurarás el eslabón evolutivo que tal vez estuviera perdido en el pasado reciente, cuando los científicos empezaron a separar el poder del corazón y el del cerebro.

Siempre he pensado que cuanto mejor nos conocemos, mejor equipados estamos para aceptar lo que la vida nos depare. ¿Y qué mejor forma de conocernos que aprovechar la esencia de nuestra más profunda sabiduría intuitiva? Con todas estas ideas en mente, los capítulos que siguen nos enseñan el poder de la resiliencia desde el corazón: a crearla para nosotros mismos, nuestra familia y nuestra comunidad y a aplicarla a la vida cotidiana.

CAPÍTULO 2

RESILIENCIA DESDE EL CORAZÓN

La fuerza para prosperar en momentos extremos de la vida

La vida no se hace más fácil ni indulgente, somos nosotros quienes
nos hacemos más fuertes y resilientes.

STEVE MARABOLI, orador motivacional y escritor estadounidense

El 11 de septiembre de 2011, décimo aniversario de los atentados del 11S en Estados Unidos, la revista *Time* publicó un número especial en honor de las personas, las familias y el país sacudidos por la tragedia que habían sido capaces de seguir viviendo con todo ánimo. En la primera página, a modo de título, se leía: «Más allá del 11S: retratos de la resiliencia». Si alguna vez hubo duda del papel que la resiliencia había desempeñado en la recuperación de Estados Unidos, quedó sofocada con aquella publicación, que situaba la resiliencia como elemento primordial del país en el siglo XXI.[1] A través de historias personales de ciudadanos y dirigentes, *Time* pretendía «explicar qué significa afrontar la adversidad y después superarla».[2]

Oímos decir a menudo que gracias a la resiliencia podemos superar los obstáculos de la vida, pero ¿es posible que la palabra signifique más que esto? ¿Existe alguna forma de resiliencia que se pueda cultivar teniendo presente una realidad mucho más amplia? ¿Se puede *vivir cada día en el marco de una mente resiliente* que mitigue el impacto de un cambio inesperado, en lugar de intentar *conseguir* resiliencia una vez consumados los hechos? La respuesta es un *sí* rotundo. Y esta es la razón de que haya escrito este libro.

Cultivar la resiliencia forma parte de una tendencia que se está afianzando en todo el mundo. En nuestro tiempo de extremos, con la resiliencia podemos crear —nosotros, nuestras familias y nuestras comunidades— puntos positivos de inflexión. Además de minimizar las dificultades que un cambio inesperado pueda conllevar, muchos individuos han descubierto que los bloques con los que se construye la resiliencia personal son también una magnífica forma de vivir, un modo de vida que cobra su máximo sentido en el mundo actual.

> Las personas, las familias y las comunidades pueden crear puntos de inflexión de resiliencia que minimicen el impacto de un cambio abrupto y reduzcan el tiempo necesario para recuperarse de la correspondiente adversidad.

Resiliencia: ¿qué significa?

Resiliencia significa algo distinto para cada uno de nosotros, un significado que varía según la cultura, la edad e incluso el modo en que se emplee la palabra. Para que exista resiliencia en el día a día de una pareja que acaba de iniciar la vida en común, por ejemplo, hacen falta cosas muy distintas de las que necesitan dos personas que lleven casadas cincuenta años. Para los adolescentes del mundo occidental, que dependen de sus padres para lo más básico de la vida, resiliencia es algo distinto que en una sociedad tribal, donde lo habitual es que los jóvenes formen sus propias comunidades para cuidar de sí mismos y de otros de su misma edad.

Los principios que generan resiliencia en una situación de guerra se corresponden con unas necesidades muy diferentes de las que señalan organismos como el Post Carbon Institute, que estudia qué hace falta para vivir de forma sostenible después del pico del petróleo.*

---

* N. del T.: La teoría del pico de Hubbert, también conocida como cénit del petróleo, petróleo pico o agotamiento del petróleo, es una influyente teoría acerca de la tasa de agotamiento a largo plazo del petróleo, así como de otros combustibles fósiles.

La resiliencia es, sin duda, una de las cualidades vitales que debemos adaptar a nuestras particulares circunstancias.

Gran parte de los estudios sobre el tema se refieren a comunidades enteras o a toda una sociedad, pero el punto de partida de la resiliencia somos nosotros. En este sentido, hablamos básicamente de personas. Nuestro mundo de extremos nos obliga a pensar y vivir de forma distinta para poder satisfacer nuestras necesidades. En algunas circunstancias, como los recortes de personal en las empresas o la contracción de los mercados, prácticamente no hay más opción que hacerlo.

Por lo tanto, vamos a empezar por el principio. ¿Cuánto cuesta crear, desarrollar y mantener un modo de vida resiliente, vivir de forma resiliente?

En el mundo actual, se habla a menudo de resiliencia para referirse a la capacidad de alguien de recuperarse de un cambio inesperado que se haya producido en su vida, por ejemplo un contratiempo de graves consecuencias o una pérdida traumática. «La pareja ha demostrado una tremenda resiliencia para superar la pérdida de su hijo en la guerra», por ejemplo, es un comentario que, por desgracia, se ha hecho demasiado habitual. «La resiliencia que esta persona ha demostrado después de que la abandonara su pareja es un ejemplo para todos» ilustra otro sentido que hoy se le da al término. En los últimos años, se ha convertido en costumbre utilizar la palabra *resiliencia* para referirse a la actitud y la fortaleza física de comunidades enteras, incluso de todo un país, para recuperarse de la devastación provocada por huracanes, tornados, terremotos y atentados terroristas.

Sin embargo, la resiliencia no se refiere solo a las experiencias humanas. Se puede aplicar a cualquier sistema, vivo o no, en el que intervenga la dinámica del cambio. Durante más de mil años, los complejos ecosistemas de las selvas tropicales del Amazonas, por ejemplo, han desarrollado *resiliencia* para adaptarse a los grandes cambios del clima de la Tierra. Los sofisticados programas informáticos de hoy son *resilientes*: pueden detectar y resolver problemas propios que les impiden hacer aquello para lo que están diseñados. Nuestro cuerpo posee múltiples sistemas interconectados de los que dependemos

—desde el sistema inmunitario, que nos mantiene sanos, y el sistema nervioso, que nos mantiene seguros, hasta nuestra forma de producir hormonas vitales y generar nuevas células de la sangre que nos mantienen vivos—, y cada uno tiene su particular capacidad de resiliencia.

La Asociación Psicológica Americana define *resiliencia* como «el proceso de adaptarse bien a la adversidad» y «recuperarse de experiencias difíciles»;[3] en cambio, para el Centro de Resiliencia de Estocolmo, es la «capacidad de un sistema de cambiar y adaptarse continuamente pero sin traspasar el umbral crítico».[4] Esta segunda definición es la que mejor ilustra nuestra idea ampliada de resiliencia. Hablamos de un modo de pensar y vivir que nos da flexibilidad para cambiar y adaptarnos a nuevas situaciones. Esta es la clave de la transformación en nuestro tiempo de extremos.

La resiliencia es una experiencia universal, pero he descubierto que muchas culturas no poseen en su lengua ninguna palabra para referirse a ella. La única forma de que el hablante de alguna de estas lenguas pueda compartir la idea de resiliencia es enlazando varias palabras que en principio no tienen relación alguna, pero que, al considerarlas juntas, se aproximan a lo que significa *resiliencia*. Durante un viaje de documentación por el centro de Europa, por ejemplo, iba pensando en los principios que se convertirían en la base de *Resiliencia desde el corazón* cuando descubrí la disparidad de palabras que sobre el tema puede haber en la vida real.

En una de mis presentaciones, el traductor iba traduciendo mis palabras de forma consecutiva: yo hablaba, él traducía, volvía a hablar yo, él traducía de nuevo, etc. (un sistema distinto de la traducción simultánea, en que el traductor está en otra parte de la sala hablando directamente a los auriculares de quienes escuchan). De repente, me angustié al ver que la presentación se detenía porque el traductor empezaba a hablar acaloradamente no conmigo, sino con personas del público. Para mi sorpresa, discutían sobre cómo acababa de traducir la palabra *resiliencia*.

Siempre había supuesto que todas las lenguas tenían un término equivalente para expresar mis ideas, y fue entonces cuando descubrí que no es así. Quienes hablamos en inglés tenemos que unir dos palabras, *life*, 'vida' y *force*, 'fuerza', para traducir de forma aproximada la palabra hindú *prana*; en cambio, la lengua que empleaba mi intérprete no tenía ninguna palabra que tradujera *resiliencia*. También me di cuenta de la conveniencia de hablar con el traductor *antes* de las presentaciones, para resolver esas previsibles dificultades.

La idea de resiliencia y lo que significa puede variar entre personas de distintos grupos de edad y cultura, pero no ocurre lo mismo con su forma de mostrarse en la vida. Encontramos los elementos de la resiliencia en dos ámbitos:

- En nuestra forma de pensar.
- En nuestra forma de vivir.

En todos los aspectos de nuestra experiencia, y a través de una de estas manifestaciones, o de una mezcla de ambas, se muestra alguna forma de resiliencia. Desde la capacidad emocional de afrontar el estrés que los grandes cambios nos provocan hasta la capacidad física del cuerpo de resistir las dolencias y enfermedades, pasando por la de la mente de resolver los impactos psicológicos del trauma y la pérdida, es evidente la existencia de muchas formas de resiliencia. También lo es que todas desempeñan un papel fundamental en nuestra vida, en todos y cada uno de los días. En este libro voy a hablar de dos de sus formas generales: la resiliencia personal, que analizaré en este capítulo, y la resiliencia comunitaria, de la que me ocuparé en el siguiente.

> Nuestras ideas de resiliencia se reflejan en nuestra forma de pensar y de vivir.

La resiliencia personal

A pesar de los muchos años de investigación y de los miles de estudios publicados en cientos de revistas especializadas, no existe todavía una única teoría de la resiliencia. Sin embargo, hay aspectos de esta que parecen pertenecer a categorías generales que podemos utilizar de base para nuestra investigación. Las organizaciones profesionales han tomado los muchísimos estudios de diferentes tipos de resiliencia y los han adaptado a las necesidades específicas de sus comunidades. Podemos encontrar especialistas debidamente formados que nos ayuden en todo lo referente, por ejemplo, a la resiliencia física en deportes de resistencia, la resiliencia psicológica en los negocios o la resiliencia emocional en unas relaciones difíciles. El denominador común de todas estas situaciones es el *trauma*, y no hay que buscar muy lejos para dar con el momento en que se originó dicho trauma en nuestras vidas.

Con los programas de televisión por cable que, durante las veinticuatro horas del día, nos bombardean con espantosos detalles de la guerra, avisos de posibles amenazas a la seguridad de nuestros hogares y escuelas y un alarmante incremento de la cantidad de suicidios de adolescentes relacionados con el acoso escolar y la humillación perpetrados a través de las redes sociales, el trauma es algo habitual en nuestra sociedad. Cada incidente traumático agudiza la necesidad de sanar de los daños que nos inflige a nosotros, a nuestra familia y a nuestra comunidad. Aunque nuestros traumas sociales tienen orígenes distintos, las características que nos ayudan, primero, a afrontar las experiencias y, después, a encontrar la resiliencia necesaria para transformarnos más allá de ellos, son notablemente similares.

Tenemos a nuestro alcance diversos recursos excelentes para orientarnos en este proceso. Uno que considero especialmente útil para situaciones de la vida real es la Academia Nacional de Ayuda a las Víctimas (NVAA por sus siglas en inglés). Con el patrocinio de la Oficina para la Formación de las Víctimas del Crimen y el Centro de Asistencia Técnica, este organismo forma parte de un programa federal diseñado para ayudar a quienes prestan servicios profesionales a personas traumatizadas por el crimen. Los programas de formación que en ella se han desarrollado ayudan a las víctimas a superar experiencias dolorosas siguiendo pasos detallados para adquirir habilidades de resiliencia.[5]

Una de las razones de mi admiración por el marco de la NVAA es que contempla una amplia diversidad de necesidades físicas, emocionales y espirituales, desde cómo afrontamos individualmente situaciones de estrés hasta cómo nos relacionamos con otras personas en momentos de ansiedad. El resumen representativo de los factores clave de la resiliencia desarrollado por la NVAA incluye:

- Conocimiento de uno mismo.
- Sentimiento de esperanza.
- Capacidad de superación.
- Relaciones interpersonales sólidas.
- Encontrarle sentido a la vida.

Vamos a analizar cada uno de estos factores con un poco más de profundidad para hacernos una mejor idea de por qué estas cinco características son tan importantes y cómo encajan en nuestra vida.

> El marco de resiliencia personal incluye cualidades como el autoconocimiento, un sentimiento de esperanza, las habilidades para una sana superación, unas relaciones sólidas y encontrarle sentido a la vida.

EL CONOCIMIENTO DE UNO MISMO

En la cámara más oculta del antiguo templo de Luxor, en el llamado sanctasanctórum, hay una inscripción que recuerda a quienes cruzan sus puertas el secreto que su propia existencia oculta: «Hombre, conócete a ti mismo...» y el beneficio explícito que de tal conocimiento deriva: «... y conocerás a los dioses».

Las cinco primeras palabras, que se encuentran en muchos de los textos del antiguo Egipcio, son las mismas que se ven en la entrada del templo de Apolo de Delfos, en Grecia. Aquí, sin embargo, se reducen a cuatro: «Conócete a ti mismo». Desde las tradiciones del saber del Egipto y la Grecia antiguos hasta los más profundos misterios de las prácticas espirituales más preciadas del mundo actual, existe un acuerdo casi universal de que nuestra capacidad de superar los retos depende de lo bien que nos conozcamos. En este sentido, la identificación de los falsos supuestos del pasado (y los nuevos descubrimientos que confirman su error) adquiere especial importancia.

Durante casi tres siglos, la ciencia aceptada nos ha dicho que estamos separados de nosotros mismos y unos de otros y que la ley de la naturaleza se basa en la competencia y la lucha. Desde pequeños, muchos hemos escuchado estas ideas resumidas en la simple advertencia de que vivimos en un mundo de lobos que se comen unos a los otros. Esta frecuente creencia subconsciente permanece en el propio núcleo de nuestras relaciones más difíciles, aquellas en las que aún pensamos que para triunfar tenemos que luchar. Aquí es donde el nuevo descubrimiento que nos ayuda a responder la pregunta «¿quién soy?» también nos da razones para que cambiemos de pensamiento y creencias.

Desde el descubrimiento del entrelazamiento cuántico, que confirma la íntima conexión que nos une unos con otros y con el mundo hasta el hecho de que la cooperación, más que la competencia, es la regla fundamental de la naturaleza, cuanto más conocemos de nosotros mismos, mejor equipados estamos para hacer frente con eficacia a los cambios del mundo. Al sustituir las falsas ideas de la separación por las verdades más profundas de nuestra conexión y la función de la cooperación en nuestras vidas, el autoconocimiento nos da razones para pensar de forma más holística y actuar con mayor seguridad en las decisiones que tomamos en la vida.

El sentimiento de esperanza

Cuando oímos historias sinceras y admirables de quienes han sobrevivido a situaciones que parecían insuperables, dos de las preguntas que se les suelen hacer son: «¿Cómo lo consiguió? ¿Qué le dio fuerzas para no rendirse?».

Merece la pena analizar las respuestas que se dan a estas preguntas, por la semejanza del impacto emocional. Por distintas que puedan parecer las diversas situaciones traumáticas, sean consecuencia de actos criminales o de desastres naturales, quienes sobreviven y se recuperan casi siempre aseguran que la fuerza que los mantuvo fue el sentimiento de optimismo y esperanza.

Recuerdo cuando vi en la televisión las imágenes de los rehenes secuestrados en la embajada de Estados Unidos en Irán en 1979, y el efecto que nos produjeron a mis compañeros de trabajo y a mí. Al principio, todos pensamos, como muchas otras personas del mundo, que la situación se resolvería enseguida. Sin embargo, a medida que el secuestro iba sumando días y semanas, se hizo evidente que no habría solución ni rescate inmediatos para los rehenes.

Pero no creo que ni siquiera entonces alguien –yo mismo, mis compañeros de trabajo y mi círculo de amistades o los líderes de los países implicados– pensara que la que después se llamó «la crisis de los rehenes de Irán» iba a durar lo que duró: un total de cuatrocientos cuarenta y cuatro días. En las entrevistas posteriores a la liberación de los cautivos, empezamos a hacernos una idea de qué fue lo que los sostuvo durante más de un año de aquella dura experiencia. Varios de ellos indicaron que la espiritualidad y el amor por su familia les dieron esperanza y fueron la clave de su supervivencia. En una entrevista que le hicieron en 2012, Tom Schaefer, coronel retirado de las fuerzas aéreas y uno de los cincuenta y dos rehenes estadounidenses, comentó: «He llegado a la conclusión de que gracias a la fe en Dios y en el poder de la oración pude resistir en aquellas condiciones».[6]

El 4 de diciembre de 1991 acabó otro secuestro, cuando Terry Anderson fue liberado por Hezbolá, un partido político de Líbano, después de casi siete años. Anderson, que en el momento del secuestro era jefe de la oficina de la Associated Press en Beirut, hoy ostenta la dudosa distinción de haber sido el rehén político estadounidense en Oriente Medio con más tiempo de cautiverio. El suplicio de soledad, miedo y resiliencia duró un total de dos mil cuatrocientos cincuenta y cuatro días, poco menos de siete años. En una entrevista realizada al ser liberado, atribuyó su fuerza y buena salud al optimismo y el sentimiento de esperanza. El optimismo se lo daba el convencimiento de que los secuestradores no iban a asesinarlo. La esperanza de la libertad que le aguardaba cuando se resolviera la situación fue la clave, dijo, de la disciplina que se autoimpuso de pensar en el cautiverio hora a hora, un ejercicio que mentalmente llamó «cumplir condena».[7]

La esperanza es algo más que la creencia infundada o el deseo imposible de un tiempo mejor. Es fundamental para nuestro bienestar. En 1991, el psicólogo Charles R. Snyder, y sus colegas desarrollaron un enfoque científico para el estudio del papel, a menudo infravalorado, que la esperanza desempeña en nuestra vida, un sistema conocido como *teoría de la esperanza*.[8]

Scott Barry Kaufman, psicólogo cognitivo, explica la importancia de la esperanza: «No basta con tener objetivos [...] Gracias a la esperanza podemos abordar los problemas con la disposición mental y la estrategia adecuadas para el éxito, y así aumentar las probabilidades de que realmente consigamos lo que nos hayamos propuesto».[9] Es evidente que la ciencia se está poniendo al día en algo que a lo largo de los siglos personas que han vivido situaciones desesperadas han sabido por intuición: el sentimiento de esperanza nos da la razón para confiar en un mañana mejor.

LA CAPACIDAD DE SUPERACIÓN

Desde finales de los pasados años setenta y hasta principios de los noventa, trabajé en una serie de medios científicos y técnicos durante tres distintos períodos de crisis: la crisis energética de la década de los setenta, la de las armas nucleares de la Guerra Fría y la de la compatibilidad de datos entre las plataformas informáticas de finales de la de los ochenta y principios de la de los noventa. Fue durante esta parte de mi vida cuando tuve oportunidad de ver con mis propios ojos cómo reaccionan los individuos y los grupos al estrés que sus obligaciones laborales les provocan. Desde los sistemas de carburantes para el Programa de la Lanzadera Espacial de la NASA hasta la capacidad de los equipos médicos militares de base para comunicarse con los barcos hospital situados a miles de kilómetros, en todas las situaciones en las que me encontré, la vida de las personas dependía de los productos y servicios que suministraban las empresas que yo representaba.

Pues bien, en todas esas situaciones y empresas, oía decir a mis compañeros de trabajo, una y otra vez, que tenían problemas para superar el estrés que las exigencias laborales les causaban. Era evidente que, más allá de la prestación de los servicios que nos contrataban, el estrés era el mayor reto al que todos nos enfrentábamos a diario. En los proyectos que yo supervisaba, gran parte de mi responsabilidad era encontrar modos de mantener a mis equipos unidos y en forma el tiempo suficiente para completar los encargos.

La palabra que mis equipos empleaban para describir lo que estaban viviendo era *abrumados*. Se sentían *abrumados* por la magnitud del trabajo, *abrumados* por lo mucho que había que hacer y *abrumados* por las dudas que tenían sobre su capacidad de cumplir con su cometido. Todos nos hemos sentido así en algún momento, y no quisiera dar la impresión de que tal sentimiento sea negativo por sí mismo. Si somos capaces de aceptar que la sensación de estar abrumados, por lo que sea que la vida nos imponga, es un *indicador* de que algo requiere nuestra atención, la propia experiencia se puede entender como positiva y de consecuencias beneficiosas.

Sin embargo, sin esta perspectiva, los miembros de mis equipos reaccionaban a su experiencia de un modo que no solo era inadecuado, sino que incluso les impedía cumplir con su trabajo. Se instalaron las bajas por enfermedad, la desgana en la oficina y los hábitos de distracción, por ejemplo el comer compulsivo y un mayor consumo de tabaco. No es extraño, como ya vimos en el capítulo 1, que todos estos comportamientos sean algunos de los indicadores de las reacciones malsanas de las que hablan organismos como la Clínica Mayo, los Institutos Nacionales de la Salud y otros, en sus estudios sobre la gestión del estrés.

La que sigue es una lista de habilidades de superación inadecuadas adaptada de estudios transversales sobre reacciones ante el estrés. Los propios síntomas explican lo que son. Es probable que todos los hayamos experimentado alguna vez sin mayores consecuencias, pero cuando diversos síntomas se hacen crónicos seguramente indican que el estrés que sentimos nos debe preocupar.

Lista de indicadores de estrategias de superación inadecuadas

- Problemas para conciliar el sueño, para dormir sin interrupciones y para hacerlo a las horas adecuadas del día o la noche.
- Dolor, jaquecas, apretar los puños, morderse los labios o tensar el cuello y los hombros de forma inconsciente.
- Comer sin hambre o más de lo que apetece.
- Sentirse deprimido, apático y emocionalmente entumecido.
- Llorar sin control en los momentos más inesperados y sin un motivo aparente.
- Reacciones desordenadas de ira y negatividad.
- Consumo de alcohol, tabaco y sustancias adictivas para tranquilizarse.

Una de las claves del éxito de quienes integraban los grupos con los que trabajaba era cambiar la perspectiva sobre el propio trabajo y el papel que en él desempeñaban. Se dieron cuenta de que descomponiendo la imagen completa que tenían de sus obligaciones en partes más pequeñas, haciendo sus deberes y preparando con antelación todo lo necesario para cumplir con cada una de esas partes, se podían concentrar con menos estrés en todo lo que les llegaba a la mesa.

No cabe sorprenderse de que los pasos que estoy describiendo sean también algunos de los mecanismos apropiados de superación que señalan los expertos. La que sigue es una lista representativa de buenas estrategias de superación. En las webs de grupos como la Clínica Mayo, los Institutos Nacionales de Salud, el Instituto HeartMath y otros, encontrarás más detalles sobre cómo aplicar estas habilidades a tu vida (consulta el apartado «Recursos» al final del libro).

Lista de estrategias adecuadas de superación

- Vigila tu estado de salud. A veces, la vulnerabilidad que las situaciones de estrés generan puede hacer que aflore algún problema físico.
- Controla los compromisos que adquieras. Aprende a rechazar los ofrecimientos que signifiquen más responsabilidad de la que

razonablemente puedes asumir. Divide los trabajos grandes en partes pequeñas y ponte objetivos y plazos que puedas alcanzar y cumplir fácilmente. Delega parte del trabajo en tus compañeros, amigos o familiares, con respeto y empoderándolos.

- **Haz ejercicio físico con regularidad.** La definición de *ejercicio físico* está cambiando. Los estudios demuestran que bastan entre diez y quince minutos diarios de movimiento constante (por ejemplo, ejercicios de *flow* yoga, de resistencia o natación) para que el cuerpo elimine hormonas del estrés en circulación sin producir más y el tipo de hormonas que almacenan grasa activadas por ejercicios prolongados de resistencia que «engañan» al cuerpo y lo llevan a creer que está en condiciones de supervivencia.

- **Haz los deberes y prepárate.** Cuando estamos preparados para el día, cualquier cosa nos produce menos estrés. Para evitar situaciones de agobio, prepara las reuniones y los viajes, programa mejor el tiempo y ponte metas que puedas alcanzar.

- **Dale prioridad al sueño.** El cuerpo interpreta la falta de sueño como causa de estrés. Como ocurre con cualquier situación estresante, los efectos de la privación de sueño se pueden traducir en reacciones de ansiedad, aumento de peso y períodos de llanto e ira en momentos inesperados.

- **Relaciónate con otras personas.** Las relaciones sociales, sean profesionales, informales o una mezcla de ambas, son una válvula de escape para las frustraciones, una base segura para alumbrar ideas y soluciones y una oportunidad para que otras personas te ayuden como mejor sepan y les plazca.

- **Aprende a liberar el estrés.** Seguramente hay tantas formas de liberar el estrés como personas que lo sufren. A unas les funcionan el yoga, la meditación y el masaje y a otras les van mejor un paseo por el campo o alguna actividad creativa, por ejemplo dibujar, pintar o interpretar música. Lo fundamental es probar, descubrir lo que a ti te funciona y luego darle prioridad a esta práctica en tu vida.

- **La ayuda de profesionales.** Algunos saben encontrar solos la solución al estrés. Otros prefieren hurgar en estas experiencias íntimas con ayuda profesional. Si este último es tu caso, te recomiendo que recurras a algún orientador, terapeuta o *life coach* debidamente acreditados y expertos en gestión de la ansiedad y el estrés.

Es evidente que la capacidad de afrontar el estrés que nos causan las dificultades de la vida haciendo algo que nos proporcione una sensación de bienestar es fundamental para la salud y la felicidad. Tales dificultades pueden tener causas distintas, pero las estrategias anteriores sirven para cualquier situación estresante, porque todas dependen de la capacidad de superación.

Unas relaciones interpersonales sólidas

Todos necesitamos un amigo. Llamémoslo amistad o no, la ciencia demuestra, más allá de cualquier duda, que en la vida necesitamos conexiones humanas y que tenerlas nos beneficia. Como seres creativos que somos, todos encontramos formas de satisfacer nuestras necesidades de un modo u otro. En lo que a las relaciones interpersonales se refiere, algunas personas se sienten más cómodas interactuando en grandes comunidades, asociaciones y organizaciones, mientras que otras prefieren mantener un grupo íntimo de amigos personales. Algunos han descubierto que les convienen ambas estrategias. Sea como sea que nos relacionemos y estemos en contacto con otros, es conveniente que lo hagamos. Es beneficioso para la salud, y también para nuestra capacidad de hacer frente a situaciones estresantes.

En el ejemplo anterior de mis compañeros de trabajo en situaciones de estrés, por ejemplo, la camaradería que sentían gracias a las relaciones interpersonales entre ellos (una camaradería que a veces derivaba en amistad) era lo que les daba el apoyo emocional para superar el estrés de sacar adelante el trabajo. A veces, basta con saber acercarse a la mesa del compañero para que le eche un vistazo a algún problema para aliviar el estrés de trabajar con algo que parece irresoluble.

Además de los beneficios de tener unas sólidas relaciones personales en el trabajo, los estudios demuestran que son beneficiosas para la *vida*. Lo son para el sistema inmunitario, para las habilidades de comunicación, para la autoestima e, incluso, para la esperanza de vida. Son beneficios que la intuición corrobora, pero los estudios científicos certifican hoy con hechos lo que siempre habíamos intuido sobre la amistad, el amor y el bienestar.

En un informe que el Consejo para las Familias de Columbia Británica publicó en 2011 con el título *Unas relaciones sanas: su influencia en la salud física*, se agruparon los resultados de una serie de estudios de diversas disciplinas para ilustrar el efecto que las relaciones tienen en nuestra vida.[10] Este era el resumen:

- En sus relaciones, las personas se aportan mutuamente información, consejos, servicios y nuevos contactos sociales y pueden descubrir servicios locales y sociales, así como la forma de utilizarlos en su beneficio.
- Las relaciones ofrecen a las personas un entorno de afecto.
- Las relaciones generan una identidad de grupo.
- Las relaciones alivian el estrés.
- Las relaciones invitan a un modo de vida saludable.

Estudios profesionales, como los que se citan en este informe, y la experiencia directa de personas que han sobrevivido a situaciones traumáticas, demuestran que unas relaciones bien asentadas y estables ayudan a darle sentido y propósito a la vida. Cuando tenemos este propósito, parece que estemos más motivados para protegernos contra heridas, dolencias o enfermedades.

ENCONTRARLE SENTIDO A LA VIDA

Uno de los principales factores que inciden en la resiliencia, y probablemente del que menos se habla, es el sentido que le demos a nuestra propia experiencia. Es uno de esos puntos en que las líneas que delimitan la ciencia, la espiritualidad, la religión y la vida real se pueden desdibujar un poco. Sabemos que no hay respuesta definitiva a la pregunta de qué sentido tiene la vida, por lo que solo nos queda que cada uno desarrollemos nuestro propio sentido de la realidad del mundo, cómo encajamos en él y a qué lugar pertenecemos.

Hay quienes creen que, para encontrarle sentido a cada día, debemos conocer las cuestiones técnicas, por ejemplo cómo empezó la vida. El problema que esta idea plantea son las propias fuentes del conocimiento: la ciencia, la religión y la experiencia directa. En el mundo actual, muchas personas piensan que son formas de conocimiento que se excluyen mutuamente. En otras palabras, creen que debemos escoger solo una fuente, por ejemplo o bien la ciencia o bien la religión. No es una idea muy común, pero en la práctica las tres formas de conocimiento nos pueden ayudar muchísimo a encontrarle un sentido a la imagen de conjunto de la vida. La ciencia, por ejemplo, puede confirmar objetivamente los hechos que las enseñanzas espirituales y las experiencias directas nos inducen a pensar que son ciertos.

Comoquiera que encontremos nuestras soluciones, lo que le da sentido a todo lo demás es el significado que hallemos en cada momento de cada día. Nuestra existencia en el mundo solo tiene sentido cuando percibimos que formamos parte de «algo mayor» que nosotros y sabemos identificar nuestro lugar y nuestra participación en este «algo». En ausencia de este sentido, todo lo que nos suceda en la vida —las relaciones familiares, el amor, el trabajo, la profesión, las alegrías, los desengaños, los fracasos y los éxitos— parece fruto del azar y sin relación alguna entre sí y con nosotros. Como me dijo con magnífica claridad un amigo durante una conversación sobre este tema: «¿Qué sentido tendría una vida sin sentido?».

Pensemos lo que pensemos sobre el sentido de nuestra existencia, es posible que Eleanor Roosevelt sea quien mejor haya resumido la idea más acertada y práctica al respecto: «El propósito de la vida es, en definitiva, vivirla, sacarle todo el jugo a la experiencia, salir dispuestos y sin miedo en busca de experiencias nuevas y más ricas».[11]

EL SEXTO ELEMENTO DE LA RESILIENCIA

Además de las cinco características de la resiliencia personal señaladas en este capítulo –el autoconocimiento, el sentimiento de esperanza, la capacidad de superación, unas sólidas relaciones interpersonales y encontrarle sentido a la vida–, en la creación de la resiliencia participa un sexto elemento que los estudios formales no suelen contemplar. Sin embargo, es el elemento que está en la base de las tradiciones más respetadas y antiguas del saber. También es la ventana al reino interior de nuestra experiencia que eminentes científicos actuales consideran que constituye la siguiente gran frontera del cuidado de uno mismo. El sexto factor de la resiliencia personal es el cambio que podemos introducir en nuestras emociones para que nuestro cuerpo reaccione ante las situaciones límite de manera saludable. Esta fuente de resiliencia se encuentra en el *corazón*.

El lenguaje del corazón

En nuestro mundo de sobrecarga de información, citas múltiples y rápidas, muchos capuchinos dobles y la idea tan repetida de que la vida pasa a toda velocidad, es inevitable que el cuerpo perciba que nos encontramos en un permanente estado de estrés. A nuestros más lejanos ancestros, esta reacción los salvaría, por ejemplo, del oso enfurecido que se hubiese resguardado en su cueva. Cuando pensaban que el peligro había desaparecido, sus emociones cambiaban y el alto nivel de hormonas del estrés bajaba hasta el normal de todos los días.

La buena noticia es que cuando existen estos altos niveles de sustancias químicas del estrés, nos podemos convertir en superhumanos. Es conocida la historia de aquella mujer de 45 kilos que pudo levantar un coche grande lo suficiente para salvar a su hijo, que había quedado atrapado debajo, y todo ello sin preguntarse siquiera si era posible tal hazaña. En estos casos, el niño es quien activa en la madre la reacción de luchar o huir, porque si ella no hubiera intervenido, él habría muerto. La fuerza sobrehumana de la madre se atribuye a la explosión de hormonas del estrés que su sentimiento de *hacerlo o morir* le generó, un sentimiento que nace en el corazón.

La parte negativa de la noticia es que esa explosión, aunque pueda ser beneficiosa durante cierto tiempo, por el estrés que provoca impide que se liberen otras sustancias químicas que cumplen importantes funciones corporales. En momentos de lucha o huida, se reduce muchísimo la liberación de sustancias vitales para el crecimiento, la inmunidad y el antienvejecimiento. En otras palabras, el cuerpo solo puede estar en un modo u otro: *modo luchar/huir o modo sanar/crecer*.[12] En este sentido, la clave reside en que la reacción está diseñada para que sea breve y temporal. Es evidente que nuestro destino jamás ha sido vivir en permanente estado de estrés. Pero esta es exactamente la situación en la que muchos nos encontramos en la actualidad.

Las personas que no se pueden liberar de este tipo de estrés están siempre en modo de luchar o huir, con todas sus consecuencias prácticas. Basta con fijarse en el despacho o el aula, incluso con un vistazo a los miembros de la familia durante la comida del domingo, para confirmar lo que los datos sugieren. No es extraño que quienes presentan niveles más altos de estrés permanente sean también quienes tengan peor salud.

El aumento estadístico de dolencias relacionadas con el estrés en Estados Unidos —por ejemplo, enfermedades cardiovasculares, infartos, trastornos del apetito, inmunodeficiencias y algunos tipos de cáncer— se entiende mejor si se tiene en cuenta el estrés incesante que muchas personas sufren todos los días. Como veíamos en el capítulo 1, las emociones negativas aumentan los niveles de hormonas del estrés, como el cortisol y la adrenalina, que nos preparan para una reacción fuerte y rápida a lo que sea que cause el estrés. La parte positiva es que este mismo mecanismo que crea y mantiene las reacciones de estrés, a menudo a nivel subconsciente, también se puede regular para que nos ayude a liberarlo de forma sana, incluso cuando el mundo es un caos. Y lo podemos hacer con rapidez y la debida intención.

Del mismo modo que los sentimientos negativos hacen que el corazón envíe al cerebro señales de caos, los positivos le envían otro tipo de señales, más regulares, más rítmicas y más ordenadas. Ante emociones positivas, por ejemplo las de gratitud, comprensión y afecto, el cerebro libera sustancias químicas muy distintas. Cuando tenemos una sensación de bienestar, el nivel de hormonas del estrés en el cuerpo *baja*, mientras que el de sustancias químicas positivas de un sistema inmunitario fuerte y con propiedades de antienvejecimiento *sube*. El cambio entre la reacción de estrés y un sentimiento de bienestar se puede producir muy deprisa, como se ve en la figura 2.1.

CAMBIOS DEL RITMO CARDÍACO

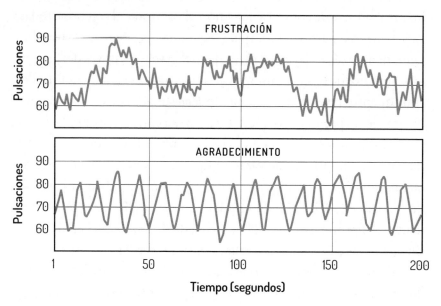

Figura 2.1. Comparación de las señales entre el corazón y el cerebro en dos estados anímicos extremos: el sentimiento «negativo» de frustración y el «positivo» de agradecimiento. Fuente: Instituto HeartMath.

Diversos estudios documentados del Instituto HeartMath demuestran que con solo tres minutos de aplicación de técnicas objetivas diseñadas para producir estas reacciones, los niveles de cortisol pueden disminuir hasta en un 23%, y los de dehidroepiandrosterona, un precursor vital de otras hormonas fundamentales del cuerpo, aumentar un 100%.[13] Si hablo de estos fenómenos aquí es porque las técnicas que se sabe que reportan estos beneficios a la salud son las mismas que generan la resiliencia en el corazón, que es la clave para la resiliencia personal.

> La calidad de nuestras emociones determina las instrucciones que el corazón envía al cerebro.

Una resiliencia más profunda desde el interior

El sistema nervioso humano es una asombrosa e intrincada red de más de setenta kilómetros de «cables» (nervios) que transportan los resultados de la conversación entre el corazón y el cerebro a todas y cada una de las partes del cuerpo. Los científicos saben desde hace bastante tiempo *cómo* viajan los mensajes del cerebro a través del organismo, pero no fue hasta los últimos años del siglo XX cuando nuevos descubrimientos revelaron exactamente *dónde* tienen origen los mensajes. No puede sorprendernos que la función del corazón sea fundamental.

Ya sabemos lo que la conversación entre el corazón y el cerebro puede generar, por lo que vamos a fijarnos ahora en los mecanismos que hacen posible esta conversación y en cómo cambiar el «diálogo» de forma beneficiosa. Todo empieza con la resiliencia que creamos dentro del propio corazón. Una forma de determinar el grado de resiliencia es medir los picos y valles del ritmo cardíaco.

Es probable que estés familiarizado con las imágenes de la actividad de tu corazón durante un electrocardiograma (ECG) rutinario como parte de un examen físico, pero tal vez no sepas todo lo que el gráfico te dice. El ECG mide la actividad eléctrica del corazón, es decir, las señales eléctricas que genera este órgano y cómo son enviadas por todo el cuerpo. La lectura profesional de estas señales puede obtener una gran cantidad de información, desde el estado general del propio corazón hasta la salud del sistema nervioso y las sutiles circunstancias que pueden provocar problemas más adelante. La interpretación de los ritmos cardíacos podría llenar todo un libro y ser tema de estudio que ocupara toda la vida, pero lo que aquí me interesa es algo muy concreto: hay un aspecto del corazón que es la clave de la generación de resiliencia.

Si nos fijamos en el ECG de la figura 2.2, incluso el ojo menos formado percibe unos patrones repetidos de grandes picos producidos por cada latido del corazón. Lo importante para esta exposición es que la distancia entre la parte superior de un pico (la llamada *onda R*) y el siguiente no es siempre la misma; varía entre un latido y otro. Puede parecer que el espacio entre un pico y el siguiente es idéntico, pero si medimos los intervalos vemos que la distancia entre ellos cambia. Y es conveniente que así sea, porque aquí es donde empieza la resiliencia.

Cuanto más cambia el tiempo que media entre los diferentes latidos, mayor resiliencia tenemos para la vida y los cambios. Lo que medimos son las distancias variables entre los latidos, de ahí que el resultado se llame *variabilidad de la frecuencia cardíaca* (VFC). La VFC se mide en milésimas de segundo, de modo que la diferencia entre un latido y el siguiente puede ser de solo una fracción de segundo. En la figura 2.2, por ejemplo, la diferencia entre la onda R3 y la onda R4 es de solo sesenta y siete milésimas. Es ínfima, pero lo importante es que *hay* una diferencia.

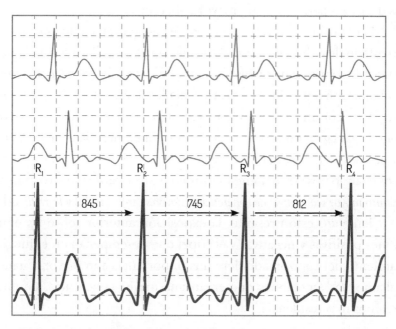

Figura 2.2. Fragmento de un ECG que muestra los picos y valles cíclicos de un ritmo cardíaco típico. Los picos más altos señalados por las flechas son las ondas R de un único latido. La distancia entre el pico de una onda R y el siguiente cambia de un latido a otro. Esta diferencia es la que determina la variabilidad de la frecuencia cardíaca. Fuente: Dreamstime: © Z_i_b_i.

En las primeras fases de la vida tenemos una VFC muy alta. Ahora que conocemos la finalidad de esta variabilidad, entendemos que así sea. Cuando somos pequeños y descubrimos nuestro entorno y nos adaptamos a él, el cuerpo necesita algún modo de amoldarse a lo que encuentra y hacerlo con rapidez. La primera vez que nuestros dedos descubren qué ocurre si abrimos el grifo del agua caliente de la cocina, por ejemplo, o cuando nos damos cuenta de que no todos los perros son tan cariñosos como el nuestro, hemos de reaccionar con rapidez. La capacidad del corazón de cambiar de ritmo –la VFC– para enviar sangre a donde más se necesita es imprescindible para nuestra supervivencia.

La señal de que el corazón envía sangre al cerebro crea el estado de lo que en el capítulo 1 llamábamos *coherencia*. Lo hermoso de saber qué es la coherencia es que no tenemos que adivinar cuándo se produce. Sensores y programas de fácil uso nos pueden decir exactamente el nivel de coherencia en el que nos encontramos y ayudarnos a elaborar las destrezas para tener aún mayor coherencia.[14]

El corazón y el cerebro siempre se encuentran en un determinado estado de coherencia. En el caos de la vida cotidiana y ante la presencia de sentimientos negativos, nuestro nivel de coherencia puede ser bajo. Con unos ejercicios muy sencillos, como el de tres pasos que muestro a continuación, podemos cambiar los parámetros básicos del cuerpo para generar niveles más altos de coherencia. Hay una relación directa entre la VFC, el nivel de coherencia y la resiliencia que tenemos cuando nos enfrentamos a cambios extremos de nuestro mundo. *Cuanto mayor sea el nivel de coherencia, mayores serán la VFC y la resiliencia.*

Teniendo esto presente, la exposición anterior sobre las emociones positivas y negativas y el papel que desempeñan en el funcionamiento del corazón adquiere una importancia aún mayor. Cuando hallamos las emociones que crean una mayor coherencia, también creamos más resiliencia.

> Más coherencia se traduce en mejor resiliencia.

Tres pasos a la resiliencia personal: Respiración con actitud (*Attitude Breathing*)®

Tengo el honor de haber trabajado con los fundadores, el personal y los investigadores del Instituto HeartMath más de veinte años. Con ello, también he tenido la oportunidad de compartir las experiencias vitales, los viajes y las exigencias de presentar nuestro trabajo común a públicos diversos de todo el mundo. Gracias a estas experiencias puedo decir hoy que esta dilatada relación profesional ha derivado en profundas y duraderas amistades. En todos estos años de relación con el IHM he sido testigo de la manifestación práctica de las palabras de Kahlil Gibran, el poeta de principios del siglo XX: «El trabajo es nuestro amor hecho visible».[15] En el IHM, el amor se hace visible todos los días en las ideas que los fundadores y todo el personal desarrollan sobre la inteligencia del corazón y la función que cumple día a día en nuestra vida. Estos profesionales seguirán con sus estudios sobre el corazón en los años venideros, pero ya podemos aprovechar lo que hasta hoy han descubierto. En mi opinión, entre sus principales aportaciones están las técnicas simples y verificadas para crear coherencia entre el corazón y el cerebro (ver el capítulo 1). Con estudios avalados por profesionales, el IHM ha demostrado más allá de cualquier duda dos factores relacionados directamente con la resiliencia personal en nuestro tiempo de extremos:

- Podemos regular las emociones para crear coherencia en el cuerpo.
- Podemos seguir pasos sencillos para implementar este hecho en nuestra vida.

Trabajando con algunos de los organismos más prestigiosos e investigadores más innovadores del mundo, el IHM ha desarrollado un sistema sencillo conocido como *Attitude Breathing** (respirar con actitud) con el que podemos aplicar fácilmente lo descubierto en el laboratorio

---

* Attitude Breathing® fue desarrollado por el Instituto HeartMath. Copyright © 2013 Institute of HeartMath.

a la vida cotidiana. Los investigadores explican los beneficios de esta técnica: «El corazón armoniza de forma automática la energía entre el corazón, la mente y el cuerpo, con lo que aumentan la coherencia y la claridad».[16] Resumen el tipo de cambio que crea los niveles más altos de coherencia en los siguientes tres sencillos pasos, que están adaptados de *Transforming Stress*, de Doc Childre y Deborah Rozman (New Harbinger Publications, 2005):

- Paso 1. Identifica una actitud que no desees —un sentimiento o una emoción que quieras cambiar. Puede ser ansiedad, tristeza, desesperación, depresión, autocrítica, culpa, ira, agobio…, cualquier cosa que te produzca desazón.
- Paso 2. Identifica y respira una actitud que sustituya a la anterior: escoge una actitud y a continuación ve respirándola despacio a través de la zona del corazón. Hazlo durante un rato para anclar el nuevo sentimiento.

Ejemplos de sentimientos/ emociones no deseados	Ejemplos de sentimientos/ emociones alternativos
Estrés	Respira de un modo neutral para relajarte y revitalizarte
Ansiedad	Respira calma y equilibrio
Agobio	Respira sosiego y paz
Tristeza o depresión	Respira reconocimiento y ausencia de crítica
Culpa	Respira comprensión y ausencia de crítica

- Paso 3. Mientras respiras una actitud sustitutoria, manifiéstate la voluntad de acabar con la gravedad y el drama del sentimiento o la emoción negativos. Di: «No tiene importancia». Ve repitiéndolo mientras respires la actitud, hasta que sientas un cambio. Recuerda que incluso cuando una actitud negativa parece justificada, la acumulación de energía te bloqueará el sistema. «Habla en serio» y proponte firmemente pasar esas emociones a un estado más coherente. La respiración con actitud puede requerir unos minutos, pero el ejercicio merece la pena.

A medida que vayas practicando, empezarás a crear nuevos senderos neuronales y comenzarán a remitir las viejas actitudes y resistencias que te generaban el problema en cuestión.

En el transcurso de los años, he visitado muchas familias indígenas de diversas culturas de todo el mundo. Por distintas que puedan ser sus tradiciones, hay un elemento que se repite en todas ellas: el poder del corazón para cambiar el cuerpo, sanar la vida y generar unidad en las familias y comunidades.

La ciencia moderna desechaba antes en gran parte la esencia de estas tradiciones, pero los resultados de los estudios del IHM y otros organismos dan nueva credibilidad al saber de nuestras tradiciones espirituales más antiguas y preciadas.

Nuestros antepasados no empleaban lo que nosotros conocemos como método científico para demostrar lo que sabían, pero es evidente que sus técnicas de oración, meditación y sanación basadas en el corazón han estado firmemente enraizadas en el conocimiento de la capacidad de este órgano para influir en nuestro cuerpo y nuestra vida. Cuando de joven empecé a comprender este hecho, me afectó en dos sentidos profundos.

El primero fue que conocer esas relaciones hizo que, en comparación, cualquier otra disciplina que había estudiado desmereciera. Al fin y al cabo, ¿qué podía ser más importante que desvelar los misterios de un único órgano del cuerpo que está diseñado para conectarnos con el mundo cotidiano y más allá?

El segundo efecto fue que me despertó la curiosidad. Si nuestros ancestros estaban tan en lo cierto sobre el poder del corazón, ¿qué más sabían en su tiempo que hayamos olvidado en el nuestro?

> Los pasos que llevan a la coherencia son muy simples:
> centrarse, sentir y respirar.

La transformación empieza en nosotros

Se ha dicho que Estados Unidos es un país de comunidades. Así es, pero creo que lo mismo cabe decir de todas las naciones del planeta. A través de mis estudios sobre las tradiciones antiguas e indígenas del mundo, y las oportunidades que he tenido de compartir lo que he descubierto con públicos de casi todos los continentes, he vivido la realidad de esa afirmación. De Tokio a Lima, de El Cairo a Bangkok, las mayores ciudades del mundo están compuestas de muchas pequeñas comunidades, cada una capaz de sostenerse sola en determinados niveles y con necesidad de interactuar con otras comunidades en otros. Estos enormes complejos urbanos están formados por comunidades locales con personas de tradición, historia e intereses similares, y las formas de vida han encontrado una base común en su necesidad de conectar.

Si paseas por Nueva York a primeras horas de la tarde, observarás que, a medida que pasas de un barrio a otro, la diferencia entre Chinatown y la Pequeña Italia se va acentuando. Pero por distintos que sean un barrio del otro, la ciudad es la misma. El carácter comunitario de una ciudad puede ser evidente, pero aquí es importante que lo señale por el papel que los individuos –su estado mental y su resiliencia– desempeñan dentro de la comunidad. Las palabras del psiquiatra M. Scott Peck (1936-2005) resumen con claridad y lógica esta idea: «Porque la realidad es que no existe vulnerabilidad sin riesgo; y no puede haber comunidad sin vulnerabilidad; y no puede haber paz –ni, en definitiva, vida– sin comunidad».[17]

Somos seres comunitarios por naturaleza, y vivir en comunidad, grande o pequeña, nos ayuda a atender nuestras necesidades físicas, emocionales y espirituales y nos da oportunidades para vivir una vida sana, dichosa y significativa. Las comunidades satisfacen muchas de nuestras necesidades, por lo que no nos debe extrañar que también aporten una forma de compartir la visión que tengamos de un mundo mejor y lo que se requiere para conseguirlo. He conocido a muchos que han dedicado toda su vida adulta a superarse a sí mismos. Han encontrado maneras de curar las heridas de la infancia, los abusos de relaciones malsanas e incluso achaques de los últimos años que suelen ir de la mano de una baja autoestima y una mala alimentación, entre otros trastornos. Desde sus primeros años, todo lo han hecho para mejorar, de ahí que les extrañe que el resto del mundo no parezca reflejar esos mismos saludables valores a los que ellos han llegado.

Aquí es donde entra en escena el valor y el poder de la comunidad. Nos podemos pasar toda la vida mejorando —algo que puede ser muy bueno— con una comunidad a nuestro alrededor que nos ofrece la forma de llevar nuestro empeño al siguiente nivel. En ella, podemos compartir los beneficios del trabajo de toda la vida con otra gente interesada pero que no ha tenido las mismas oportunidades que nosotros de descubrir las fecundas verdades del poder y la resiliencia personales.

Encontrar a otros individuos dispuestos a aprender juntos y compartir el mayor valor que cada uno de ellos le otorga a la vida cotidiana siempre ha sido saludable, pero hoy es vital. En este tiempo de extremos, la resiliencia que desarrollamos como personas cobra aún mayor efectividad y fuerza cuando la pueden aplicar la familia, los amigos y los vecinos. Al compartir los conocimientos que nos sanan, encontramos la respuesta a la pregunta de qué se necesita para crear una forma de vida que refleje los valores que hemos descubierto a lo largo de nuestro viaje personal.

En el futuro previsible, serán las comunidades que decidan adaptarse a los extremos de la nueva normalidad las que mejor avanzarán, es decir, las que tendrán mayor fuerza y capacidad para ayudar a los demás a transformar sus vidas en nuestro tiempo de extremos.

CAPÍTULO 3

LA VIDA RESILIENTE

Cinco claves para una comunidad sana

Para que una comunidad sea plena y sana, debe estar asentada
en el amor y el interés mutuo de sus miembros.

Millard Fuller, fundador de Hábitat para la Humanidad

El ganado era para el pueblo etíope de Mudiyambo su fuente de ingresos y de alimento y su modo de vida desde tiempos inmemoria-
les. Pero cuando el cambio climático empezó a pasar factura, las lluvias
llegaban con menos frecuencia y el Cuerno de África se convirtió en
una de las zonas más castigadas por la sequía. Rebaños enteros desa-
parecían, y los habitantes del pueblo estaban desesperados. Una agencia internacional de ayuda les propuso que se pasaran a la agricultura
mediante un programa llamado Desarrollo Transformacional Comunitario (DTC), y las reacciones fueron muy diversas. En palabras de
uno de los dirigentes de la agencia: «Cuando empezamos el programa
DTC, algunos aldeanos se interesaron, pero otros pensaban que era
una pérdida de tiempo».[1]

Sin embargo, con mente abierta, mucho trabajo y la voluntad de
enmendar ideas del pasado, todo cambió. Empezaron las sesiones de
formación y el éxito fue contagioso. Cuando los aldeanos antes reticentes a aceptar el cambio veían con sus propios ojos los beneficios de
cultivar verduras en lugar de criar ganado, comenzaron a «pedirles a
nuestros empleados del DTC que les dieran esas clases, porque querían iniciar su propia actividad agrícola», señala el director.[2]

El cambio se ha completado, y hoy el pueblo es una comunidad agrícola con una economía sana. Un cambio que también generó beneficios inesperados. La gente descubrió que su economía era incluso más sostenible que antes de la sequía y su salud ha mejorado gracias a una dieta nueva que aporta los debidos nutrientes de forma regular.

La de Mudiyambo es una magnífica historia de éxito que dirigentes del gobierno confían hoy en poder repetir en otros pueblos de toda Etiopía. También es un hermoso ejemplo de cómo la resiliencia personal de unos pocos dispuestos a cambiar de modo de pensar puede abrir el camino de la transformación a todo un pueblo. El éxito de Mudiyambo da testimonio del poder de la resiliencia y del papel que puede desempeñar a mayor escala en nuestras comunidades.

¿Qué es comunidad?

En el capítulo anterior veíamos los muchos significados de la palabra *resiliencia*. También *comunidad* significa cosas distintas para diferentes personas. A unas, la palabra les trae inmediatamente imágenes de uniones al estilo de Woodstock y de las comunas de la década de los setenta que se popularizaron en películas como *Easy Rider* y a otras las induce a pensar en grupos aislados de hombres, mujeres y niños en el enclave rural de un pueblo autosuficiente donde se comparte todo, desde los hijos y la pareja hasta los trabajos del campo y de la casa. Es posible que algunas comunidades del mundo tengan estas características, pero no ocurre así en la mayoría de ellas. Hoy, por comunidad se entiende más una manera de vivir, trabajar y compartir con otras personas que hace más fácil la vida y asumir las responsabilidades que conlleva. Teniendo presente esta idea, se entiende fácilmente por qué los tipos de comunidades cubren todos los posibles significados de la palabra.

He conocido comunidades compuestas de entre seis y ocho familias, por ejemplo, que comparten el vínculo común de una determinada práctica espiritual. Son familias que unen sus recursos para poder comprar una serie de casas adyacentes dentro de un mismo vecindario. Viven, literalmente, puerta con puerta y, gracias a ello, pueden compartir el cuidado de los hijos, la preparación de la comida, los trabajos del jardín y las prácticas que constituyen la base de su vida espiritual, sin dejar de ejercer trabajos profesionales a tiempo completo.

Los grupos de este tipo son comunidades completamente autónomas, pero también representan la sección local de una comunidad nacional compuesta de otros grupos de familias que viven del mismo modo en otras partes del mundo. Mediante mensajes enviados desde una oficina central vía fax, correo electrónico o Skype, todas las secciones locales se centran en un mismo tema espiritual cada semana, por ejemplo el de la comprensión o el de la cooperación. De este modo permanecen activas en muchos niveles comunitarios a la vez, desde su comunidad espiritual local hasta todo el barrio concreto en el que están enclavadas, las comunidades profesionales y, en última instancia, su comunidad espiritual global. Es solo un ejemplo en un mundo de miles de comunidades parecidas. Por esto, cuando intentamos definir qué son exactamente las comunidades, nos encontramos con tantas variantes como necesidades e ideas puedan tener las personas que las componen. La razón es que la esencia de la comunidad somos nosotros mismos: la vida cotidiana y nuestra forma de vivirla.

Hay comunidades en todas partes. Las hay en el centro de las grandes ciudades, y en medio de las mayores extensiones de campo abierto y tierras sin cultivar de todo el planeta. Comunidad puede ser la persona que vive sola en la cumbre de una montaña, o la mujer, el marido y los dos hijos que viven en la puerta de al lado. Puede ser la pareja de jubilados que viven al final de la calle, que comparten trucos de jardinería con la pareja, que está a punto de jubilarse, de la acera de enfrente.

Una comunidad puede ser una sala llena de personas que se reúnen en el ayuntamiento cuando deben decidir sobre impuestos, calles y carreteras o si permitir o no que se busque petróleo en su municipio. O puede ser un grupo organizado de individuos que se reúnen para construir un hogar con Hábitat para la Humanidad.

Una comunidad pueden ser dos mujeres nativas que se intercambian alimentos en una isla escasamente poblada en medio del lago Titicaca de Perú, o puede ser la megacomunidad de más de veinticinco millones de personas que viven, trabajan y comparten la vida en el área metropolitana de Seúl, en Corea del Sur.

Así pues, la palabra *comunidad* representa incontables realidades nacidas de la exigencia de satisfacer unas determinadas necesidades.

Sin embargo, por diferentes que las comunidades puedan parecer unas de otras en tamaño y alcance, el «pegamento» que las une es sorprendentemente similar. Sea una sola persona o veinticinco millones, para tener éxito cualquier comunidad debe reunir dos aspectos fundamentales:

- Una visión común.
- Un vínculo común.

Con estas dos cualidades se pueden atender las necesidades de los miembros de la comunidad. Y una vez atendidas, también son estas mismas cualidades las que contribuyen a sostener la comunidad y prepararla para futuros retos.

> Cualquiera que sea el tamaño de una comunidad o la razón de su existencia, para que tenga éxito son fundamentales una visión y un vínculo comunes.

No son las comunidades de tus abuelos

En la actualidad estamos rodeados de comunidades por todas partes, pero suelen ser muy distintas de las que conocimos en el pasado. En los siglos XIX y XX, por ejemplo, lo más frecuente era que cualquier comunidad fuera resultado de la unión de unas personas que vivían cerca unas de otras y tenían necesidades parecidas. Fuera para el alimento, la seguridad, los conocimientos para la construcción o el cultivo del campo o el reparto de responsabilidades en la educación de los hijos, la gente solía buscar ayuda para sus necesidades diarias en sus vecinos más próximos. Hoy la situación ha cambiado.

En los grandes bloques de apartamentos de cualquier gran ciudad actual, no es inhabitual que dos familias semejantes y con hijos de edades parecidas vivan en el mismo edificio, en la misma planta y a solo unos metros una de otra y se pasen años sin llegar a saber siquiera cómo se llaman ni el aspecto que tienen. De modo que, aunque cada familia satisface sus necesidades de vida y de vivienda en la misma gran ciudad, su comunidad íntima de ayuda y sus mejores amigos pueden estar repartidos por edificios de cemento y cristal a kilómetros de distancia, y no entre sus vecinos más próximos. Las razones van desde el carácter impersonal de los ordenadores y los teléfonos móviles hasta la mentalidad de independencia que tan decisivo papel desempeña en Estados Unidos y en el resto del mundo occidental –una relación, evidentemente, que nada tiene que ver con la que nuestros abuelos tenían en mente cuando hablaban de comunidad.

La novelista y poeta Margaret Atwood explica cómo se materializa este problema: «En Estados Unidos se promueve tanto el individualismo que las responsabilidades del ciudadano con la comunidad, y viceversa, han sido pisoteadas por esta independencia desenfrenada».[3]

Desde una perspectiva aún más amplia, el maestro espiritual Ram Dass señala la razón de la naturaleza impersonal de la comunidad actual y sus consecuencias para nuestras vidas: «El interés desordenado por la individualidad ha marcado nuestra identidad de grupo. Soy parte del problema», confiesa.[4] Y más adelante añade: «En los años sesenta imperaba la libertad individual, y tiramos al bebé con el agua del baño.* Sufrimos el efecto del desequilibrio; nos obsesionamos tanto por la diferenciación que hemos perdido la interconexión, la naturaleza gregaria de la humanidad por la que, para tener sentido propio, necesitamos a los demás. La red de violencia de esta cultura está claramente relacionada con la ruptura de este tipo de sistemas».[5]

Creo que hay mucha verdad en las palabras de Ram Dass, Margaret Atwood y otros muchos escritores y expertos sobre la función de la comunidad en nuestra vida actual. Nuestras comunidades cumplen su

---

* «Tirar al bebé con el agua del baño» es un modismo idiomático que se utiliza para expresar que en el proceso de eliminar o rechazar algo no deseado se ha descartado también algo valioso.

propósito a gran escala, pero en la vida cotidiana hemos perdido gran parte de lo que antes garantizaba su éxito: *la conexión personal de conocer a nuestros vecinos, su vida y sus necesidades*. Creo también que nuestras vidas van a experimentar un cambio rápido y enorme precisamente en estos aspectos. El cambio ya está en marcha, y nuestro tiempo de extremos es lo que lo impulsa.

Con el reconocimiento de los principios que funcionaron para las comunidades del siglo XIX y principios del XX, también podemos descubrir los indicadores de a dónde nos lleva hoy la evolución de la comunidad. Si somos capaces de crear nuestras comunidades del futuro basadas en lo que funcionó en el pasado y sin los inconvenientes de lo que *no* funcionó, estaremos en el buen camino para crear nuevos modos de vida que puedan acomodar las condiciones extremas de nuestro tiempo. La expresión que se usa a menudo para definir el resurgimiento de ideas del pasado está tomada de *Regreso al futuro*, película de 1985 que narra la experiencia de un adolescente que viaja por el tiempo.[6]

Muchas personas están descubriendo que las nuevas formas de pensar y de vivir que al parecer funcionan tan bien hoy en realidad representan un paso atrás, a tiempos en los que eran las habituales. Tal vez descubramos que los pasos que nos pueden llevar al éxito en este tiempo de extremos de hecho son los que nos llevan de *regreso a nuestro propio futuro*.

> En un mundo de crecientes relaciones impersonales y digitales, la comunidad satisface la necesidad de conexión personal a través del contacto con nuestros vecinos, interesándonos por su vida y sus necesidades.

Somos uno significa que lo compartimos todo

Oímos el mantra y vemos las palabras por todas partes: *somos uno*. Lo vemos en pegatinas, serigrafías, camisetas, impreso en lustrosas cubiertas de libros y como tema de números especiales de revistas. La expresión nació a finales del siglo XX como reconocimiento del hecho de que la familia humana es exactamente esto: una gran y diversa familia que comparte el mismo planeta. Más allá de ideologías, sistemas políticos, culturas y religiones que a veces fragmentan nuestra unidad y hacen que nos sintamos alejados unos de otros, el hecho es que somos una sola familia como ninguna otra que se sepa que existe en alguna otra parte.

Precisamente porque somos una familia global, los problemas que pueda tener una parte del mundo raramente quedan *limitados* a esa parte del mundo. Es una realidad que siempre ha estado más o menos presente, pero el auge de la globalidad convierte hoy nuestra «unicidad» en la razón de que la resiliencia de la comunidad sea la clave del futuro. Encontramos modos de pensar y vivir adecuados para responder a los problemas de una zona, como en el caso de los pueblos de Etiopía que pedían la formación que, según había quedado demostrado, podía cambiarles la vida, y lo mismo puede ocurrir a mayor escala.

No es ningún secreto que ya estamos en una sociedad global. Con muy raras excepciones, como el aislamiento de Corea del Norte del resto de la comunidad global, podemos decir con razón que las fronteras que separan un país de otro están un poco desdibujadas y se están desdibujando aún más. Ya no vivimos en un mundo de economías independientes, por ejemplo. Los mercados financieros que impulsan la economía son globales y operan las veinticuatro horas del día y los siete días de la semana. Tampoco estamos ya en un mundo con tecnología, energía, defensa o sistemas de comunicación independientes. Los productos de verano que hoy encontramos en el supermercado en pleno invierno se cultivan en tierras muy lejanas, y nos llegan a diario en avión, barco o camión. La voz que nos contesta cuando a las dos de la madrugada marcamos el número de asistencia técnica para el ordenador nos habla, la mayoría de las veces, desde un centro de llamadas situado en algún punto del otro lado del mundo.

Es evidente que vivimos en un tiempo en que la línea que antes separaba a los países, las culturas, las tecnologías y las economías hoy está, en el mejor de los casos, difuminada. La palabra que en el siglo XX se acuñó para definir estas complejas relaciones es *globalización*.

En su libro *Consecuencias de la modernidad* (Stanford University Press, 1990/Alianza Editorial, 1997), Anthony Giddens, Ph.D., especialmente conocido por su idea holística de las sociedades globales, define *globalización* como «la intensificación de las relaciones sociales mundiales que vinculan localidades distantes de tal forma, que los acontecimientos locales están determinados por los que se producen a muchas millas de distancia, y viceversa».[7] Personalmente, me gusta la definición que da el sociólogo Martin Albrow, para quien *globalización* son «todos aquellos procesos por los que los pueblos del mundo se integran en una única sociedad mundial».[8] Cualquiera que sea la definición, nuestras formas habituales de compartir la información, las ideas, las tecnologías, los bienes, los servicios y el dinero y de relacionarnos con las personas han creado un mundo en el que estamos conectados unos con otros más que en cualquier otro momento de la historia. Este único mundo de la globalización que hemos creado es el que a menudo genera toda una diversidad de grandes problemas y de formas de afrontarlos. La actual globalización del mundo tiene una serie de inconvenientes cada vez más claros.

En su libro *Globalization* (Oxford University Press, 2009), Manfred B. Steger, director del Centro de Investigación Global de la Universidad RMIT (Royal Melbourne Institute of Technology), señala un punto de partida para el análisis de un concepto tan amplio. Divide los efectos de la globalización en cinco categorías distintas pero relacionadas, que brindan una forma de considerar seriamente los pros y los contras de cada uno de esos efectos. Estas amplias categorías o dimensiones de la globalización son: la *económica*, la *política*, la *cultural*, la *ecológica* y la *ideológica*. Todas afectan a la capacidad de vivir de forma resiliente, pero hay dos cuyos efectos son obviamente mayores que los de las otras: una economía global y una ecología global. En ellas quiero centrarme ahora.

UNA ECONOMÍA GLOBAL

El efecto de una economía unida mundialmente es un magnífico punto de inicio del debate sobre la globalización. Hoy, en las dos primeras décadas del siglo XXI, todos tenemos en mente un problema. El mundo se encuentra en plena agonía debido a una crisis económica de características jamás vistas antes. Como decía en un apartado anterior, la cantidad de dinero que la deuda mundial acumula se acerca a la de los ingresos que se producen. Para empeorar las cosas, el interés de la deuda va sumando de tal forma que, por el carril rápido, nos lleva al punto en que la deuda *supera* los ingresos. En otras palabras, como economía global, gastamos más de lo que ganamos.

Entre las grandes economías del mundo (incluidas la de los países del G9 y el G20) la solución ha sido inyectar más dinero para cubrir la deuda a corto plazo. Como veremos en el capítulo 4, uno de los efectos de esta práctica es que el capital mundial se sobrevalora y el valor de las diferentes monedas baja muchísimo.

Hay tantas opiniones sobre el destino de la crisis económica como «expertos» que las ofrecen, pero una cosa es cierta: la razón subyacente de que todo el mundo esté en el mismo barco es que nuestras economías se hallan tan estrechamente unidas debido a la globalización.

En un mundo globalizado, los efectos de una economía con problemas se extienden, como las ondas del agua, a lo largo y ancho del planeta, de forma que afectan en distinto grado a otras economías. Esto exactamente es lo que ocurrió con la debacle de otoño de 2008, cuando se supo que algunas de las mayores instituciones financieras mundiales debían más dinero del que sumaban sus activos. Cuando servicios financieros como Lehman Brothers se declararon insolventes el 14 de septiembre de aquel año, se puso en marcha una cadena de acontecimientos interconectados que aún sigue activa. Cuando algunas de las instituciones mayores y más respetadas del mundo, como Lehman Brothers, Fannie Mae, Freddie Mac y el gigante de los seguros AIG, iniciaron un proceso que antes se creía imposible —quebrar y desplomarse—, enseguida se puso de manifiesto la vulnerabilidad de nuestra economía.

En una entrevista de 2010, Henry M. Paulson junior, antiguo secretario del Tesoro de Estados Unidos, afirmaba: «Si el sistema hubiera quebrado, muchas empresas de todos los tamaños de Main Street no habrían podido conseguir financiación a corto plazo para mantener la actividad básica de negocios y para pagar a proveedores y empleados, quienes, a su vez, no habrían podido asumir sus gastos. Tal situación se hubiera extendido a la economía con la pérdida de millones de puestos de trabajo, millones de casas y miles de millones de dólares por la pérdida de ahorros».[9] Estos devastadores efectos generalizados de la crisis bancaria solo podían ser posibles en una economía globalizada.

> Una de las consecuencias de la globalización es que lo compartimos todo, incluidos los reveses de una economía insostenible.

UNA ECOLOGÍA GLOBAL

La naturaleza y los recursos naturales no están sometidos a gobiernos, países ni fronteras. Y, por esto mismo, los problemas más acuciantes a los que hoy nos enfrentamos están directamente relacionados con la globalización. Cuando una industria depende de los recursos locales para cubrir sus necesidades, por ejemplo de un determinado tipo de pescado, se puede satisfacer esta demanda de forma sostenible y que garantice que en el proceso no se va a acabar con ese recurso. Pero cuando la misma industria intenta satisfacer una demanda que ha aumentado desmesuradamente debido al mercado global del pescado, la consecuencia puede ser un auténtico desastre. Unos mercados mayores y más clientes pueden ser una auténtica bendición para los comerciantes, pero el problema es que también pueden provocar daños a determinadas especies, o acabar por completo con ellas, si no se regula el mercado. La extinción casi definitiva actual del atún es un ejemplo perfecto de lo que puede ocurrir cuando una industria local se convierte en global.

La población atlántica de atún está distribuida en dos zonas principales: la occidental, en el golfo de México, y la oriental, en el mar Mediterráneo. Antes de 1950, había poco interés por el atún azul como fuente comercial de alimento. Durante miles de años, el atún en general se había pescado con sistemas tradicionales y en pequeñas cantidades que mantenían el equilibrio de sus poblaciones y contribuían a su migración y su cría. Pero cuando el mercado japonés del pescado empezó a cobrar un vertiginoso auge en los pasados años sesenta, las ideas sobre el atún cambiaron. De repente el sector pesquero japonés se encontró con una tremenda demanda de la carne roja y apta para el sushi del atún, no solo de sus propios mercados, sino de otros de todo el mundo.

La globalización, además de generar mayor demanda de esa exquisitez, hizo posible que se compartieran las nuevas tecnologías comerciales de pesca a gran escala y generó las relaciones internacionales necesarias para atender la demanda. En 1964, en la costa de Nueva Inglaterra se pescaron aproximadamente 18.000 toneladas de atún, más de lo que nunca antes se había pescado en un solo año. Un informe de Pew Charitable Trusts de 2011 señalaba que la cifra había llegado a alcanzar las 20.943 toneladas estadounidenses anuales (unas 19.000 toneladas métricas) en el Atlántico occidental, una cantidad que «no se pudo sostener y que diezmó la población».[10] En 2011, las capturas habían caído hasta aproximadamente las 1.984 toneladas estadounidenses. Actualmente, la presión continua de estas capturas ha reducido la población de la zona en un *80%*.

En 1998 se establecieron las cuotas para la pesca del atún, pero su incumplimiento sigue acosando a la industria del ramo. En su estudio sobre el papel de la globalización y la industria del atún, el antropólogo Theodore Bestor resume así el problema: «El *sushi* se ha convertido en icono de la cultura japonesa, pero también en icono de la globalización».[11]

La situación del atún es un ejemplo concreto de lo que puede ocurrir cuando se intenta satisfacer las necesidades de un mercado globalizado a través de un recurso local y sin normas que lo regule, pero el fenómeno no es exclusivo del atún. En 2005, la Organización de las Naciones Unidas para la Alimentación y la Agricultura publicó un estudio en que se demostraba que el 75% de las especies de peces que hoy se explotan comercialmente no tienen ya capacidad de repoblarse. La demanda global de productos de papel provoca que cada año se talen aproximadamente seis millones de hectáreas con fines industriales. La globalización genera también problemas medioambientales. El paso a los mercados globales para miles de comunidades de lo que en su día fue la provisión de bienes a unas pocas comunidades afecta a todo: el crecimiento de la población, el acceso a los alimentos, la merma mundial de la biodiversidad, la brecha entre ricos y pobres y la contribución humana al cambio climático.

Son cifras que dan mucho que pensar, y la conclusión es que el intento de abastecer los mercados globales nuevos y emergentes mediante recursos locales tradicionales, además de ser insostenible, provoca graves problemas cuando el mercado se colapsa. Reconocer esta realidad es fundamental para el pensamiento en el que se asienta la resiliencia de nuestras familias y comunidades.

> Cuando las necesidades de un mercado conectado globalmente se satisfacen con recursos locales limitados, se pueden destruir ecosistemas enteros.

El puente a la resiliencia

Es posible que no sepamos a dónde nos lleva exactamente la globalización, pero no faltan, ni mucho menos, opiniones sobre lo que ha significado hasta hoy. En un artículo para la revista *Newsweek*, el periodista Thomas Friedman explicaba que los disturbios que se produjeron durante la Conferencia del G20 de 2009 celebrada en Pittsburgh (Pensilvania) reflejaban el mayor miedo que despierta la economía global: que la globalización solo sea beneficiosa para las empresas, y no tanto para las personas. Después de describir las preocupaciones que expresaban los manifestantes, Friedman exponía su opinión: «La globalización no arruinó el mundo: sencillamente, lo allanó».[12] En otras palabras, sostenía que la apertura de los mercados globales y el hecho de que todos puedan acceder a ellos, incluidos nuestros vecinos y nuestras pequeñas empresas, nivelaron el mundo, un mundo hasta entonces torcido y sesgado y lo pusieron en igualdad de condiciones para todos.

Friedman no dejaba ninguna duda en la mente del lector sobre su convencimiento de que la globalización «eleva el nivel global de vida» y afirmaba que «en conjunto [la globalización] puede beneficiar a todos, y de forma especial a los pobres».[13]

Las opiniones contrarias a la suya difieren en puntos concretos, pero, en general, afirman que lo que quienes protestan temen no es el cambio de nivel de vida del mundo. Se refieren más a las pruebas que demuestran que compañías enormes obtienen mayor control sobre nuestras vidas y el modo de vivirlas. Y tal vez sea más relevante el miedo de la persona corriente a no poder impedir que esas empresas actúen de forma que beneficie a sus balances, pero perjudique al género humano y la sostenibilidad de la vida en el planeta.

Ejemplos de este poder emergente actual son los mercados inundados de semillas y alimentos modificados genéticamente y las empresas que emplean tecnologías que destruyen los recursos agrícolas a cambio de obtener más petróleo y gas. En ambos casos, en el corazón y la mente de ciertas personas anida el miedo que les provoca que sean las grandes empresas las que se impongan, mientras los más afectados poco pueden decir en defensa de sus casas y sus vidas.

Es evidente que la globalización tiene sus matices. Unas personas e industrias se benefician de ella, y otras, no. En su estado actual, la globalización no es un proceso democrático y está impulsada en gran medida por quienes mejor provecho obtienen de ella. Y también es evidente que se trata de una realidad. Somos definitivamente globales, y no hay marcha atrás. Así pues, no hay duda de que la economía, la agricultura y la industria funcionan hoy como entes globales, pero ¿cómo afecta un mundo globalizado a nuestra capacidad de vivir con resiliencia?

Basándose en la ciencia actual más avanzada y en la experiencia de los estudiosos, Judith Rodin, presidenta de la Fundación Rockefeller, y Robert Garris, director gerente de los Programas Bellagio de esta fundación, destinados a encontrar soluciones a graves problemas globales, hablan del papel de la resiliencia en el siglo XXI. Manifiestan que «la creciente necesidad de resiliencia para contrarrestar la vulnerabilidad generada por la globalización significa que los agentes del desarrollo deben actuar con mayor urgencia y minuciosidad para que las comunidades puedan adaptarse al cambio».[14] En otras palabras, dicen que la necesidad está clara, y este es el momento justo para poner en práctica las ideas expuestas en este libro.

Cuando vemos que los principios de este cambio de pensamiento proceden de influyentes instituciones, como la Fundación Rockefeller, y de importantes organizaciones, como el Post Carbon Institute, podemos estar seguros de que las ideas son mucho más que una moda pasajera.

Aprender a crear comunidades y ciudades resilientes es una tendencia que está aquí para quedarse.

> Los aspectos de la globalización que conectaron el mundo en el pasado hoy lo pueden destruir.

Los ladrillos de la resiliencia

La globalización del mundo lo ha cambiado todo: cómo vivimos, cómo trabajamos, cómo pensamos y cómo resolvemos los problemas. Incluso ha cambiado el tipo de problemas que se nos presentan. Judith Rodin expresa con exquisita claridad por qué necesitamos pensar de otro modo en lo que se refiere a nuestras comunidades y ciudades: «Lo que distingue a las amenazas actuales de las del pasado es la escala a la que se producen y la creciente interconectividad de nuestro planeta. Construir resiliencia no es un lujo. Es un imperativo del siglo XXI».[15]

Coincido totalmente con su opinión, y la pregunta evidente es: ¿cómo?

¿Cómo pasamos de crear resiliencia personal, tal como se explica en los capítulos anteriores, a construir familias resilientes y formar comunidades resilientes? Y quizás más importante aún: ¿cómo hemos de hacerlo, ante sistemas ya establecidos que todos aceptan como «la forma» de hacer las cosas?

Los modos de vida y las comunidades resilientes son un campo de estudio relativamente reciente. No fue hasta principios de los años setenta cuando se publicaron algunos de los primeros estudios que utilizaron la propia palabra *resiliencia* referida a la salud: quién enferma, quién no y a qué velocidad se recuperan quienes enferman. He tenido oportunidad de estudiar muchos descubrimientos de las investigaciones que han realizado otros. También he visto con mis propios ojos la resiliencia en las comunidades rurales del norte de Nuevo México, donde yo vivo, cuando las condiciones de la naturaleza y la quiebra de las economías han provocado graves problemas.

He de confesar que no he encontrado aún ninguna teoría única sobre la resiliencia, ni método exclusivo alguno para alcanzarla, que contenga todas las respuestas que parecen necesarias. Del mismo modo que hay diferentes tipos de comunidades que atienden las necesidades de poblaciones distintas, hay diferentes clases de resiliencia y muchas formas de conseguirla. Al final de este capítulo, comparto algunos recursos empleados en casos y experimentos reales de creación de comunidades resilientes.

Me gustaría empezar por los factores amplios propios de cualquier tipo de resiliencia, desde la familia o el barrio hasta la comunidad digital repartida por todo el mundo. Uno de los mejores resúmenes de estos factores se basa en la experiencia de cientos de científicos e investigadores y sus estudios sobre la resiliencia financiados por la Fundación Rockefeller.

Estos estudios señalan cinco elementos fundamentales de la resiliencia lo suficientemente generales para abarcar casi cualquier tipo de comunidad, pero lo bastante específicos para que nos sirvan de punto de partida.[16] Estos elementos básicos son:

- Excedente de capacidad.
- Flexibilidad: la capacidad de cambiar, evolucionar y adaptarse ante el desastre.
- Fallo parcial o «seguro», que impide que los fallos se extiendan por todo el sistema.

- Recuperación rápida: la capacidad de restablecer el funcionamiento y evitar alteraciones prolongadas.
- Aprendizaje continuo, con sólidos bucles basados en la retroalimentación.

Si tenemos en cuenta los puntos de inflexión que señalaré en el capítulo 6 y los principios de la resiliencia personal expuestos en el capítulo 2, vemos que el punto común de los cinco elementos de la resiliencia anteriores sirve de referencia para adaptar y personalizar según sean las necesidades de resiliencia propias y de la comunidad.

Veamos con mayor detalle cada una de estas cinco claves para determinar si se ajustan correctamente a los puntos de inflexión de nuestras comunidades.

Excedente de capacidad

Poder satisfacer sin problema nuestras necesidades del momento es muy distinto de la minuciosa planificación y previsión para poder hacer lo mismo con las futuras. También hay una enorme diferencia entre planificar las realidades de la vida con responsabilidad y el acopio frenético de última hora para compensar la falta de previsión. En lo que a nuestro tiempo de extremos se refiere, somos testigos de ambos escenarios.

Conozco a personas que piensan que vamos hacia un mundo que refleja los escenarios de peores augurios que podemos ver en la televisión. Son imágenes aterradoras que me recuerdan la película clásica de 1979 *Mad Max: furia en la carretera*, retrato del apocalíptico mundo posterior al cambio climático, la guerra y el agotamiento del petróleo.

También conozco a personas del extremo opuesto del espectro, para quienes la aparentemente inagotable provisión de frutas, verduras y otros productos frescos en el mercado del barrio es tan segura que piensan que la situación nunca va a cambiar y cuentan con que siempre podrán disponer de esos productos y alimentos. Se han acostumbrado tanto a encontrar lo que necesitan que piensan que no hace falta planificar más allá de lo que vayan a necesitar para comer cada día.

Evidentemente, me gusta la idea de comer la fruta y la verdura más fresca posible y disfrutar de la visita al mercado siempre que puedo. Pero la cuestión es qué ocurre si no hay quien nos sirva las provisiones. ¿Hasta cuándo podrán estas personas, o cualquiera de nosotros, servirnos lo que hoy tenemos en la despensa?

Como criaturas de costumbres, tendemos a reflejar cómo vivíamos en un determinado momento del pasado. Una vez adquirida una costumbre, normalmente prestamos muy poca atención a la idea de cambiarla. *Aquí es donde entra en escena el principio de excedente de capacidad de la resiliencia.* En nuestro tiempo de extremos, vemos que las cosas simplemente no funcionan de manera tan fiable como en el pasado. Lo que antes era un corte esporádico de determinados servicios, como la electricidad o los estantes llenos de la tienda de comestibles, se está convirtiendo en algo habitual. Las razones van desde las tormentas «raras», los fuertes vientos y las grandes nevadas hasta la realidad económica de los recortes de plantilla, la reducción de la jornada laboral y las menores reservas de bienes disponibles. Los que siguen son algunos de estos cortes:

- En Estados Unidos, el suministro eléctrico es cada vez menos fiable, siguiendo una tendencia que se inició hace quince años. Un estudio publicado por Massoud Amin, director del Instituto de Liderazgo Tecnológico de la Universidad de Minnnesota, dice: «Desde 1995, los cortes del suministro eléctrico han aumentado sistemáticamente al tiempo que también de forma sistemática disminuía la I+D en las nuevas tecnologías».[17]

- Entre los efectos cada vez más evidentes del clima extremo están los cortes de suministro de productos básicos a los mercados locales. Un ejemplo claro es lo que ocurrió en Brooklyn (Nueva York), en el invierno de 2010. Durante casi una semana, los camiones de reparto no pudieron llegar a los comercios que necesitaban nuevas provisiones. Un medio de comunicación local recogía las palabras del empleado de un establecimiento: «Tres días sin reparto, y todos los estantes vacíos».[18]

- Tras su paso por la costa este de Estados Unidos, el huracán Sandy dejó sin electricidad a más de ocho millones de hogares de diecisiete estados. El racionamiento de la gasolina en las estaciones de servicio de la ciudad de Nueva York duró quince días.[19]

- En febrero de 2011 las temperaturas llegaron a -37 grados en Nuevo México, donde se declaró el estado de emergencia. Se cortó el suministro de gas natural que se utiliza para la calefacción de las casas y las industrias agrícolas y ganaderas, sin poder avisar previamente debido a los continuos apagones destinados afrontar la mayor demanda de electricidad.

Las condiciones climáticas extremas sorprenden a muchas comunidades y regiones enteras. Los efectos son devastadores y el corte de servicios puede durar de unos pocos días a muchos meses.

Todos estos extremos son propios de nuestro tiempo; por esto el excedente de capacidad de la resiliencia tiene hoy más sentido que nunca. *Hay que esperar cortes esporádicos y temporales de servicios que durante mucho tiempo dimos por supuestos.* Para crear excedente de capacidad no se necesitan, ni mucho menos, los llamados «comandos» o «survivalistas»,* sino decisiones razonables que asuman la realidad de un mundo cambiante, unas decisiones a las que obliga la responsabilidad.

Estamos rodeados de magníficos modelos de excedente de capacidad en la naturaleza. Cuando hace buen tiempo y el alimento abunda, observamos que las ardillas, por ejemplo, buscan lo que necesitan para su alimentación diaria (en nuestro caso, vamos al mercado del barrio todos los días porque podemos hacerlo). Vemos también que las mismas ardillas reúnen más comida de la necesaria y la reservan para los

---

* Survivalismo es el nombre que recibe el movimiento de individuos o grupos (llamados en inglés *survivalists* y más recientemente también *preppers*) que se preparan activamente para sobrevivir una posible futura alteración del orden político o social, ya sea a nivel local, regional, nacional o internacional. Los survivalistas frecuentemente se preparan con anticipación para estos acontecimientos ya sea recibiendo entrenamiento médico, almacenando agua y alimentos, preparándose para la defensa propia o el autoabastecimiento, y/o construyendo edificios que los ayudarán a sobrevivir y a refugiarse.

proverbiales tiempos de escasez, los meses fríos en que instintivamente saben que podrán disponer de menos alimentos. Algo parecido hacen los osos y otros animales, que acumulan grasa durante el buen tiempo para sustentarse cuando el clima no es tan benigno (es el equivalente a nuestro excedente de capacidad que logramos con la reserva de unos cuantos productos básicos de los que dependemos a diario, por si algún día no los podemos conseguir). En la naturaleza, no vemos que estos animales se comporten de forma caótica, apresurada ni como quien reacciona en el último momento, luchando con uñas y dientes por miedo a la escasez. No necesitan hacerlo, porque han creado en su vida el excedente de capacidad adecuado para la realidad de su mundo.

FLEXIBILIDAD

En la creación de resiliencia, sea en la familia o la comunidad, los principios de flexibilidad y cambio van de la mano. En el siglo VI a. de C., el filósofo griego Heráclito observaba el papel que el cambio desempeña en nuestras vidas: «Nada hay permanente más que el cambio. Nada es permanente excepto el cambio. Lo único constante es el cambio. El cambio es lo único constante. Solo el cambio es invariable».[20] La idea, dicha de cinco formas distintas, deja poco lugar a dudas sobre su opinión acerca de la función del cambio en nuestra vida. Sus famosas palabras se emplean hoy de forma abreviada.

En el siglo XX, Isaac Asimov llevó la idea de Heráclito un paso más allá: «El cambio, el cambio continuo, el cambio inevitable, es el factor dominante en la sociedad actual. No se puede tomar ninguna decisión práctica sin tener en cuenta no solo el mundo tal como es, sino tal como será».[21] Si en nuestros planes de resiliencia introducimos el factor cambio, es fácil ver también la ventaja de ser flexibles. Se trata de estar dispuestos a aceptar que nuestros planes, basados en lo que sabíamos que era verdad cuando los hicimos, están sometidos a un cambio del que casi no se nos advierte con antelación.

La flexibilidad para adaptarnos a situaciones inesperadas, para después improvisar y pasar al «plan B», es uno de los eslabones más fuertes que podemos fabricar para nuestra cadena de resiliencia. La posible tragedia convertida en éxito del *Apolo 11* —no solo una vez, sino dos— es un ejemplo clarísimo. Durante la primera misión tripulada a la Luna, hubo que cambiar dos veces los planes que los especialistas habían diseñado minuciosamente y comprobado durante años y que estaban explicados hasta el último detalle en los manuales de entrenamiento. ¿La razón? La situación cambió. La clave que evitó la tragedia ante el cambio fue la flexibilidad.

En la primera misión a la Luna, uno de los factores más importantes era el peso total que la nave podía llevar. Se pesaron escrupulosamente los astronautas, los trajes espaciales, los alimentos, los equipos y el carburante y se mantuvo la capacidad óptima para garantizar la seguridad de la tripulación y el éxito de la misión. En los planes había un mínimo margen de error que podía significar la diferencia entre el éxito y el fracaso, la vida y la muerte.

Cuando el módulo lunar en el que iban los astronautas se acercó al punto del primer alunizaje, estos vieron un campo lleno de rocas más peligroso de lo que parecía en las pantallas de los radares y las fotografías de reconocimiento. En una decisión de último minuto, el piloto Buzz Aldrin abortó el alunizaje previsto en ese punto para buscar otro mejor. Con todas las personas que, desde el Centro de Control de la Misión, dirigían la operación angustiadas y nerviosas por aquella cadena inesperada de acontecimientos, *Eagle*, el módulo de alunizaje, encontró una zona más llana y se posó en la Luna *cuando solo le quedaba carburante para quince segundos*.

Cuando los astronautas estuvieron listos para regresar al módulo en órbita y volver a la Tierra, se dieron cuenta de que una mochila había roto por accidente el único interruptor de ignición que podía arrancar los motores. De nuevo, la flexibilidad fue la clave. Con el razonamiento propio del ingeniero solucionador de problemas, Aldrin insertó la punta de un bolígrafo en la base del interruptor roto, con lo que pudo arrancar manualmente los motores con los que iban a despegar de la superficie de la Luna.

Lo más probable es que nuestra flexibilidad para cambiar rutinas diarias nunca tenga consecuencias tan importantes como las que sufrieron los astronautas en la Luna; no obstante, todos nos enfrentamos a situaciones en las que la disposición a aceptar cambios inesperados y a sacar el mejor provecho de ellas nos puede salvar la vida, la nuestra o la de otros. Para crear resiliencia para los desastres naturales, por ejemplo, muchas veces se necesitan distintos planes para posibles contingencias, planes de seguridad para otros planes de seguridad, para emplearlos si las condiciones de la naturaleza impiden que funcione el primer plan.

«Ten siempre en cuenta que te puedes encontrar en situaciones y circunstancias imprevistas en el mejor de los planes», dice el doctor Robert Cherry.[22] Y sabe bien lo que dice. En su trabajo en el Centro de Trauma de Nivel 1 de la ciudad de Nueva York después del 11 de septiembre de 2001, vio con sus propios ojos lo que puede ocurrir cuando la situación escapa a lo previsto: «Pensábamos que el centro de Trauma estaba preparado para los desastres, hasta que nos encontramos con situaciones para las que simplemente no teníamos ningún plan».[23] Pese a la excelente preparación del hospital, los equipos descubrieron problemas en los planes de contingencia, entre ellos los recursos limitados de personal, equipamiento, comunicación y combustible.

Se percataron, por ejemplo, de que la provisión de carburante para los generadores de seguridad estaba diseñada de modo que solo habría para treinta y seis horas. Eran los generadores de los que se servían los equipos médicos de soporte vital para los pacientes con traumatismos. ¿Qué se podía hacer cuando, pasado ese tiempo, no hubiera combustible? Lo que el doctor Cherry vivió entonces le llevó a desarrollar nuevos programas en la facultad de Medicina de la Universidad Estatal de Pensilvania, unos programas que hoy enseñan a las personas a ser resilientes precisamente en esas situaciones. Resume así el papel que la flexibilidad desempeña en situaciones extremas: «Debes adoptar un plan de emergencia que se pueda sustituir por otro, porque en una situación de emergencia es imposible adaptar un plan inflexible».[24]

FALLO PARCIAL O «SEGURO»

Durante uno de mis trabajos como ingeniero de programas informáticos en la industria de defensa, le hice a un cliente una pregunta que nos llevó a ambos a reconsiderar la idea que teníamos sobre un problema: «Si este programa fallara y empezara a perder información, ¿*cuánta* información se podría permitir usted que perdiera?». La respuesta nos indujo a hablar del llamado *fallo parcial*. Para un ingeniero, la idea de fallo parcial es habitual cuando se habla de un sistema o una parte del equipo que sea vital para el éxito de cualquier misión que se considere precisamente *misión crítica*. Si, por la razón que sea, el componente falla, la idea es encontrar la forma de evitar que ese fallo frustre toda la misión.

La idea que mi cliente tenía de fracaso o éxito antes de nuestra conversación era disyuntiva: blanco o negro, sin más. Las cosas funcionaban o no funcionaban. La posibilidad de que parte del programa fallara pero que el sistema siguiera pese al fallo parcial supuso para el cliente una nueva forma de pensar, una idea que aceptó de muy buen grado.

La idea de fallo parcial ha sido y es parte importante de los proyectos científicos del programa espacial estadounidense. Cuando la NASA mandó la primera nave espacial no tripulada a la superficie de Marte, por ejemplo, se consideró que el sistema eléctrico era una misión crítica. Por muy bien que funcionara el resto de la misión, si la nave no tenía electricidad, la misión terminaba. Para asegurar el éxito, los ingenieros construyeron generadores de seguridad. Pero no se detuvieron aquí: construyeron otros generadores de seguridad y otros para estos, los llamados *sistemas de seguridad redundante*. Con esos sistemas alternativos que podían intervenir durante un fallo de la red eléctrica, el equipo de ingenieros dispuso el éxito a su favor, porque minimizó el efecto que un fallo pudiera tener para el resto de la misión.

Esta idea de fallo parcial tiene que ver también con la resiliencia.

En la resiliencia de las comunidades, la idea de fallo parcial es un magnífico recurso para la tranquilidad de la mente. He hablado, por ejemplo, con familias de zonas rurales de Estados Unidos que declaran orgullosas que tienen un pozo de seguridad para abastecerse de agua cuando la red municipal de suministro se averíe. Piensan que su pozo les ayuda a estar preparados para huracanes, tornados y situaciones extremas imprevistas. Sin embargo, normalmente olvidan que para sacar el agua de esos pozos necesitan electricidad para los motores que la bombean a la superficie. Y les hago la siguiente pregunta: «Si se corta la electricidad, ¿cuánto pueden estar ustedes sin el agua del pozo?». La respuesta les dice cuándo deberían pensar en el fallo parcial, en este caso en un sistema eléctrico de seguridad para el pozo de seguridad.

Para ilustrar a qué me refiero cuando hablo de fallo parcial he recurrido a sistemas físicos, pero la idea se aplica también a nuestro modo de vivir. Podemos elaborar planes para limitar el fracaso ante la pérdida del empleo, menos ingresos en la familia e incluso el corte de la comunicación con las personas más allegadas.

Recuperación rápida

La idea de la *recuperación rápida* es exactamente lo que la expresión indica: la capacidad de poner de nuevo en funcionamiento lo que se haya averiado, y hacerlo de modo que nos beneficie. Se aplica a las emociones y a la psicología humana, pero también a sistemas físicos como el suministro de electricidad, agua y alimentos.

Como señalaba antes, los seres humanos somos criaturas de costumbres y rutinas. Cuando estas se interrumpen por cualquier motivo, uno de los factores más importantes para nuestro bienestar emocional es la rapidez con que podamos restablecerlas de una u otra forma. Así lo vemos en personas que vivieron en cautividad mucho tiempo, que estuvieron errando perdidas en lugares inhóspitos o que, después de un naufragio, llegaron a una isla desierta o quedaron a merced del mar en pequeños botes salvavidas. Por lo que narran estas personas que han vivido en situaciones extremas, sabemos que una de las primeras causas a las que atribuyen su supervivencia es la capacidad de crear rutinas que dieran sentido a cada día.

En una entrevista, uno de los rehenes de Irán de los que te hablé en el capítulo anterior dijo que las reducidas dimensiones de la celda en la que estuvo aislado de los otros cautivos, no le impidieron desarrollar una rutina diaria de ejercicio físico, rezar, dormir, comer y practicar juegos mentales que le ayudaron a recuperarse del fuerte impacto emocional del secuestro. Yo mismo he sido testigo de la necesidad de estas rutinas después de las devastadoras tormentas de nieve y viento que dejan completamente aisladas las zonas montañosas y después del huracán Sandy, que convirtió kilómetros de la costa atlántica en un paisaje parecido al de cualquier zona de guerra.

Una semana después de que Sandy arrasara casas, negocios y barrios enteros, tenía prevista una conferencia en Nueva Jersey que pensé que se iba a cancelar. Al contrario, los organizadores decidieron seguir con el seminario de fin de semana para dar sensación de normalidad y propiciar la *recuperación rápida* de los ciudadanos que habían perdido mucho en aquella tormenta. Descubrimos que el hotel donde se iba a celebrar el acto era uno de los pocos que tenían en perfecto estado los servicios de electricidad, agua caliente y suministro de alimentos, algo de lo que algunas comunidades no pudieron disponer hasta nada menos que cinco meses después.

La recuperación rápida es fundamental, sea para volver a la antigua normalidad o para establecer otra adaptada a las nuevas condiciones de un mundo cambiado.

Aprendizaje continuo

Todos los elementos anteriores de la resiliencia solo son útiles en la medida en que funcionen en la práctica. Sea en una familia de cuatro miembros que viven bajo el mismo techo o en muchas familias de una comunidad digital repartidas por toda una ciudad, la clave del éxito es el principio de *retroalimentación* en el aprendizaje. Averiguar qué funciona y qué no funciona solo es posible mediante la retroalimentación que faciliten aquellos que se encuentren en una situación que los obligue a ser resilientes. Formal o informalmente, conviene identificar los mecanismos de retroalimentación de tu comunidad. Pueden ser algo tan sencillo como una llamada de teléfono o un correo electrónico para comunicar cómo te encuentras, o algo tan formal como una reunión dispuesta para un día y una hora determinados. La clave está en que la retroalimentación se produzca de forma sencilla y llegue a todos. Cuando aprendemos estas lecciones, descubrimos, nosotros y nuestras comunidades, qué más, o qué menos, conviene hacer y que es posible disponer las pequeñas cosas de modo que sean de auténtica ayuda.

> Un modelo demostrado de resiliencia para la comunidad incluye los principios de excedente de capacidad, flexibilidad, fallo parcial, recuperación rápida y aprendizaje continuo (retroalimentación).

Los principios de las comunidades resilientes

La idea de construir resueltamente comunidades de resiliencia no es nueva. Desde el siglo XIX, personas con visión de futuro y grupos de individuos de ideas similares han buscado formas de vida funcionales, sostenibles y que reflejen los valores comunes que cohesionan al grupo. Como puedes imaginar, hay razones probablemente infinitas para formar comunidades, un hecho que se refleja en la cantidad de ellas que se crean y desaparecen con los años.

La comunidad de Fairhope (Alabama), por ejemplo, fue fundada en 1894, basada en un sistema de impuestos que beneficiaba a todos sus integrantes. En lugar de ser propietarios directos de las tierras de cultivo, los miembros de la comunidad las arrendaban por plazos de noventa y nueve años, como hacen hoy algunas comunidades de indígenas. De esta forma, los individuos y las familias usan la tierra de modo efectivo durante su vida, pero cuando ya no la pueden utilizar, la tierra vuelve a la comunidad. El único impuesto que se pagaba en Fairhope era en función de las tierras, y se empleaba en construir escuelas, carreteras y pagar al gobierno de la comunidad. La visión de la que hace cien años nació Fairhope sigue viva hoy y es la base de una pequeña pero próspera comunidad.

Otras comunidades se asientan en unos principios básicos que van de unos valores espirituales a una vida sencilla y el deseo de educar a los hijos en un entorno comunitario. Ejemplos de comunidades de éxito fundadas en el siglo xx y que siguen vivas en la actualidad son Findhorn Foundation, establecida en Escocia en 1952; Ananda Village, fundado en California en 1968, y otras muchas ecoaldeas. Por diferentes que puedan ser las razones concretas por las que se formaron esas comunidades, todas tienen un mismo hilo conductor que las ha llevado a un éxito ininterrumpido.

En 1992 fue fundado el Instituto Berkana como laboratorio de ideas innovadoras sobre la vida resiliente. Su cofundadora, Margaret J. Wheatley, explica su función:

> Desde 1991 he aprendido de la vida (de los sistemas vivos) cómo crear sistemas que sean interdependientes, resilientes y adaptativos. Todo lo que hemos hecho ha sido un experimento consciente para entender mejor dos sólidas capacidades de la vida: la autoorganización —el proceso de la vida para generar orden (efectividad) sin control— y la emersión —los medios que tiene la vida para generar cambios que afecten a todo el sistema y situar las cosas a su debida escala.[25]

Hay muchas organizaciones pioneras que hoy estudian qué significa vivir en comunidad resiliente, pero traigo aquí el ejemplo de Berkana por dos razones.

La primera es que, además de científico, soy realista. La formación científica me dice que la naturaleza es simple: las leyes de la naturaleza son simples, y existen porque funcionan. Estamos rodeados por la naturaleza, y si sabemos reconocer lo que funciona para otras formas de vida del planeta, probablemente sea algo que nos funcione también a nosotros. Y esta es la base de la filosofía de Berkana. Parte de la idea de que la comunidad cuenta intrínsecamente con los sistemas inteligentes que poseen la llave para resolver sus propios problemas en cuanto se plantean. Resumida, esta filosofía dice:

- Toda comunidad tiene multitud de líderes.
- Cualquiera que sea el problema, la propia comunidad cuenta con las respuestas.

- No tenemos que esperar a nadie. Disponemos de muchos recursos para mejorar las cosas ahora mismo.
- Necesitamos saber con claridad a dónde nos dirigimos, *y* tenemos que saber cuál es el siguiente paso mínimo, simple e inteligente.
- Vamos paso a paso, haciendo camino al andar.
- El trabajo local, cuando se suma a otro trabajo similar de otra parte del mundo, evoluciona hasta generar un cambio social transformador.[26]

La segunda razón es que las comunidades resilientes del pasado se asentaban en valores espirituales, económicos, sociales y políticos; sin embargo, hoy es otro factor el que activa el desarrollo de comunidades nuevas y mayores: la eclosión comunitaria actual nace del sentimiento de que algún día necesitaremos lo que se haya descubierto para sustituir las formas actuales de vida, insostenibles y condenadas al fracaso. Si pensamos en los efectos del cambio climático, la globalización y el impacto de otros extremos expuestos en los capítulos anteriores, parece que ese momento ya ha llegado.

Un modelo para la resiliencia comunitaria

Se suele decir que todo viaje empieza con un primer paso. La consecuencia, aunque se hable menos de ella, es que la parte más dura del viaje suele ser lo que nos lleva a dar ese primer paso. La disposición a reconocer la verdad, la decisión de hacer un cambio positivo y la disciplina que ese viaje requiere dan crédito a esa afirmación. De una manera más o menos formal, toda comunidad resiliente ha de empezar en algún punto.

Te aconsejo la filosofía del Instituto Berkana como modelo para iniciar el proceso. Si tú y los miembros de tu futura comunidad convenís sinceramente en que estos principios os funcionan, ya estáis iniciando el viaje y disponéis de una sólida base en la que apoyar los pasos siguientes.

En la creación de una comunidad próspera y resiliente, la clave es incorporar al modelo los principios necesarios. Una de las formas de hacerlo es dar cada paso teniendo presentes estas ideas y pensando en el todo y la interdependencia de sus partes, en lugar de intentar aplicar esas ideas como algo adicional. Dicho de otro modo, hay que considerar estas ideas de forma que *funcione* para la comunidad. Puede ser desde una serie formal de declaraciones escritas que describan los niveles de objetivos y desarrollo de la comunidad hasta una conversación y un acuerdo informales entre dos familias que consigan lo mismo y acaben con un apretón de manos.

Lo que realmente importa es que los pasos han de funcionar para todos.

Los siguientes pasos ofrecen un modelo o unas orientaciones que toda comunidad resiliente debe desarrollar por sí misma, formal o informalmente:

1. Identificad las necesidades de vuestra comunidad. ¿Por qué habéis decidido uniros? Señalad la necesidad común que esperáis satisfacer con la suma de vuestros esfuerzos.

2. Identificad la visión de vuestra comunidad. Señalad el objetivo o los objetivos de vuestra comunidad, qué definirá su éxito y cómo sabréis que lo habéis conseguido. Por ejemplo, debéis tener en cuenta lo siguiente: ¿los vuestros son unos objetivos concretos y referidos a una determinada necesidad, o están pensados para que se conviertan en una forma de vida? ¿Son objetivos sostenibles y pueden ser aceptados por la comunidad mayor o por el conjunto de la sociedad? Concretad lo que queréis conseguir y los indicadores que os confirmen que vais por buen camino.

3. Identificad vuestro plan. Señalad los pasos que os lleven a alcanzar la meta. Fijad plazos realistas y asumid funciones y responsabilidades para poder dar todos los pasos programados.

4. Comunicaos. Identificad la forma de compartir las reflexiones, las ideas, los sentimientos y las preocupaciones que inevitablemente surgen en todo proceso de formación de una comunidad. Puede ser algo informal, como acordar compartir

estas preocupaciones, o formal, como fijar una hora concreta para reunirse con este fin. De este modo, la comunidad se informa permanentemente sobre lo que funciona, lo que no funciona y en qué punto hay que reconsiderar los métodos y procesos.

Estos pasos son un ejemplo del tipo de modelo que puedes emplear para formar tu comunidad y ponerla en marcha, orientaciones deliberadamente generales, para que las pueda seguir prácticamente cualquier tipo de comunidad.

Con este modelo al alcance, la mejor forma de ver cómo funcionan estos principios en la realidad es con ejemplos reales. He vivido en diversas comunidades rurales, y también en algunas de las mayores áreas urbanas de Estados Unidos, por lo que he tenido oportunidad de ver en persona cómo actúan diversos tipos de comunidades. Asimismo he podido comprobar qué funciona y qué no funciona en grupos de personas que intentan aplicar a gran escala lo que han aprendido en comunidades pequeñas.

> Está demostrado que el marco mínimo para desarrollar una comunidad resiliente debe incluir: un motivo para su fundación, una visión común, un plan de desarrollo y establecer un sistema de retroalimentación.

Independencia frente a autosuficiencia

Cuando se habla de la resiliencia de la comunidad, dos términos que suelen salir en la conversación son *independencia* y *autosuficiencia*. Los principios que expongo en este libro insisten en la idea de autodependencia, más propia de la comunidad, pero me gustaría aclarar las diferencias ocultas entre ambos términos.

La autosuficiencia es a la vez una forma de pensar y de vivir que aspira a una total autonomía. En su versión más pura, la persona autosuficiente crea todo lo que necesita para todos los ámbitos de la vida cotidiana y solo consume lo que ella misma puede crear y suministrarse. Evidentemente, no es una actitud práctica en nuestro mundo, ni, probablemente, deseable. Si percibimos la fuerza de la autosuficiencia de grupo es, precisamente, por los beneficios que encontramos en una comunidad diversificada.

La independencia, en cambio, es una forma de pensar y de vivir con la que aprendemos a hacer todo lo posible para nosotros mismos al tiempo que compartimos nuestras virtudes y destrezas de forma complementaria con otras personas de la comunidad. Podemos aprender a cultivar y preparar alimentos para nosotros y nuestra familia, por ejemplo, una forma de independencia saludable para el cuerpo y que nos libera de los alimentos comerciales del supermercado. Al mismo tiempo, en la mesa, con los amigos de la comunidad, podemos compartir lo que hayamos aprendido y cultivado. De esta forma, la independencia nos permite compartir con los demás desde la fortaleza, y no por necesidad. Puede parecer un ejemplo simple, pero te dará una idea de lo que quiero decir: podemos aprender a ser independientes en el contexto de nuestra comunidad más amplia.

En aras de la claridad, añado que hay niveles de autosuficiencia que se sitúan entre la autonomía completa y la independencia de la comunidad. Un ejemplo es una fuente de energía doméstica autosuficiente. Conozco a familias que han conseguido ser autosuficientes en energía mediante fuentes renovables, como granjas solares pasivas y activas, generadores eólicos, etc. Han decidido tener para sí una independencia energética, en lugar de ser unos supervivientes aislados que viven atemorizados, pero lo han hecho desde la independencia. Esta segunda decisión, además, les da capacidad para ayudar a los demás si surge la necesidad.

En este sentido, lo importante es el beneficio de la comunidad. Cuando se trata de crear resiliencia ante el vertiginoso cambio de nuestro mundo de extremos, la naturaleza demuestra que el trabajo de unir habilidades, conocimientos y talentos nos pone el éxito de cara. La clave está en que al trabajar juntos dispongamos de un plan. Y aquí es donde entra en escena nuestro modelo de resiliencia.

Tal vez lo más difícil de la formación de una comunidad resiliente sea saber dónde y cómo empezar. Algunas comunidades se forman después de un suceso devastador, como los incendios que en los últimos años han arrasado parte del suroeste árido de Estados Unidos, Australia y los bosques de Italia. En estos casos, la necesidad de *recuperarse* de esa experiencia terrible y desastrosa une a los vecinos en una comunidad.

Otras comunidades resilientes se forman *antes* de que surja la necesidad. Sus miembros confían en que nunca tendrán que enfrentarse a huracanes, tornados, incendios ni inundaciones, pero en su plan comunitario se contemplan estas realidades. Son comunidades ya resilientes en este tiempo de extremos.

En ambos tipos de comunidad, los pasos son similares. Con los cuatro pasos señalados en el modelo de comunidad resiliente expuestos en el apartado anterior, vamos a considerar una comunidad basada en una situación de la vida real. De esta forma, podemos ilustrar exactamente cómo está formada esta comunidad.

Construir una comunidad

He sido testigo de la formación de hermosas comunidades que, no mucho después, se deshacen por muy diversas causas. La paradoja de vivir en lugares que están a una hora de la tienda de comestibles más cercana y a muchas hectáreas del vecino más próximo es que quienes optan por este tipo de vida normalmente lo hacen porque *no* quieren integrarse con otras personas. En particular, no quieren formar parte de ningún grupo organizado o asociación comunitaria, de transporte ni de ningún otro tipo.

Las comunidades rurales es donde a veces resulta más difícil conseguir que las personas trabajen juntas, pero es en este trabajo donde pueden encontrar la fuerza para conservar las cualidades de la tierra y el modo de vida que los han atraído al mundo rural. Si lo comparto aquí es porque fue al organizar una comunidad de este tipo y participar en ella a principios de los pasados años noventa cuando pude experimentar directamente los resultados de desarrollar una comunidad resiliente a diversos cambios que ponían en peligro ese modo de vida.

Toda comunidad empieza a partir de una razón para unirse. En el caso de mi experiencia comunitaria, la razón era la amenaza de perder la agreste belleza y el modo de vida rural que habían atraído a las personas a aquella zona. En aquellos primeros años noventa, agencias inmobiliarias foráneas llegaron a la remota naturaleza salvaje del norte y centro de Nuevo México, en busca de terrenos donde construir. En los kilómetros y kilómetros que recorrieron divisando solo casas dispersas, algunos ranchos y miles de hectáreas de tierra sin cultivar, veían en la tierra donde teníamos nuestra casa un potencial desperdiciado. Las empresas propusieron construir viviendas, cientos de viviendas, además de una zona comercial, un campo de golf y un centro médico en las tierras de nuestra comunidad. Y para que la zona fuera más accesible para sus planes, también propusieron ampliar un pequeño aeropuerto, ensanchar las carreteras existentes y construir otras nuevas.

Era evidente que mi comunidad informal de rancheros, granjeros, agricultores, apicultores y artistas estaba en peligro de perder la prístina belleza que hacía posible nuestro modo de vida. Era necesario que nos organizáramos. La noche de nuestra primera reunión, nos sentamos en círculo en sillas que nos prestaron los bomberos voluntarios locales, nos miramos unos a otros e hicimos la única pregunta posible: «¿Qué hacemos?».

La pregunta puso en marcha una de las comunidades de mayor fuerza, aliciente y éxito que he experimentado en mi vida. Y de la comunidad original nacida como respuesta a la amenaza de las inmobiliarias, se formaron nuevas comunidades para crear resiliencia ante una serie de peligros y cambios exclusivos de ese modo de vida rural. De modo que las necesidades pueden ser diversas, pero los principios que a nosotros nos funcionaron pueden hacerlo también siempre que unas personas quieran garantizarse la seguridad a sí mismas y a sus hijos en un entorno comunitario.

Así lo hicimos en nuestro caso:

- Paso 1: identificar las necesidades de la comunidad. En el ejemplo de mi comunidad rural, empezamos por determinar nuestras necesidades: preservar los espacios abiertos, la belleza y la pureza de la naturaleza en la que habíamos decidido vivir.
- Paso 2: identificar la visión de la comunidad. Cuando tuvimos claro lo que queríamos, el siguiente paso de nuestro plan fue crear una visión de cómo deseábamos que se atendieran las necesidades que habíamos señalado y cómo reconoceríamos el éxito de nuestra visión. Es un proceso siempre interesante que activa la imaginación con muchas posibilidades, unas con más probabilidades que otras de hacerse realidad. Pero descubrimos que, además de ayudar a la comunidad a avanzar en el proceso de trabajar juntos, este paso, tal vez más que cualquier otro, es el que abre las compuertas de la comunicación y la intensa consideración mutua de las ideas, actitudes, experiencias, afectos y deseos de uno mismo y de las familias, en especial de los niños.

    En nuestro caso, seguimos las orientaciones para la formación de una comunidad y enseguida concretamos nuestros propósitos. Decidimos que la finalidad de la comunidad era satisfacer la necesidad inmediata (o así la considerábamos) de conservar la tierra y el modo de vida que tanto amábamos. Pensamos que, como grupo organizado y con una sola voz, podríamos conseguir lo que individualmente nos sería imposible, centrándonos de forma periódica en un aspecto u otro del problema.

- Paso 3: identificar el plan. En esta fase del proceso, fuimos a lo concreto y establecimos acciones específicas. Como es de esperar en cualquier grupo dinámico, algunos de los miembros eran muy fructíferos en cuanto a ideas, mientras que otros se sentaban en silencio, escuchando, y solo intervenían cuando consideraban que su aportación podía ser significativa y útil. Creo que es justo decir, en honor de todos los de nuestra comunidad, que, en las obligaciones que nos imponíamos y las responsabilidades que asumíamos de lo que habría de suceder para garantizar el éxito de nuestro plan, llegamos al límite de nuestra zona de confort, e incluso es posible que la rebasáramos. Todos queríamos lo mismo: preservar nuestro modo de vida y la belleza del valle, pero pronto descubrimos que basábamos nuestros objetivos en las emociones que el apego a la tierra nos provocaba. Como geólogo, propuse que diéramos un paso más y lucháramos por conservar las aguas subterráneas.

Para llevar a cabo tan descomunal plan de construcciones se necesitaba muchísima agua, un recurso cada vez más escaso en las zonas áridas del suroeste de Estados Unidos. Mi función era realizar una evaluación factual de los recursos hídricos de la zona: el tamaño de la reserva, el volumen del acuífero y los años necesarios para que la nieve del invierno se filtre por la roca y sea apta para su uso. Con mapas oficiales del terreno y los pozos de la zona, nuestra comunidad se dispuso a elaborar una defensa sólida de nuestras aspiraciones. Presentamos pruebas de que con los niveles de las aguas subterráneas no se podrían abastecer las construcciones previstas y datos que demostraban que esas construcciones quitarían agua para el riego hasta la frontera de Texas.

- Paso 4: comunicación. Mientras se trabaja en un determinado objetivo, es fundamental mantener el contacto con los miembros de la comunidad, para coordinar todos los esfuerzos. La nuestra estaba muy dispersa, por lo que teníamos que ser especialmente creativos en los sistemas de comunicación. Acordamos reunirnos una vez a la semana durante casi dos meses para unificar nuestros argumentos. En ese tiempo, nos pasamos los números de teléfono, de fax y las direcciones, una información que en las zonas rurales puede ser difícil de reunir. Quedábamos para tomar café o té, comer juntos o celebrar alguna pequeña fiesta nocturna. Y una vez dicho y hecho todo lo necesario, nuestra comunidad informal de personas que se unieron recelosas para salvar su modo de vida se convirtió en una comunidad de amigos estrechamente cohesionada que sigue viva en la actualidad.

Una mañana, pocos meses después de reunirnos por primera vez, fui en coche con cuatro miembros de la comunidad hasta Santa Fe, la capital de Nuevo México. Después de tres horas de viaje, nos reunimos con los senadores del estado que iban a ayudarnos a defender nuestras alegaciones. Expuse mis evaluaciones sobre los acuíferos, los mapas que habíamos elaborado y el impacto que las construcciones previstas tendrían sobre las comunidades de todo el estado. El resto, como se suele decir, es historia. El estado de Nuevo México no dio a las constructoras los preceptivos permisos para seguir con sus planes, y nuestro valle sigue intacto.

¿Cuánto ofrece una comunidad?

El propósito de compartir la historia de una comunidad rural que tuvo que organizarse es ilustrar cómo una comunidad real puede aplicar el modelo de resiliencia. En el caso de aquella de la que formé parte, los miembros, al ir conociéndonos, descubrimos que contábamos con una fuerza nueva. La finalidad original de la comunidad era muy concreta pero, una vez conseguido aquel primer objetivo, siguió de muy diversas formas. Gracias a la fortaleza y la diversidad que los miembros descubrimos entre nosotros, las relaciones se mantuvieron cuando la comunidad se enfrentó a problemas distintos de los que habían planteado aquellas inmobiliarias: evacuaciones en los incendios, recuperar el ganado durante nevadas que hacían impracticables las carreteras e inundaciones provocadas por el deshielo que se llevaron carreteras enteras y dejaron aisladas a algunas personas durante semanas.

Como hemos visto en los apartados anteriores, la resiliencia es tanto un estado mental como un modo de vida. Se trata de estar dispuestos a aceptar sinceramente las realidades inmediatas que se nos presentan a diario y adaptarnos con responsabilidad a las condiciones de esas realidades. La comunidad rural en la que nos unimos para preservar un modo de vida es un ejemplo de cómo se puede formar una comunidad y de lo que se puede conseguir con ella. En nuestro caso, encontramos conocimientos, métodos y relaciones que nos ayudaron en unas circunstancias concretas. Y, con ello, generamos un programa y una reserva de habilidades a las que podemos recurrir cuando sea necesario en el futuro. Nuestra comunidad se hizo resiliente a todo aquello que ponía en peligro nuestro modo de vida.

Como veremos en los capítulos siguientes, podemos actuar de inmediato para propiciar la transformación de nuestros barrios. El mundo está cambiando. Es lógico que tengamos que adaptarnos a los cambios, en lugar de combatirlos, y hacerlo con amigos y vecinos mientras construimos comunidades saludables, resilientes y prósperas.

¿Cuál es tu umbral?

Al hablar de la resiliencia en general, una de las primeras preguntas que se nos plantean es: ¿resiliencia para qué?, o, lo que es lo mismo, ¿cuál es la fuerza o la situación a la que nos hemos de adaptar y, por ello, hemos de cambiar el modo de pensar y de vivir? Es una pregunta sencilla y lógica. La respuesta también es sencilla.

Aprendemos a hacernos resilientes frente al mundo que hemos creado.

Precisamente entender qué significa esta respuesta, y qué es lo que hemos creado, es el primer paso para empezar a construir la resiliencia que mejor se ajuste a nuestras necesidades específicas.

Cuando pienses en formar una comunidad resiliente, la primera pregunta que os debéis hacer, tú y los posibles miembros, es: «¿En qué quisiéramos emplear nuestra resiliencia?». Para comprender bien qué puede significar esto, te invito a que consideres lo siguiente:

1. ¿Qué elementos de tu entorno físico crees que son absolutamente necesarios a corto plazo (entre unas pocas horas y tres días)?
2. ¿Qué elementos de tu entorno físico crees que son absolutamente necesarios a largo plazo (entre tres días y dos semanas, o más)?

Cada persona tiene su propio umbral de necesidad, de aquello con lo que puede vivir y sin lo que la vida le es imposible. Así es en particular en momentos de miedo y circunstancias imprevistas para las que no estamos preparados.

Por ejemplo, la gente suele decir que no puede pasar sin electricidad mucho tiempo, desde unas horas hasta unos días. A los jóvenes, quedarse sin luz se les puede antojar una aventura. Cuando no disponemos de lujos como la electricidad, recurrimos a fuentes de reserva, como las linternas o las velas, con las que normalmente nos apañamos durante la noche, y el butano o el gas natural para cocinar o calentarnos. Pero pasado cierto tiempo, parece que la mayoría necesitamos más. Es el momento de recurrir a estrategias más duraderas.

En este sentido, la clave está en que consideres qué significan para ti esas preguntas. ¿Cuál es tu umbral? La respuesta te señalará qué es para ti la resiliencia en un tiempo de extremos. La respuesta que des a estas preguntas te avisa de cuándo debes pensar seriamente en medidas que os garanticen, a ti y a tu familia, una sensación de normalidad ante el peligro de los extremos. En otras palabras, tu respuesta será fundamental para saber cuándo has de guardar más alimentos de los habituales en la despensa, cuántos y de qué tipo. Solo tú puedes saber cuándo ha llegado el momento de pensar en una fuente alternativa de energía y si necesitas un generador para toda la casa o te basta con una batería potente para las luces de la sala de estar.

Aunque a veces seamos reticentes, o incluso nos opongamos, a emplear nuestras fuerzas en pensar en todo esto, vistos los hechos expuestos en este libro y en otras fuentes de noticias e información, tiene todo el sentido que lo hagamos.

La resiliencia de la comunidad: ilógico!

En la introducción de este libro, y en el capítulo que sigue, se habla de las extrañas condiciones del clima, la deuda, la población y las energías que confluyen en una época de extremos y vulnerabilidad de nuestras vidas. A la luz de casos concretos, poco cabe dudar del panorama de inestabilidad y de la probabilidad de que así siga siendo en el futuro previsible. Precisamente la certeza de esta incertidumbre es la que le da mayor sentido aún a la cultura de la resiliencia. Por ejemplo:

- *Debido* precisamente a que vivimos en medio de lo que en el informe *Riesgos globales para 2013* del Foro Económico Mundial —del que hablaré en el capítulo 4— se llamaba la «tormenta perfecta» de condiciones, es lógico esperar que la vida sea inestable donde antes discurría sin sobresaltos.
- *Debido* al cambio climático y el calentamiento de los mares y océanos, es lógico esperar extremos de precipitaciones nunca vistas de agua y nieve, veranos abrasadores e inviernos gélidos.
- *Debido* a la debilidad y fragilidad de las economías del mundo, es lógico esperar recortes en la producción y la consiguiente pérdida de empleos.
- *Debido* a la tensión a la que una menor población activa y los extremos climáticos han sometido a la cadena de suministro de servicios, alimentos y productos básicos, es lógico esperar problemas puntuales de abastecimiento.

La convergencia de estas y otras condiciones extremas en nuestra vida hace que la decisión de formar una comunidad resiliente sea también el punto de inflexión de la mera supervivencia al cambio y la prosperidad *a través* del cambio. Al igual que los puntos de inflexión que veíamos en los capítulos anteriores, hoy podemos afrontar de dos formas la realidad de un mundo cambiante. Podemos decidir entre:

1. Restar valor a los hechos que nos dicen que el mundo ha cambiado, y que debemos pensar y vivir de otra forma, una actitud que nos hace, a nosotros y a nuestras familias, vulnerables a las nuevas condiciones.
2. Sernos sinceros sobre la inestabilidad provocada por la convergencia de extremos y aprender a adaptar nuestra forma de pensar y de vivir de modo que minimice los efectos negativos del cambio.

En ambas decisiones la resiliencia desempeña un papel de extraordinaria fuerza. En la primera, encontramos el modo de ser resilientes *a posteriori*: el caos provocado por grandes tormentas, tornados devastadores, inundaciones y sequías sin precedentes y los incendios al parecer interminables que nos sorprenden. En el segundo caso, podemos vivir con resiliencia, de forma que en nuestra vida quede espacio para estos cambios.

La respuesta que demos a una sola pregunta marca toda la diferencia en nuestra experiencia. Cambia cómo hemos vivido y lo que se nos ha enseñado que debemos pensar de nosotros mismos y de nuestra seguridad. También es la base para el desarrollo de una nueva manera de vivir. La pregunta es: ¿qué podemos hacer, en nuestro tiempo de extremos, para que nuestra vida sea mejor?

En 2050, dentro de solo treinta y seis años a partir de la primera edición de este libro en inglés, se calcula que el 75% de la población mundial vivirá en entornos urbanos y grandes ciudades. El 50% ya lo hace. Un cambio del que, necesariamente, a medida que se vayan desplegando los factores que contribuyen a este tiempo de extremos, pasará a formar parte una forma diferente de construir las ciudades y de vivir la vida. Si tenemos en cuenta todos estos factores, la conclusión es clara: adaptarnos a las incertidumbres de un mundo de extremos es como preparar el equipaje para viajar a un sitio en el que nunca hemos estado.

Del mismo modo que es lógico que iniciemos cualquier viaje con lo necesario para mantener las rutinas diarias, también tiene pleno sentido la resiliencia comunitaria en nuestro tiempo de extremos. Cada vez son más los líderes de comunidades que reconocen este hecho y empiezan a actuar en consecuencia.

Un proyecto innovador nacido de líderes conscientes de nuestro tiempo de extremos es el Reto Centenario de las 100 Ciudades Resilientes, una oportunidad para elaborar estrategias de resiliencia de demostrada eficacia en cien ciudades, mediante proyectos que se seleccionaron en un proceso que concluyó en 2015. El objetivo del reto era «preparar mejor a las personas, las comunidades y los sistemas para superar acontecimientos catastróficos, naturales o provocados y para que tengan mayor capacidad de rápida recuperación y de salir con mayor fuerza de esas situaciones angustiosas y estresantes».[27]

Otros proyectos para crear resiliencia en las grandes ciudades o enclaves similares son las conferencias *Reinventing Older Communities* de Filadelfia,[28] el proyecto The Resilient City de la Planning and Urban Research Association de San Francisco[29] y la Resilience Agenda de la Municipal Art Society de Nueva York.[30]

La transformación de las sociedades, las culturas y la vida cotidiana que tantas personas han imaginado durante tanto tiempo solo se producirá como respuesta a una necesidad que a todos nos afecta. Desde las familias urbanas y las empresas familiares hasta las oficinas centrales de las grandes corporaciones, los centros de investigación y las universidades, todos necesitamos una sociedad que nos funcione. La construcción de comunidades resilientes a escala de las grandes ciudades es una magnífica oportunidad para esa transformación. Aquí es donde la idea de comunidad resiliente y los principios expuestos en libros como *Social Change 2.0*, de David Gershon; *Voluntary Simplicity*, de Duane Elgin, y la serie *Plan B*, de Lester Brown, pueden servir de valioso mapa de carreteras en nuestro viaje de transformación.

Pero, para sacar provecho al tipo de transformación que se contempla en estos proyectos tan avanzados, hay que introducir antes y con fuerza un elemento: debemos empezar por ser sinceros con nosotros mismos sobre por qué es necesaria esa transformación. ¿Cuál es esa gran diferencia del mundo actual que nos obliga a pensar y vivir de forma distinta a como lo hicimos en el pasado? ¿Qué es lo que impulsa el cambio? Son buenas preguntas que se hacen muchas personas de muy distinta condición social. La respuesta nos puede sorprender, y alertar, cuando tengamos que decidir sobre nosotros o nuestras familias.

CAPÍTULO 4

EL MUNDO YA NO ES EL QUE ERA
Nuestro tiempo de extremos

Hasta que no nos perdemos, o, en otras palabras, hasta que no perdemos el mundo, no empezamos a encontrarnos.

Henry David Thoreau, ensayista y filósofo estadounidense

En el horizonte empezaban a asomar los primeros rayos del sol cuando, al bajar de la camioneta, puse el pie en el suelo helado del aparcamiento. El hielo que estaba pisando no era normal para aquel momento del año, pero saberlo no hizo menos traicionero el corto trayecto hasta la caja. La suela de cuero de mi calzado de nada servía para ir por el hielo, y, más que andando, iba patinando.

Estaba de paso en una pequeña ciudad del sur de Colorado, de camino a una reunión en Taos (Nuevo México) que estaba programada para más tarde, ese mismo día. Recordaba de viajes anteriores los muchos kilómetros de pura naturaleza que tenía que recorrer, por esto me había detenido en una gasolinera para llenar el depósito y tomar un té caliente. Al entrar al calor de la tienda, un hombre mayor estaba sorbiendo café de su termo, sentado a una mesa junto a la ventana. Me había visto venir medio patinando de la camioneta hasta la puerta. Al pasar junto a su mesa, sin siquiera levantar la vista, me dijo:

—¿Muy resbaladizo ahí fuera, verdad?

—O sea, que me ha visto bailar —le respondí en broma.

—Sí, he visto todo el espectáculo. Esas botas que lleva no sirven para nada con este tiempo. Necesita unas como estas —dijo, señalando sus botas de gruesa suela de caucho.

—Tengo unas —repliqué—, pero se han quedado en casa. Normalmente paso por aquí más tarde, cuando el sol ya está alto y ha desaparecido el hielo. Pero salí de casa ayer por la noche y no quise conducir en plena tormenta. He dormido en el Best Western —le expliqué, señalando el único hotel de la ciudad. Pensé que ahí terminaba nuestra conversación, por eso lo que oí a continuación me sorprendió totalmente.

—Sí, entiendo lo que quiere decir —señaló el hombre—. Se supone que en esta época del año no debe hacer tanto frío. Pero todo ha cambiado. Los nativos ya nos avisaron de que iba a suceder... todo lo que está pasando. Nos dijeron que dejaría de llover, que cambiaría el tiempo y que nos volveríamos locos intentando averiguar la causa. El problema es que nadie los creyó.

Las palabras de aquel hombre eran inesperadas y estaban completamente fuera de contexto, para mí al menos. Sin embargo, era evidente que las llevaba rumiando mucho tiempo. Por primera vez, levantó la vista y me dirigió la mirada asomando por debajo de su raída gorra John Deere. Me miró directamente a los ojos y, con un profundo suspiro, añadió:

—Hoy todo está revuelto. Un caos. Ya no llueve cuando debería hacerlo. El trigo ya no crece cuando se supone que debería crecer. Las vacas no encuentran hierba que comer. No es bueno. Pero ¿qué le vamos a hacer? Hay que seguir intentándolo y hacerlo lo mejor que se pueda. Pero ya le digo: las cosas no son como antes, eso seguro.

Se levantó para salir y sorbió un poco más de café del termo. Yo apenas había hablado, pero tenía la sensación de haber mantenido una conversación extraordinaria. Mientras se dirigía a la puerta, concluyó:

—Tenga ahora cuidado, joven. No le queda mucho hasta donde va.

Vi cómo andaba hacia su vieja camioneta International Harvester. Sabía que esas camionetas se habían dejado de fabricar hacía más de treinta años. Estuve observándolo desde la puerta hasta que el estruendo del vehículo se impuso a los sonidos de la mañana. Pensé en lo que había dicho y me preguntaba si tendría razón.

Es un hecho que el mundo ha cambiado mucho, pero es difícil señalar exactamente cuándo empezó el cambio. En lo que dijo aquel hombre había una verdad que no pude negar: vivimos en un tiempo extraordinario en todos los sentidos. Definitivamente, el mundo ya no es el que era.

El mundo ya no es el que era

Es cierto. *No es* el que era. El mundo en el que crecimos se fue, y no va a volver. Desapareció ante nuestros propios ojos. Mientras hacíamos la compra semanal, poníamos la mesa y nos sentábamos a comer con la familia y cuidábamos de nuestros padres ya mayores, el mundo familiar que conocíamos y en el que confiábamos desapareció. El problema es que nadie nos dijo que así iba a ocurrir. Nadie nos advirtió de que nuestras vidas cambiarían para siempre.

Nada vimos en los titulares de *The Wall Street Journal* o *USA Today*. No hubo ningún programa especial de televisión, ningún informe en los noticiarios de la noche, ni portada alguna de cualquier revista de los quioscos de los aeropuertos que nos llamara la atención por algún anuncio en ese sentido.

El mundo que conocíamos ya no existe, y su desaparición nunca ha sido reconocida ampliamente por el pensamiento dominante, y esta es la razón de que no hayamos tenido oportunidad de reconocer el mayor cambio de nuestras vidas, el que afecta al mayor número de personas de la historia del mundo. Nunca tuvimos ocasión de despedirnos de lo que se fue y llorar su deceso.

Vimos pruebas de que nuestro mundo se desvanecía cuando las tiendas familiares que se alineaban en las calles de nuestras pequeñas comunidades cedieron el paso a grandes almacenes con los que no podían competir. Las granjas familiares que nos traían los huevos y la leche todas las semanas han pasado a ser una imagen casi por completo desconocida en las zonas rurales de Estados Unidos. Los comercios del barrio a los que recurríamos para arreglar cualquier cosa, desde la suela de los zapatos y los neumáticos hasta el cortacésped que empleábamos para cuidar de nuestro jardín, han pasado a ser recuerdos de otro tiempo. Ha desaparecido todo un modo de vida, y lo ha hecho a tal velocidad que muchas personas no saben aún que se ha ido y nunca va a volver. No se dan cuenta de que estamos en un mundo vulnerable en transición, y, de momento, en un tiempo de extremos.

Aquí es donde empieza el problema. No saben que se ha producido el cambio y siguen esperando que regrese el mundo del pasado. Esperan que la vida vuelva a la «normalidad». Consciente o inconscientemente, se aferran a la idea de cómo era el mundo, cómo funcionaban las cosas y cuál era su lugar en ese mundo. Muchos han dejado su vida en suspenso hasta que regrese el mundo que les era familiar. Han pospuesto cualquier decisión, por ejemplo cuándo casarse, tener hijos o buscar un trabajo nuevo en otra industria que sustituya a la que ya no existe. Han dejado de lado estas decisiones porque esperan a que el mundo se asiente y recupere la normalidad. Y mientras esperan, se pierden la mejor parte de la vida: la propia vida.

> Ha desaparecido toda una forma de vida, y nunca tuvimos oportunidad de llorar su deceso y dejar que se fuera.

Esperando a que vuelva la «normalidad»

Recuerdo una conversación que mantuve hace unos pocos años que ilustra bellamente a qué me refiero cuando digo que estamos esperando a que la vida «vuelva a la normalidad». Hablaba con la dependienta de una gasolinera de una pequeña ciudad de montaña, sobre la difícil economía de la zona y cómo se desenvolvían sus habitantes.

—¿Cómo van las cosas por esta parte del mundo? —pregunté—. ¿Van bien los negocios?

Detrás del mostrador, la mujer se encogió de hombros, dejó de contar el cambio, y me miró:

—¿Quiere saberlo de verdad? —preguntó.

—Sí, claro —dije con una sonrisa mientras le daba la tarjeta—. Si no, no lo preguntaría.

—Aquí nada es igual desde que cerró la mina —empezó—. La gente ganaba dinero. Tenían trabajo, buenos beneficios y empleo seguro.

O, al menos, *creían* que tenían un trabajo seguro. Luego todo cambió. Todo se fue al traste. La mina no lo es todo. Cuando está abierta, todo va bien. Cuando cierra, es el infierno y la gente lo pasa muy mal. Hace unos años, el precio del mineral bajó tanto que la mina tuvo que cerrar, y cientos de personas se quedaron sin trabajo.

—Tiene que ser duro —comenté—. ¿Cuánta gente del pueblo trabaja en la mina?

—Cuando está abierta, es el mayor empleador del condado —contestó—. En los buenos momentos, funciona las veinticuatro horas del día y siete días a la semana, con unas seiscientas personas repartidas en tres turnos.

—Vaya, no está mal. ¿Cuántos trabajadores son del pueblo?

—Aquí somos unas mil ochocientas cincuenta personas —dijo. Más o menos una tercera parte ha trabajado en la mina. Cuando esta va bien, todo va estupendamente. Y cuando va mal, pues...

—¿Y qué hacen todos ahora? —pregunté—. ¿Cómo se ganan la vida?

—Pues lo que salga —dijo la mujer—. Hacen lo que sea, lo que se les presente. Unos son mecánicos y trabajan en el taller que está junto a la gasolinera. Otros cortan leña o empacan heno. Hacen prácticamente de todo, hasta que la mina vuelve a abrir.

—¿Y cómo se sabe que la mina va a abrir? —quise saber—. ¿Cuánto hace que cerró?

—Lleva cerrada cinco años y dos meses —fue su respuesta—. Ahora trabaja allí una reducida plantilla para que la mina vaya funcionando. No cesan los rumores de que va a abrir de nuevo, pero nadie lo sabe con seguridad. No nos queda más remedio que esperar.

—Espero que abra pronto, y los tendré presentes en mis oraciones —le dije al firmar el recibo.

Al girarme y disponerme a salir a la belleza de las montañas que se erguían alrededor del pueblo, entraba otro cliente. Lo que dijo aquella mujer me había dejado perplejo. Tomé de nuevo la carretera principal, y no podía dejar de pensar en las semejanzas entre lo que acababa de contarme sobre su pequeña comunidad y lo que está sucediendo a mayor escala en el mundo en general. Y, tal vez lo más importante, viví directamente cómo afrontan las personas este cambio que corroe la propia base de su seguridad y sus vidas.

En el caso de la mina, estaba cerrada porque el mundo ha cambiado. El mineral del que en su día vivían las familias de aquel pueblo hoy se extrae en China con menor coste. Este cambio es una de las caras de otro aún mayor en el equilibrio de los recursos globales. Para la comunidad minera, el cambio favorece a otra economía situada en otro país.

La cuestión es que las personas reticentes a abandonar la seguridad de hacer lo que les es familiar están perdiendo la oportunidad de conseguir mayor seguridad en el nuevo mundo que está emergiendo.

A veces, justificamos el recelo a abandonar el pasado con la idea de que los cambios que observamos son pasajeros. Del mismo modo que los ejecutivos de la industria musical creían que la revolución del *rock and roll* era una moda pasajera cuando surgió en la década de los cincuenta, o que los «expertos» en tecnología pensaron que los ordenadores serían flor de un día cuando aparecieron en escena en la de los sesenta, el cambio tan descomunal que se está produciendo, a tan gran escala y tan deprisa, es un signo claro de que hemos dejado atrás el mundo del pasado. Y esta es la razón de que ese mundo no pueda volver. La reticencia a aceptar que los cambios existen puede incluso entorpecernos la capacidad de adaptarnos: solo podemos afrontar los cambios que reconocemos.

> ¿Cómo podemos prosperar en el nuevo mundo si no hacemos más que esperar a que vuelva el antiguo?

Un cambio radical

Estas son las capas del cambio del mundo emergente que nos rodea. Estos hechos muestran fehacientemente dónde nos encontramos ahora mismo, en este preciso instante: vivimos con una nueva serie de normas que rigen en nuestra vida, nuestra profesión y la realidad completa del mundo.

Los mejores pensadores de nuestro tiempo convienen en que tú y yo estamos viviendo un cambio radical del mundo y de nuestras vidas, un cambio como ningún otro que se haya producido en la historia. ¿Qué es, entonces, aquello a lo que hoy nos enfrentamos y a lo que ninguna generación anterior tuvo que enfrentarse? La respuesta podría llenar las páginas de todo un libro —algo que han hecho muy bien otros escritores— pero no es esta la razón de que plantee aquí la pregunta. Mi propósito es emplearla para explicar por qué hoy debemos pensar de otra forma.

Con estas ideas en mente, lo que sigue es un resumen de las condiciones climáticas, demográficas, energéticas y económicas que hacen que «hoy» sea tan distinto de otros tiempos anteriores.

Los extremos climáticos

No es nuestra imaginación. No son ecologistas más que apasionados que amablemente nos advierten de que vivimos en un tiempo de extremos climáticos. No son solo los ancianos de las comunidades indígenas del mundo que nos transmiten la sabiduría y las exhortaciones de sus ancestros referentes a nuestra era. Son los datos los que cuentan la historia.

Y los datos dicen que vivimos una extraña era de cambio cíclico que pocos humanos vivieron en el pasado. Desde mediados de los años noventa del pasado siglo, nuestra familia global vive en medio de las continuas crisis, de un creciente número de extremos relacionados con el clima —inundaciones, huracanes, tornados, altas temperaturas y tormentas asesinas sin precedentes— de consecuencias nunca vistas en la historia conocida.

- Hecho. Hemos traspasado umbrales ecológicos vitales que son necesarios para la supervivencia de la Tierra (los casos, por ejemplo, de los excesivos niveles de CO_2 y las especies en peligro de extinción).[1]
- Hecho. Las inundaciones devastadoras que se produjeron en todo el mundo entre febrero y mayo de 2010 que se habían

multiplicado por 2,5 respecto a las producidas en la misma estación todos los años desde 2002 hasta 2006.

- Hecho. El Servicio Nacional de Meteorología documentó un aumento de las tormentas tropicales entre 1998 y 2007, una tendencia que continúa en la actualidad.
- Hecho. En Norteamérica y gran parte de Australia y Europa, los incendios forestales (asociados a las sequías) han aumentado espectacularmente desde 1998.

Es verdad que los desastres relacionados con el clima no son inusuales, pero *sí* lo es que se produzcan tantos, en tantas partes del mundo y al mismo tiempo: «Todos los años tenemos condiciones climáticas extremas –explica Omar Baddour, jefe de aplicaciones para la gestión de datos de la Organización Meteorológica Mundial, con sede en Ginebra– pero no es habitual que se produzcan tantos sucesos extremos a la vez en todo el mundo».[2] Baddour advirtió de que las condiciones meteorológicas en el invierno de 2012 serían extremas, como era habitual, pero las tormentas nunca vistas sembraron el caos por todo el planeta, por ejemplo las grandes inundaciones en el Reino Unido, los incendios descomunales en Australia, y una colosal tormenta de lluvia y nieve que puso en riesgo la vida de ciento sesenta mil refugiados sirios en los campos de Líbano. Antes de que se iniciara el invierno, ya se sabía que 2012 iba a ser un año para los libros de récords. El saldo final fue:

- El noveno año más caluroso en todo el mundo desde 1850.
- La mayor disminución de las precipitaciones en el Reino Unido y la sequía más grave y amplia de los últimos veinticinco años.
- Las temperaturas más altas en Estados Unidos, que en ciento noventa y siete ocasiones igualaron o superaron las mayores de todos los tiempos.
- La supertormenta Sandy, que provocó una ola gigante en el puerto de Nueva York.

Un estudio publicado en la revista *Climatic Change* explica sin reserva alguna que extremos como estos son algo más que anomalías locales. Se producen en todo el mundo, y este no está preparado para el acelerado cambio climático: «En los últimos diez años se registraron olas insólitas de calor –señala Dim Coumou–. Por ejemplo, en 2012 en Estados Unidos, en 2010 en Rusia, en 2009 en Australia y en 2003 en Europa».[3] Coumou resume así el impacto de estos extremos: «El calor excesivo provoca muchas muertes, grandes incendios forestales y muchas pérdidas en el campo: ni las sociedades ni los ecosistemas están adaptados a unas temperaturas en permanente ascenso».[4]

Es evidente que la polémica sobre la existencia y las causas de los extremos climáticos, iniciada hace ya más de veinte años, dista mucho de estar resuelta, pero los hechos y los datos son los que son. Es un hecho que la historia de nuestro planeta es una historia de cambio dinámico de los patrones climáticos. También lo es que los patrones del pasado indican que en la actualidad hemos de estar en una fase de calentamiento.

Los datos del testigo de hielo[*] representados en el primer gráfico de la figura 4.1 muestran claramente ciclos de calentamiento y enfriamiento de la Tierra a lo largo de los últimos cuatrocientos veinte mil años.

El «0» de la derecha representa el momento actual. Indica que hoy nos encontramos en un punto de los ciclos en el que es razonable esperar un calentamiento global del planeta. La pregunta es: ¿cuánto calentamiento es razonable esperar?

El segundo gráfico de la figura 4.1 muestra con mayor claridad cómo ha sido el calentamiento en períodos más cortos. Aquí, los indicadores revisados de los últimos dos mil años muestran que las desviaciones de la temperatura durante el período cálido medieval, entre los años 820 y 1040 d. de C., fueron casi cuatro veces superiores a las que hoy experimentamos.

---

[*] N. del T.: muestra cilíndrica de hielo, que se obtiene mediante la perforación del sustrato a diferentes profundidades (https://es.wikipedia.org/wiki/Testigo_de_hielo).

CAMBIOS DE TEMPERATURA EN LA EDAD DE HIELO

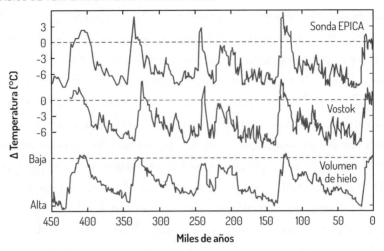

RECONSTRUCCIÓN DE LA TEMPERATURA GLOBAL

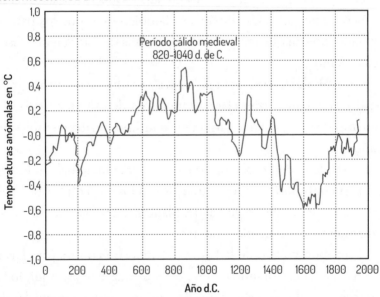

Figura 4.1. Es un hecho que el clima en nuestro planeta está cambiando, y que el calentamiento forma parte de este cambio. El primer gráfico muestra ciclos históricos de calentamiento, y enfriamiento, indicados por los testigos del hielo a lo largo de los últimos cuatrocientos veinte mil años. Fuente: documentación de libre acceso de Petit/NOAA/GNU. El segundo gráfico muestra las desviaciones de temperatura en los últimos dos mil años, por encima o por debajo de los niveles considerados normales. En este caso, los datos muestran claramente el calentamiento y enfriamiento cíclicos del pasado, incluido el período cálido medieval con temperaturas de 0,5 °C por encima de lo normal y el posterior enfriamiento. Fuente: adaptado de *Energy Environment*, vol, 19, n.º 1, 2008.

En otro episodio cálido de finales del siglo XIII hubo desviaciones dos veces superiores a las actuales.[5] Las variaciones se expresan en fracciones de grado centígrado, y las expongo aquí para dar una perspectiva completa sobre al cambio climático y lo que supuso en el pasado.

Es interesante señalar que estos cambios de temperatura se produjeron sin que intervinieran factores que se suelen considerar la causa de tales extremos, por ejemplo las emisiones industriales de CO_2. La pregunta es ¿por qué? Si el desencadenante no fue el CO_2, ¿cuál fue? ¿Y qué significa hoy para nosotros? Son preguntas que hemos de responder sinceramente si queremos abordar los problemas del cambio climático de modo significativo.

En este punto es donde hay que reconocer sinceramente los datos. Si, como indican, estamos viviendo un cambio climático cíclico «normal» y sus efectos, incluidos el calentamiento del siglo XX y el previsible enfriamiento en el siglo XXI, lo razonable es adaptarse al cambio y no esperar a que las condiciones vuelvan a ser las que fueron. Es lógico que adaptemos nuestro modo de vida, cultivos, alimentos y casas y que reconsideremos pasadas decisiones que hoy nos hacen vulnerables a los actuales extremos. Es lógico que revisemos las ideas de resiliencia y su función para adaptarnos al cambio, no para recuperarnos de él.

> Vivimos en un tiempo de extremos climáticos sin precedentes.

Los extremos demográficos

Como explicaba en mi libro anterior, *La verdad profunda*, desde el final de la Edad del Hielo, hace unos doce mil años, hasta mediados del siglo XVII, se cree que la población mundial se mantuvo más o menos estable. En ese tiempo, las personas que nacían compensaban las que morían por causas tan diversas como ataques de lanudos mamuts o tigres de afilados colmillos o inviernos de un frío inclemente provocado por el cambio climático. De modo que durante unos once mil quinientos años, hubo menos de quinientos millones de personas en el planeta. Para hacernos mejor idea, la cifra significa que en ese tiempo *el número de personas que vivían de los recursos de nuestro planeta era menor que el de las que hoy viven en la India*.

A partir de 1650, la situación cambió y la población empezó a crecer. La figura 4.2 da idea de la velocidad a la que eso sucedió.

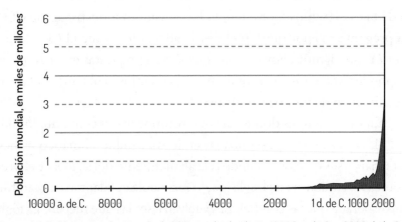

Figura 4.2. Población total estimada de la Tierra desde el año 10000 a. de C. a 2000 d. de C. El brusco incremento próximo al año 2000 empezó a hacerse evidente en 1804, cuando la población mundial alcanzó los mil millones. El espectacular crecimiento producido desde entonces no tiene precedentes en la historia del mundo, y es un factor fundamental de la mucha mayor demanda de energía, alimentos y otros recursos necesarios para el sustento de nuestra familia global. Fuente: EIT, dominio público.

Entre 1650 y 1804, la población se duplicó, hasta llegar a mil millones. Después, en solo ciento veintitrés años, se duplicó de nuevo, hasta los dos mil millones. Desde entonces, la tendencia ha continuado, a un ritmo cada vez más rápido. A medida que fue alcanzando los tres mil, cuatro mil, cinco mil y seis mil millones, los años empleados en sumar mil millones más fueron bajando: treinta y tres, catorce, trece y doce respectivamente. En 2012, nuestra familia global alcanzó el récord de siete mil millones de personas. Parece que desde entonces se ha reducido esa velocidad de crecimiento, pero este no ha cesado.

Como decía Joel E. Cohen, biólogo matemático y jefe del Laboratorio de Poblaciones de la Universidad Rockefeller, en *Scientific*

American: «La mayor tasa de crecimiento jamás alcanzada de, más o menos, un 2,10%, se produjo entre 1965 y 1970. La población humana nunca había crecido tanto antes del siglo XX y no es probable que lo vuelva a hacer».[6]

La parte positiva de las palabras de Cohen es que parece que la explosión demográfica tocó techo hace casi cincuenta años. La negativa, que la mayoría de las personas nacidas durante ese pico viven aún y han de encontrar recursos (alimentos, agua, vivienda y trabajo) que las sustenten a lo largo de toda la vida, cuya esperanza media mundial es hoy de sesenta y siete años. Aquí es donde confluyen la política, la tecnología, el modo de vida y los hábitos de las personas mayores y se forma el caldo de cultivo de las crisis sociales que vivimos en la actualidad.

La Agencia Central de Inteligencia de Estados Unidos (CIA), gracias a cuyos muchísimos recursos para reunir datos contamos con algunas de las informaciones más exactas y actualizadas posibles, explica la necesidad de registrar tales datos estadísticos:

> La tasa de crecimiento [de la población] es un factor determinante del peso de la carga que ha de soportar un país debido a las necesidades cambiantes de infraestructuras (por ejemplo, escuelas, hospitales, viviendas y carreteras), recursos (por ejemplo, alimentos, agua y electricidad) y empleo. Los países vecinos pueden ver en ese crecimiento de la población una amenaza.[7]

Aunque la tasa de crecimiento de la población alcanzó el pico entre 1965 y 1970, todavía hemos de buscar recursos para mantener a los nacidos durante ese crecimiento.

Los extremos energéticos

Hay una relación directa entre el número de habitantes del mundo y la demanda de energía. En capítulos posteriores hablaré de esta relación, pero aquí lo que interesa es que la creciente población mundial y el creciente número de personas que aspiran a un estilo de vida de intenso consumo de energía al modo occidental han situado la demanda de energía en niveles récord. Durante más o menos los últimos cien años, esta demanda se ha satisfecho mayoritariamente con combustibles fósiles.

En el siglo XIX, el carbón era tan abundante en Europa y Norteamérica, y tan asequible, que rápidamente se convirtió en el principal carburante del mundo. Durante más de cien años, el carbón alimentó los motores de las fábricas, los barcos y los trenes de la Revolución Industrial.

Se calcula que en los inicios de ese siglo en el mundo se producían unos diez millones de toneladas de carbón al año, con las que se atendía la demanda global de energía. En 1900, esa cifra se había multiplicado por 110, hasta más de mil millones de toneladas. Hoy, el carbón sigue siendo la primera fuente mundial de energía para mover las turbinas generadoras de electricidad. En 2010, se produjeron siete mil doscientos millones de toneladas en todo el mundo.

La Administración de Información sobre Energía de Estados Unidos calcula que, si se mantiene el ritmo actual de consumo, el mundo tiene reservas de carbón «económicamente explotable» para ciento cincuenta años.[8] Sin embargo, el carbón no es la energía empleada más allá de las redes eléctricas industriales. Para la calefacción, la cocina y los coches, dependemos del petróleo.

Después de la Segunda Guerra Mundial, el petróleo se convirtió en una fuente de energía segura, económica y popular. Desde entonces es la principal energía doméstica.

Al principio de la era del petróleo, las existencias de este parecían ser algo casi inagotable, pero el hecho es que se trata de un recurso finito, y no es lógico que dependamos de este recurso menguante para las crecientes necesidades energéticas del mundo en el futuro. Aunque sea intuitivamente razonable, fue un geólogo quien en la década de los cincuenta puso este en hecho en la debida perspectiva y determinó la disponibilidad mundial de petróleo. Ese geólogo fue M. King Hubbert.

Hubbert resumió en una fórmula los principales factores del petróleo (reservas estimadas, reservas demostradas, reservas recuperables, etc.), una fórmula que determina la cantidad de petróleo que existe y cuánto va a tardar en agotarse, y que, por ello, se ha convertido en la clave para determinar cuánto podemos esperar que duren las existencias.[9]

El resultado fue la curva estadística que hoy lleva su nombre, *curva de Hubbert*, más conocida como *pico del petróleo*. La figura 4.3 muestra el pico teórico del petróleo y la curva real derivada de la producción de petróleo. Los datos reales coinciden casi exactamente con la curva prevista. Resultados tan convincentes como estos se aplican hoy en cálculos globales, para hacernos una idea realista sobre cuánto van a durar las reservas de petróleo.

COMPARACIÓN DE LA PRODUCCIÓN REAL DE CRUDO Y LA ESTIMADA POR LA CURVA DE HUBBERT EN ESTADOS UNIDOS

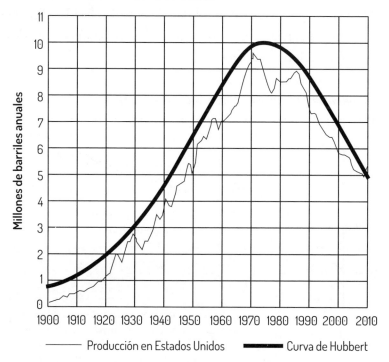

Figura 4.3. La ilustración muestra los cálculos del geólogo M. King Hubbert sobre el pico de producción de petróleo en Estados Unidos y la curva que representa la producción real. La comparación demuestra la precisión de los cálculos de Hubbert respeto a cálculos similares globales. Fuente: U.S. Energy Information Service.

¿El resultado? *Ya hemos superado el tiempo del pico del petróleo*, que se produjo hace aproximadamente veinticinco años, a mediados de los ochenta. Hemos entrado en una era de dependencia de un petróleo de más difícil extracción y producción más cara con el que satisfacer la demanda global de energía. El problema es que sabemos que el petróleo «barato» se ha terminado y las reservas mundiales están disminuyendo, pero la demanda aumenta año tras año. La figura 4.4 muestra cómo esta demanda empezó a superar la producción en la década de los ochenta. Aunque una cada vez mayor conciencia medioambiental, unida a automóviles más eficientes, de hecho ha reducido la demanda de petróleo en los países occidentales desarrollados, la demanda total del mundo sigue subiendo, debido principalmente a las economías emergentes, como las de India o China.

Hasta hace poco, la disponibilidad de petróleo ha ido a la par con su necesidad. Sin embargo, es evidente que esta relación no puede durar en las condiciones actuales.

PRODUCCIÓN Y CONSUMO MUNDIALES DE PETRÓLEO 1965-2000

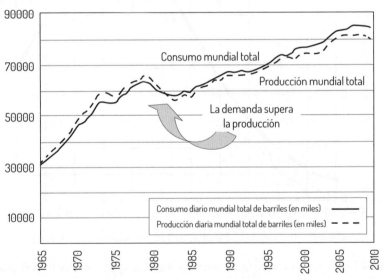

Figura 4.4. La ilustración muestra la producción global de petróleo comparada con la demanda global. Los datos demuestran dos tendencias claras: (1) a mediados de los años ochenta, la demanda de petróleo superó su disponibilidad y (2) la brecha entre la demanda y la producción va en aumento. Fuente: *BP Statistical Review of World Energy* (junio 2011).

Hoy, cuando la disponibilidad de petróleo barato está disminuyendo, los científicos han de buscar por tierra y mar, bajo kilómetros de agua y roca, los depósitos que puedan quedar, una realidad que hace más difíciles las perforaciones y aumenta los costes de la extracción y producción, que, por este mismo motivo, reportan menos beneficios. Esto se conoce como *retorno sobre la inversión* (ROI, por sus siglas en inglés). El menor ROI en la actual producción de petróleo ya es un factor que le da un nuevo sentido al término *pico del petróleo*.

El petróleo seguirá siendo un elemento importante para satisfacer las necesidades energéticas del mundo en el futuro previsible, pero lo va siendo cada vez menos porque energías distintas y renovables y los avances en la tecnología del gas natural están dándole la vuelta a la situación energética mundial.

Los extremos económicos

Cuando en mis seminarios observo al público, veo a menudo que la sola mención de la palabra *economía* genera un especial movimiento entre los presentes. Muchos la relacionan automáticamente con el dinero, un tema que parece tedioso y excesivamente técnico. Pero cuando les digo que en la economía mundial el dinero no es, ni mucho menos, lo más importante, se les despierta la curiosidad: «¿Cómo puede existir economía sin dinero?», preguntan. La respuesta sorprende a muchos.

Hablemos de la economía familiar o de la economía global, es verdad que *pueden* incluir el dinero, pero no es necesario que así sea. La economía global forma parte de la red de relaciones que tejen a las familias, las comunidades y las naciones del mundo. Esto significa que hemos de compartir lo que tenemos con otras personas que lo necesiten, y estas deben hacer lo mismo con nosotros. Sin economía, no podríamos compartir los alimentos, la energía, la medicina ni bienes que son esenciales para nuestra vida cotidiana.

Con esta idea de economía, el público de repente pasa de sentir cierta curiosidad a interesarse intensamente por el tema. Súbitamente, la cuestión se entiende con claridad: hablamos de sus vidas y de la propia esencia de los cambios que les afectan todos y cada uno de los días.

Analizar el tema de la economía mundial puede ser interesante en cualquier momento, pero hoy, en este tiempo de extremos, lo es por una razón muy importante: la economía está mal. Unos especialistas dirán que la economía global está fracturada y hay que curarla. Otros, que está completamente rota y *no* tiene curación. Pero, prácticamente todos convendrán en que la economía global tal como la hemos conocido está al borde de un abismo como ningún otro de los que hayamos conocido. Las causas de tan precaria situación son muchas, y las raíces de nuestra vulnerabilidad asoman en una serie de factores que empezaron el siglo pasado con el propio sistema bancario, pero ni unas ni otras se pueden analizar debidamente en unas pocas páginas. Y esta información, aunque es sumamente importante, en realidad no está en la base de los cambios que hoy podemos introducir en nuestras vidas para ser más resilientes. Por ello, voy a limitar esta parte del libro a dos elementos fundamentales que convergen en el panorama económico del mundo. Ambos contribuyen a nuestro tiempo de extremos y afectan a *tu* vida en este mismo momento. Son estos:

* Las monedas de reserva del mundo.
* Los niveles sin precedentes de deuda.

Uno y otro factor, por separado, son fáciles de entender. Si los unimos, reflejan una realidad. Esta realidad cobrará importancia en capítulos posteriores de este libro, que seguirán ocupándose de la creación de resiliencia en tu vida.

Así pues, empecemos...

Factor 1: el dinero que todos usamos

Después de la Segunda Guerra Mundial, la economía de Estados Unidos probablemente era la más fuerte del mundo, y estaba basada en la moneda más potente y estable: el dólar estadounidense. Por esta fortaleza y estabilidad, el dólar fue escogido como moneda para las grandes transacciones entre los países de productos como el petróleo, el oro y los alimentos. El 22 de julio de 1944, se convirtió oficialmente en la moneda de reserva del mundo. Una *moneda de reserva* es «la que es utilizada en grandes cantidades por muchos gobiernos e instituciones como parte de sus reservas internacionales».[10]

Disponer de una moneda global de reserva tiene sus ventajas y sus inconvenientes. Beneficia al país emisor, porque garantiza que siempre habrá demanda de esa moneda. También coloca a ese país en posición de ventaja en todo lo referente a los tipos de cambio y la compra de productos importados. El inconveniente es que la salud de la moneda de reserva afecta a todas las economías que la emplean.

En la actualidad, en el mundo se utilizan múltiples monedas de reserva. Todas ellas se guardan en una «cesta» en la que el dólar estadounidense y el euro ocupan el 90%. Como principales monedas de reserva que son, instituciones financieras y bancos mundiales guardan grandes cantidades de ambas (ver la figura 4.5). El 10% restante es la suma de monedas como la libra esterlina, el yen japonés y el franco suizo.

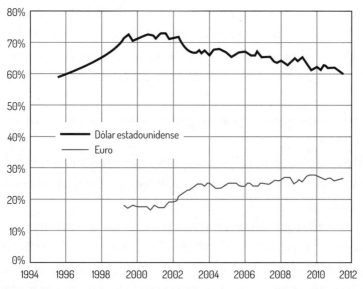

PORCENTAJE DE LAS DISTINTAS MONEDAS DE LA CESTA
DE RESERVA, DÉCADAS DE 1990 A 2010

Figura 4.5. El dólar estadounidense y el euro son las principales monedas de reserva de los bancos mundiales. En las grandes transacciones mundiales de productos como la energía o los alimentos se emplean estas monedas, por lo que su estabilidad afecta en gran medida a la economía global.

Esto significa que la salud del dólar y del euro afecta de forma muy importante a muchas economías mundiales, y aquí es donde empieza el problema. La deuda vinculada a las monedas de reserva es uno de los factores que contribuyen a nuestro tiempo de extremos.

FACTOR 2: DEUDA, DEUDA Y MÁS DEUDA

No es ningún secreto que la economía global está en crisis ni que la deuda es una parte importante del problema. Prácticamente no hay día en que los medios de comunicación no nos recuerden la crisis de la deuda en Europa o la descomunal deuda que el mundo acumula. La deuda siempre ha sido un factor fundamental para los gobiernos y los países, pero después de la crisis económica desatada en Estados Unidos en 2008, cuando se emplearon enormes cantidades de dinero para evitar un desplome bancario global, la deuda estadounidense y la mundial iniciaron una espiral descontrolada.

En el año 2012, por ejemplo, la deuda mundial alcanzó la cifra récord de 48,8 billones de dólares, más del doble de los 19,9 billones de solo diez años antes, en 2002. En otoño de 2013, la deuda global había aumentado hasta los impactantes 51,5 billones, siguiendo la que parece ser una tendencia de escalada que seguirá en el futuro predecible.[11] Esta situación nos coloca en un territorio inexplorado. Las mayores economías del mundo, como las de Estados Unidos, la Eurozona y Japón, por ejemplo, nunca antes acumularon una deuda que igualara o superara sus ingresos anuales, su producto interior bruto (PIB).[12]

Para resolver esta crisis, los países endeudados inyectan más dinero a sus reservas para pagar las facturas y para que el comercio no se detenga.

El término que se suele emplear para definir esta práctica es *imprimir*, pero en la actualidad solo se imprime una cantidad relativamente pequeña de moneda. Es más una cuestión de reservas monetarias y políticas monetarias expansivas, por ejemplo los programas de flexibilidad cuantitativa (QE1, QE2, QE3, etc.) diseñados para producir el efecto de inyectar dinero al sistema.

La buena noticia es que esta solución produce un efecto de afianzamiento de la economía mundial a corto plazo. Cada vez que se fabrica dinero, se cubren los gastos de la Seguridad Social, se paga a los funcionarios y parece que la vida sigue su curso habitual. El lado negativo es que se produce otro efecto que hace que esta solución sea insostenible a largo plazo.

Cuando se fabrica más dinero, sean dólares, euros o yenes, significa que hay más en circulación y el valor de cada unidad es menor. En otras palabras, como se dispone de más dinero, la moneda se debilita. Como ocurre con todo lo que se debilita, la consecuencia es que se necesita más cantidad de la misma moneda para pagar lo mismo que se pagaba antes, cuando era más fuerte. La conclusión es evidente: cuando la deuda aumenta y se fabrica más dinero para poder cumplir con nuestras obligaciones, el valor del dinero disminuye.

Esta devaluación del dólar ha sido un factor muy importante en la subida de precios que los estadounidenses han observado en gasolineras, comercios y farmacias. Entre 2000 y 2011, por ejemplo, el precio de la tonelada de maíz, uno de los alimentos más importantes del mundo, pasó de 75 a 310 dólares.[13] Entre 1998 y 2008, el galón de gasolina subió de una media de 1,02 dólares a una media de 4,02, nada menos que 294%.[14] Estos factores —la devaluación y la deuda— también generan problemas en zonas del mundo que dependen de las monedas de reserva para cubrir las necesidades diarias. La debilitación de las monedas de referencia debida a una deuda creciente ha situado los precios de los alimentos, la energía y la vivienda por encima de los presupuestos familiares en países cuyos ingresos anuales son mucho menores que los de los países occidentales más ricos.

> La deuda mundial sin precedentes y la consiguiente debilitación de las principales monedas clave que contribuyen
> a nuestro tiempo de extremos.

Teniendo en cuenta las condiciones climáticas extremas, la extrema demanda de energía y la presión extrema a la que están sometidas nuestras economías –todo ello agravado por niveles extremos de población–, podemos decir justificadamente que vivimos tiempos de tremenda volatilidad. Como observaba aquel hombre de la tienda de la gasolinera de quien hablaba al principio de este capítulo, las cosas no son como antes.

Tal vez lo haya expresado mejor Peggy Noonan, columnista de *The Wall Street Journal*: «Vivimos momentos trascendentales. Días que "harán historia"». Para explicar qué quiere decir con «harán historia», prosigue: «Vivimos una época que, dentro de cincuenta años, los expertos estudiarán y analizarán [...] Seremos para ellos, tú y yo, unos canosos veteranos de algo grande».[15] Creo que tiene mucha razón. En todas las partes del mundo a las que viajo, hay una sensación de que, realmente, vivimos un momento crucial.

En mi opinión, si somos capaces de determinar por qué se producen tantos cambios aparentemente inconexos, por qué se producen ahora y a dónde nos llevan, habremos avanzado mucho en la comprensión del cambio y del lugar que en él ocupamos. Con ello, también podremos generar un renovado sentimiento de esperanza y optimismo sobre nosotros mismos, nuestras familias y nuestras comunidades. Esta esperanza se podría convertir en nuestro denominador común, cualquiera que sea nuestra cultura, y nos da además una razón para pensar, más allá de nuestras diferencias, en la realidad que nos está cambiando a todos. La clave de nuestra supervivencia está en reconocer los hechos a los que nos enfrentamos: lo que cambia y lo que los cambios significan para nosotros.

> Nunca antes en el mundo moderno intentamos satisfacer las necesidades de tantas personas con unas menguantes reservas de tan escasos recursos, y todo en medio del actual cambio climático.

¿Extremos pasajeros o nueva normalidad?

Hasta hace poco, pensábamos que los extremos de los que acabo de hablar eran anomalías inconexas. La consecuencia de tal razonamiento es que vamos apagando fuegos, uno aquí y otro allá. Podemos hacerlo con muy diverso grado de éxito provisional, pero nunca llegamos al fondo de los problemas que son la causa de estos extremos.

Es la actitud del que sostiene un globo lleno de agua, observa que gotea por un lado, intenta taparlo e, inmediatamente, empieza a gotear por otro. En el caso del cambio climático, por ejemplo, se nos induce a pensar que si dejáramos de utilizar combustibles fósiles y adoptáramos un modo de vida limpio, verde y sostenible, de algún modo acabaríamos con el calentamiento que forma parte de nuestro tiempo de extremos. Comparto *totalmente* esta idea: soy partidario de las energías limpias, verdes y sostenibles y estoy de acuerdo en sustituir las bombillas de casa por otras de menor consumo y en que ir en bicicleta al trabajo o la escuela es más sano que hacerlo en coche, pero pensar que estos cambios de modo de vida son *la respuesta* tiene sus consecuencias.

Cada vez son más los ciudadanos y los políticos a quienes centrarse en estos recomendables cambios en el modo de vida les impide ver la dura realidad: todas las circunstancias jamás vistas indican que los cambios que intentamos detener en realidad son características de la nueva normalidad. En lugar de reconocer los hechos científicos, como los de la figura 4.1 —que explican los cambios climáticos del pasado, lo que siendo realistas podemos esperar hoy y cómo nos podemos *adaptar* a los cambios—, su modo de pensar apunta a que podemos volver a la vieja normalidad, por ejemplo al clima del siglo XX. El problema de este pensamiento es que pone el foco en detener e invertir los cambios, y no en crear la resiliencia necesaria para adaptarse a ellos.

> Se nos induce a pensar que podemos resolver los problemas, en lugar de adaptarnos a los extremos que se han convertido en la nueva normalidad.

Es este uno de los puntos en los que el tipo de conversación que mantengo contigo se puede hacer a veces incómoda y, para algunos, difícil. La razón es que significa reconocer la realidad de los extremos y su origen. La propia historia de nuestro planeta demuestra que hoy vivimos en un ciclo de grandes cambios climáticos que ya los antiguos pronosticaron. Los medios de comunicación, la ciencia popular y las aulas y los manuales tradicionales son reacios a reconocer la precisión de los antiguos cálculos que describen estos cambios, concretamente los ciclos de cinco mil ciento veinticinco años de los que habla el calendario mesopotámico. Una reticencia, sin embargo, que va menguando.

En un artículo publicado en 2004, Lonnie Thompson, glaciólogo de la Facultad de Ciencias de la Tierra de la Universidad del Estado de Ohio, explica un cambio climático repentino que se produjo hace unos cinco mil doscientos años y que nos da idea del que hoy experimentamos. Thompson revela que los descubrimientos de una serie de fuentes diversas, en varios lugares de todo el planeta, apuntan, todos, a una conclusión sorprendente. Desde el polen presente en muestras sacadas del lecho de lagos de Sudamérica y el metano de los testigos de hielo de Groenlandia y la Antártida hasta los datos de los anillos de árboles del Reino Unido y las plantas conservadas en las capas de hielo de los Andes peruanos, la historia que todos los registros cuentan es inconfundible: el clima cambió espectacularmente hace cinco mil doscientos años, y el impacto que produjo en nuestro planeta fue inmenso.

Lo interesante no es tanto el hecho de que se produjera un gran cambio, sino *cuándo* tuvo lugar. Normalmente imaginamos los cambios climáticos como algo que sucedió cuando los dinosaurios vagaban por la Tierra y los seres humanos, cuando aparecieron, vivían en las cuevas. La gran relevancia de los descubrimientos de Thompson es que, en la historia global, cinco mil años no es mucho tiempo. Para verlo en la debida perspectiva, el estudio revela que el cambio se produjo dentro de la historia humana registrada, solo tres mil años antes de Jesucristo, durante la Edad de Bronce. «Algo ocurrió entonces de dimensiones colosales» afirma Thompson.[16] Para explicar tal importancia, prosigue: «Las pruebas remiten claramente a ese punto de la historia y a algún suceso. *También apuntan a cambios similares que del mismo modo se producen en el clima actual* [cursiva del propio autor]».[17]

Estudios como los de Thompson nos dan nuevas ideas sobre los cambios que hoy vivimos y, tal vez lo más importante, sobre cómo nos podemos adaptar a ellos. He hablado en conferencias cuyos organizadores pensaban que no se debían hacer públicos los hechos relativos a nuestro tiempo de extremos. La razón que aducían para ocultar esta información era aún más preocupante que los propios datos. «No queremos asustar a la gente», me decían.

Comprendo el propósito de este tipo de comentarios, y creo sinceramente que son fruto de la responsabilidad y de una auténtica preocupación por los demás. Pero también creo que apaciguar la ansiedad de la gente puede que haya funcionado en algunas situaciones pasadas, pero seguir hoy con este pensamiento no tiene ningún sentido.

Cuando oigo este tipo de declaraciones, me recuerdan a la familia disfuncional que trata de enfrentarse a los brotes de cólera que dividen a sus miembros sin reconocer primero la causa de que se produzcan. La realidad es que esta forma de pensar no funciona para la familia, y no va a funcionar para el mundo. Nuestro tiempo de extremos nos ha puesto en un territorio inexplorado. Si en algún momento tuvimos que ser sinceros con nosotros mismos sobre la realidad a la que nos enfrentábamos, no se me ocurre otro mejor que el actual.

Suma de puntos críticos

Los estudios de prestigiosos «laboratorios de ideas» como el Instituto Worldwatch, fundado en 1974 para la investigación independiente de problemas globales importantes, el Instituto de Recursos Mundiales (WRI por sus siglas en inglés: World Resources Institute), fundado en 1982 para el análisis de las políticas medioambientales, y el informe *Evaluación de los ecosistemas del milenio* de la UNESCO, en el que participaron mil trescientos científicos de noventa y cinco países, demuestran claramente que las mejores mentes de nuestro tiempo van ya más allá de las pasadas advertencias para alertarnos de las peligrosas tendencias de la insostenibilidad. Vivimos hoy el momento del que nos advirtieron en el pasado, y la magnitud de los cambios que estamos viviendo indica que debemos ponernos en guardia y tomar nota.

En 2005, la revista *Scientific American* publicó un número especial —«Encrucijadas del planeta Tierra»— que confirmaba que vivimos un tiempo singular. En un apartado se explica que la humanidad «está entrando hoy en un período único de su historia».[18] El objetivo de ese número especial era determinar una serie de crisis globales que, si seguían descontroladas, podían acabar con la vida y la civilización humanas tal como hoy las conocemos: nuevas enfermedades hoy incurables, países con un uso energético intensivo que está agotando los recursos finitos del planeta, niveles de pobreza global nunca vistos antes y un desprecio generalizado por la salud de los mares, los ríos y los bosques lluviosos. La conclusión era unánime: si esperamos sobrevivir otros cien años, no podemos seguir viviendo como hasta ahora lo hemos hecho.

La Tierra no puede sostener nuestros hábitos. Más de mil científicos de diversas disciplinas concretaron esta idea en un informe publicado por el Foro Económico Mundial, con el acertado título de *Riesgos globales para 2013*.[19] La conclusión es que las condiciones del cambio climático y la tambaleante economía global abren la posibilidad de una «tormenta perfecta» de crisis que afectarán al mundo durante mucho tiempo.

La cuestión que estas y otras organizaciones someten a la consideración y la conciencia públicas es que todos los escenarios identificados en sus informes son catastróficos, y todos se dan actualmente. Los colaboradores de estos estudios e informes especiales no son los únicos que así evalúan nuestra situación, ni mucho menos. Basándose en hechos científicos, todos —desde autores independientes hasta miembros de las comunidades de inteligencia de Estados Unidos, incluidos el Pentágono y la CIA, para quienes las crisis ponen en peligro la estabilidad y la seguridad— han dado la voz de alarma, clara e inconfundible.

La alarma dice que *ya* tenemos problemas: la naturaleza se encuentra en un punto crítico y puede perder mares, bosques y animales que hacen posible la vida tal como la hemos conocido. Si a ello le sumamos la realidad de economías en quiebra, recursos más que menguantes, el cambio climático y la pérdida de industrias completas, y de los puestos de trabajo que generaban para familias y comunidades, entonces cada uno de los extremos adquiere nuevo significado.

Los diversos puntos críticos en los que se encuentran diferentes aspectos de nuestra vida nos llevan a un tiempo de *convergencia*. Se han dado muchas razones de que se produzcan tantas crisis en un período tan corto, pero parece que existe consenso sobre el conjunto: algo extraordinario está ocurriendo en nuestro mundo.

¿Cómo definir algo tan grande que fue previsto hace miles de años y que puede alterar todo tipo de vida en la Tierra, pero que es imposible resumir en una sola palabra o idea?

Tal vez debido precisamente a las tantísimas implicaciones de nuestro tiempo de extremos, hay tal reticencia a reconocer siquiera que estamos inmersos en algo tan grande. Quizás quien mejor resume las condiciones, las crisis y los retos a los que nos enfrentamos, con nuestras comunidades, nuestros países y nuestro mundo, sea al biólogo evolutivo E. O. Wilson. Argumentaba que vivimos lo que él denomina un tiempo de «cuello de botella», en el que «la presión sobre los recursos y sobre nuestra capacidad de resolver los problemas actuales llegará al límite.[20]

Visto que respetables organizaciones apuntan a los mismos problemas críticos y llegan a las mismas conclusiones generales, podemos ver claramente que estamos en medio de una extraña convergencia de factores que provoca una transición en nuestro mundo. La pregunta es: ¿A dónde nos lleva la transición?

¿Vamos hacia un mundo de destrucción? ¿O nos dirigimos a un mundo de transformación? La incapacidad de reconocer la imagen de conjunto y a dónde nos llevan las tendencias puede acabar por abocarnos al peor problema al que nos podemos enfrentar.

Afortunadamente, es un problema que se puede solucionar.

¿La convergencia de puntos críticos hará de nuestro tiempo de extremos una era de destrucción o de transformación? De nosotros depende.

Nosotros/ellos frente a nosotros

Si nos fijamos detenidamente en los grandes cambios del mundo, vemos un elemento común que delimita con exactitud la razón de tanto cambio y le da un enfoque claro y preciso. Es este: lo único que se está derrumbando son modos de pensar y de vivir que han dejado de ser sostenibles. El hecho de que tantos aspectos de la vida diaria se estén quebrando a tanta velocidad indica dónde no funcionan ya las ideas del pasado. Y de la deuda sin precedentes al pico del petróleo, el desplome simultáneo de grandes sistemas advierte de que ha llegado el momento de reconsiderar las propias creencias en las que hasta hoy hemos basado nuestras decisiones.

Hechos como estos han llevado a muchos expertos a pensar que este tiempo de extremos es también un tiempo de *crisis*. Pero la palabra *crisis* no significa necesariamente que ocurra algo malo. También puede significar que está ocurriendo algo *grande*.

Antes sentía aversión por la palabra *crisis*. Pero hace poco terminé por apreciarla por una razón: si decimos que estamos «en» crisis, significa que aún estamos a tiempo de resolver el problema. Si decimos que la crisis ha pasado, indica que nada se puede hacer ya. De modo que encontrarnos en medio de las crisis del cambio climático, la volatilidad económica y la producción de energía significa que tenemos la oportunidad de adaptarnos. Son consecuencias de una forma de pensar pasada que afrontamos hoy. El mundo ha cambiado, de ahí que debamos atender estos problemas de forma inmediata.

Nunca se ha pedido a tantas personas que cambien de forma de pensar y resuelvan tantos problemas en tan poco tiempo.

Vivimos en un mundo donde todo está conectado. En lo que se refiere a las consecuencias de nuestra manera de vivir, ya no podemos pensar desde la perspectiva de *nosotros* y *ellos*. Hoy todo está en *nosotros*. Precisamente para propiciar un mayor sentimiento de *nosotros* desarrollamos la red global Internet que nos vincula a todos, la industria del transporte que nos lleva de unos países y continentes a otros, los mercados financieros que operan ininterrumpidamente y las redes de teléfonos móviles que nos permiten escribir mensajes de texto a las tres de la madrugada a seres queridos que viven en la otra parte del mundo. La finalidad es co-nectarnos. Pero se ha convertido en una espada de doble filo: gracias a la conexión global compartimos todo lo bueno –música, arte, cultura y celebraciones–, pero también lo no tan bueno –los problemas de escasez de energía, alimentos y dinero.

Durante un viaje reciente a Cuzco, antigua capital de Perú situada a gran altitud entre las montañas de los Andes, fui testigo de la lujosa apertura de un restaurante McDonald's. Estaba situado muy cerca de la histórica catedral del siglo XVI, que alberga una de las reliquias más antiguas de la Iglesia católica en el Nuevo Mundo. En la zona hay muy poco ganado vacuno, pero abundan las alpacas, un animal parecido a la llama. Así que la versión andina de la Bic Mac en realidad consta de dos hamburguesas de carne de alpaca cubiertas por la famosa salsa especial en un bollo de sésamo.

Vi lo mismo en Lhasa, la capital del Tíbet, situada a más de 3.500 metros sobre el nivel del mar, y donde la carne local, el yak, sustituye a la de vacuno que se utiliza en Occidente. A los tibetanos de la zona les encanta bromear sobre la hamburguesa Big Yak que ha sustituido a la tradicional Big Mac. La cuestión es que la globalización ha convertido McDonald's, Starbucks y KFC, por ejemplo, en imágenes familiares en lugares remotos del mundo, como lo vienen siendo desde hace dé-cadas en las mayores ciudades de Estados Unidos y Europa.

La misma unidad que hace posible compartir la cultura, la moda, la música y el arte también hace inevitable que los grandes problemas de una parte del mundo afecten a la vida de comunidades enteras de otras partes del mundo.

Esto significa que los efectos del cambio climático, por ejemplo, son visibles en la subida de los precios como consecuencia de las me-nores cosechas en los campos hostigados por la sequía, la ralentización de la economía global se muestra en el cierre de fábricas y la pérdida de puestos de trabajo en nuestros barrios y el aumento de la deuda global asoma en la debilidad de nuestra moneda local y los bajos in-tereses que se nos abonan en los planes de ahorro y jubilación. Estos simples ejemplos demuestran claramente que ya no podemos separar el mundo de «ahí fuera» de lo que ocurre en nuestra mesa familiar, nuestras aulas y nuestros despachos.

Esta unidad también significa que no podemos seguir separando la espiritualidad de nuestras vidas. Durante la sesión con los medios de comunicación y las entrevistas previas a todo seminario público, es habitual que el entrevistador me pregunte si voy a hablar de «algo» científico o «algo» espiritual. Mi respuesta no suele ser la que quien me pregunta espera oír: «¿Dónde traza usted la línea de separación entre la espiritualidad y nuestra vida cotidiana?», le replico.

Es una pregunta importante, porque la distinción artificial entre ciencia y espíritu es precisamente lo que nos tiene atascados en esa forma de pensar que nos impide adaptarnos a las crisis actuales.

«¿Hay algo más espiritual –pregunto– que aplicar las verdades más profundas reveladas por la ciencia como soluciones prácticas a nuestra vida de todos los días?»

La crisis del propio cambio

Cuando vivimos grandes cambios en la vida, tendemos a pensar que se trata de crisis. Lo que antes decía sobre el cambio climático es un ejemplo perfecto. Cuando el clima mundial empezó a cambiar, sorprendió a muchos. Aunque las enseñanzas de diferentes tradiciones indígenas de todo el planeta llevan años advirtiéndonos de que estos cambios se van a producir, y la historia geológica de la Tierra demuestra claramente que está «en curso» un cambio cíclico del clima, lo habitual es que sigamos con nuestro trabajo y nuestras rutinas diarias como si no esperáramos nada de todo eso. Y no es extraño que así sea. Para quienes viven en la actualidad, los patrones climáticos de aproximadamente los últimos cien años se habían convertido en algo familiar, regular y previsible. Las temperaturas y las estaciones de siembra y cosecha en el campo habían sido tan seguras como que después de la noche viene el día. Luego, de repente, todo cambió.

Mi esposa y yo hemos vivido personalmente este cambio en el alto desierto del norte de Nuevo México. La zona es conocida por su baja humedad, mucho sol y un clima generalmente suave. La lluvia es escasa durante la mayor parte del año, pero el desierto de Nuevo México ha experimentado tradicionalmente lo que la gente del lugar llama lluvias de temporada en los meses de verano. Todos los años, con la precisión de un reloj, en julio entra el aire cálido y húmedo del Golfo de México y choca con el aire frío y seco que baja de las montañas de Colorado y Nuevo México. Todas las tardes, estas dos masas, al juntarse, generan un extraordinario espectáculo de rayos y truenos. Los chubascos se repiten durante gran parte del verano. Es decir, se repetían hasta hace poco.

Nuevo México y gran parte del suroeste desértico están viviendo una sequía permanente desde hace varios años. Por primera vez en lo que recuerdan los residentes desde hace muchas generaciones, los ganaderos locales tienen que vender el ganado y los agricultores abandonar los campos porque ya no los pueden mantener. Para la gente y la economía de Nuevo México, el cambio climático es una crisis que obliga a cambiar de manera de pensar y de vivir.

Sorprendidos

El 30 de julio de 2012 pasará a los registros como la noche que sorprendió a los meteorólogos. Vieron los patrones convergentes de calor y humedad en las pantallas de sus radares, pero el tamaño y la importancia de las tormentas que esos patrones generaron les sorprendieron incluso a ellos: «El carácter generalizado de la imagen [del radar] que vimos era algo excepcional —declaró Stephen Konarik, meteorólogo del Servicio Nacional de Meteorología—. No estábamos preparados para la magnitud de lo que sucedió».[21]

Los costes de los daños provocados por la tormenta que se extendió del alto Medio estadounidense hasta la Costa Este fueron de aproximadamente tres cuartas partes de los causados por el huracán Irene (agosto de 2011), uno de los peores de la historia de Estados Unidos. Pese a la intervención de seiscientos trabajadores de los servicios de seguridad y los cuerpos especialistas de emergencia, llegados de sitios tan lejanos como Texas, Míchigan y Florida, los habitantes de la zona se quedaron sin electricidad hasta bien entrada la semana siguiente. Un residente señalaba que la tormenta sorprendió a todos:

«Creo que fue una sorpresa para todos, al parecer hasta para ellos».[22] *Ellos* eran los meteorólogos.

Este tipo de tormentas puede sorprender a los meteorólogos, pero no a quienes viven de cerca estos ciclos de la naturaleza. Prácticamente todos los textos antiguos y tradiciones indígenas nos han advertido de que estamos exactamente en el momento en que podemos esperar vivir enormes cambios en muchos ámbitos de la vida, incluidos los climas global y local. Sabían que el cambio se acercaba, por una razón muy simple: porque *siempre* lo hace.

Como decía en mi libro *El tiempo fractal* (Hay House 2009, Editorial Sirio 2012), más o menos cada cinco mil años la conjunción de los ciclos del Sol y la posición de la Tierra provoca cambios masivos en el mundo, como los que describen los estudios geológicos de los que hablaba antes. El hecho de que dichos cambios hoy estén documentados científicamente añade credibilidad al saber de nuestros antepasados. Son cambios cíclicos, previsibles y simples de calcular, por lo que no es difícil distinguir cuándo se produjo el último gran cambio y, después, calcular cuándo se va a producir el siguiente. La esencia de los cambios descritos por quienes los vivieron en el pasado sigue un esquema universal fijo e intuitivo. Es fundamentalmente un mapa de relaciones que explica los extremos de nuestro tiempo (ver la figura 4.6).

Este mapa ayuda a entender la realidad oculta en las crisis a las que hoy nos enfrentamos: *si el mundo cambia, cambiamos nosotros*. Cambiamos como individuos. Cambiamos como comunidades y sociedades ante nuestro mundo cambiante. Y cuando vemos la magnitud de lo que está aconteciendo ahora mismo, podemos estar completamente seguros de que nos encontramos en medio de un gran cambio de nuestras vidas, como lo pueden estar nuestros seres queridos, familias y vecinos.

También podemos estar seguros de que estos cambios se están produciendo a gran velocidad. Cuando vemos que la naturaleza se ve llevada al límite de lo posible para que la vida se pueda sostener, los extremos nos empujan como personas, familias y comunidades. Nos empujan a veces de forma clara y a veces de forma sutil.

Los extremos de la vida nos obligan a considerarnos de manera distinta y a replantearnos cómo mantener nuestros empleos, profesiones, salud y relaciones. Para entender las aparentemente incomprensibles dificultades que afectan a todos los ámbitos de la sociedad, se nos empuja a mirar más allá del saber que nuestros padres nos han transmitido, y del que sus padres les transmitieron. Aquí es donde el mensaje que anida en la mayoría de las tradiciones espirituales más queridas —nuestra unidad con el mundo y los ciclos de la naturaleza— adquiere hoy un significado nuevo, y una relevancia nueva, en la vida cotidiana.

SI EL MUNDO CAMBIA, CAMBIAMOS NOSOTROS

La Tierra cambia su relación con el Sol de forma cíclica

La relación Tierra/Sol cambia el clima del mundo

El cambio climático global provoca extremos climáticos locales

Los extremos climáticos hacen menos previsibles las cosechas de alimentos

Cambiamos cuando hemos de decidir cómo nos vamos a interrelacionar en estos tiempos de extremos: hemos de escoger entre la cooperación o la competencia

Figura 4.6. El esquema muestra cómo los cambios cíclicos de la ubicación de la Tierra en el espacio (inclinación, órbita, ángulo y tambaleo) se traducen en cambios cíclicos que condicionan a las civilizaciones humanas. Fuente: *La verdad profunda.*

Nuestros antepasados en general comprendían las relaciones que se muestran en la figura 4.6, pero no estoy diciendo que todos y cada uno de los miembros de cada grupo de edad de todas las tribus indígenas poseyeran este conocimiento. Lo que digo es que el tema del cambio cíclico provocado por la ubicación de la Tierra en el espacio, y el consiguiente impacto en nuestro planeta y nuestras vidas, parece que ha sido un principio aceptado en la visión del mundo de nuestros antepasados. Y es fácil entender por qué. Una vez que los guardianes de la sabiduría, desde los mayas del Yucatán y los escribas del antiguo Egipto hasta los estudiosos de los ciclos *iugás* hindúes, determinaron el movimiento terrestre en los cielos, el resto sencillamente se entendía.

Sin embargo, hasta que la ciencia moderna los confirmó hacia mediados del siglo XX, estos conocimientos solo los poseyeron las culturas indígenas.

Ahora ya lo sabemos

La nuestra es una historia de aceptación de los cambios y de una asombrosa capacidad de convertir los extremos en transformación. La geología demuestra que hace entre veinte mil y treinta mil años el clima del planeta cambió repentinamente y de forma espectacular. Desde los cuerpos de lanosos mamuts hallados aún con el último bocado en la boca hasta los fósiles de plantas tropicales descubiertas en la Antártida, el registro geológico de la Tierra confirma que el clima cambió radicalmente en el pasado, de tal forma que nuestros ancestros tuvieron poco tiempo para adaptarse. No recordaban nada que pudiera haberles preparado para lo que estaba ocurriendo ni que les dijera qué convenía hacer. Sabemos que se adaptaron al cambio inesperado y que su capacidad de hacerlo les reportó grandes beneficios. No solo sobrevivieron, sino que las poblaciones aumentaron y sus descendientes —nuestros antepasados— migraron por todo el mundo para poblarlo en mayor extensión que antes de la congelación.

Más recientemente, hemos demostrado nuestra capacidad de unirnos como una familia global para superar algunos de los mayores cambios del mundo moderno. La capacidad de reconstruir la economía mundial después del desplome de la bolsa en 1929 es un claro ejemplo de este tipo de unidad. El renacimiento nunca visto antes que tuvo lugar en Europa y Japón después de la destrucción provocada por la Segunda Guerra Mundial es otro ejemplo de lo que quiero decir. La cuestión es que siempre que nos hemos enfrentado a grandes problemas, lo habitual ha sido estar a la altura de las circunstancias y conseguir toda la cooperación necesaria para afrontar el desafío. Sin embargo, en la antigüedad había una diferencia fundamental.

En todos los grandes cambios de nuestro mundo, lo habitual ha sido enfrentarnos a una sola crisis, por ejemplo la quiebra de la economía, la devastación de la guerra o una pandemia.

Sabemos muy bien cómo enfrentarnos a los problemas de las crisis de una en una. Lo que hace tan distinto al desafío actual es que estamos ante múltiples crisis que convergen en la misma ventana de tiempo. Este hecho es el que hace que nuestra época de extremos sea tan distinta del pasado.

Si no cambiamos radicalmente de forma de pensar, sabemos con razonable certeza a dónde nos lleva el curso de los extremos del mundo. Para afrontar con éxito el reto que tenemos frente a nosotros, debemos responder tres preguntas fundamentales. Como individuos, como naciones y como familia global, nos hemos de mirar honestamente en el espejo de nuestras vidas y preguntarnos:

- ¿Cómo podemos resolver los problemas que nos acucian si no nos los planteamos seriamente?
- ¿Estamos dispuestos a aceptar nuevos descubrimientos que desvelan las más profundas verdades de nuestra relación con nosotros mismos y con el mundo?
- ¿Cómo nos adaptamos a un mundo cambiante mediante la aplicación de los principios de la ciencia y la espiritualidad actuales a la vida cotidiana?

En diciembre de 2012, tuve ocasión de plantear estas mismas preguntas a un sanador indígena que vive en las selvas de la península mexicana del Yucatán. Una vez superadas las barreras lingüísticas y de traducción, las respuestas afloraron enseguida. Empezó por desenrollar un tapiz que le había prestado un vendedor local.

«*Un hombre conforme a mi corazón*»,* pensé. Vi en aquel tapiz el equivalente ancestral a las diapositivas de PowerPoint que utilizo para ilustrar mis ideas ante públicos de todo el mundo. La imagen de aquel colorido tejido mostraba claramente el Árbol de la Vida maya. Con el dedo señaló los trece niveles del cielo (el mundo superior) por encima del suelo, los nueve niveles del mundo subterráneo por debajo del suelo y las ramas y raíces de la *ceiba* (seda vegetal), el árbol sagrado que conecta los mundos.

La idea de un mundo superior y otro subterráneo (o muchos de ellos) puede parecer de entrada un reflejo de la idea cristiana del cielo y el infierno, pero hay una diferencia importante. En la tradición maya, los niveles del submundo no se consideran lugares malos reservados a quienes hayan cometido alguna maldad. Ni se entiende que los cielos son solo para las personas bondadosas que realizan buenos actos. El sanador hablaba de los cielos y de los mundos subterráneos como partes de una experiencia continua.

Dijo que todos experimentamos los cielos y los mundos subterráneos como parte de nuestro gran viaje de la vida, que se fundamenta en ciclos. El impulso de los ciclos de experiencia en todos los mundos y en todo lo que constituye nuestra vida es una fuerza imposible de representar con imágenes. De hecho, no se puede representar de ningún modo. Abarca todo lo que existe, y por ello trasciende de toda descripción. El nombre de esta fuerza en la lengua maya del Yucatán es *Hunab Ku*.

Estos conocimientos eran la base de la respuesta del sanador a mis preguntas. Me explicó que la clave de la sabiduría de sus ancestros y el conocimiento que tenían del cambio es que no se separaban del mundo, como hoy hacemos nosotros. No separaban una experiencia de otra. No separaban la ciencia ni la espiritualidad de la vida cotidiana. Desde el movimiento de las estrellas hasta los ciclos del agua, todos los aspectos de la vida se entendían como parte del todo, facetas de

---

* El autor hace referencia a cierto pasaje de la Biblia, Hechos 13:22: Después de quitarlo, les levantó por rey a David, del cual Dios también testificó y dijo: «He hallado a David, hijo de Isaí, un hombre conforme a mi corazón, que hará toda mi voluntad».

esa única experiencia continua. Gracias a esta visión del mundo, los guardianes mayas de la sabiduría alcanzaron tan sólidas ideas sobre los ciclos del tiempo y el cambio de la naturaleza.

Escuché atentamente lo que me contaba mi nuevo amigo. Se ha dicho que la historia se repite. Es posible que también se repita el saber del pasado, mostrándose una y otra vez y apareciendo exactamente cuando se lo necesita. Esta especie de visión holística, la exposición de la continuidad interrelacionada de la vida, es la que hoy reaparece en las conclusiones de la mejor ciencia actual. Tanto el saber científico como el de los pueblos indígenas nos recuerdan que formamos parte de todo lo que vemos. Esto significa que somos parte también de las soluciones. Lo fundamental es que para poder reconocer esta conexión nuestra, antes debemos cambiar de perspectiva.

Este pensamiento evolutivo es el que nos da fuerza para cambiar y dejar de limitarnos a la hora de reaccionar a nuestro tiempo de extremos, para vivir la resiliencia que se convierte en nuestra transformación.

CAPÍTULO 5

LA BUENA NOTICIA
Ya tenemos las soluciones

Todo problema, por grande y difícil que sea, lleva en sí mismo la solución. Para encontrarla, hemos de cambiar de modo de pensar.

NIELS BOHR, premio Nobel de Física

S e ha dicho que los humanos somos criaturas de costumbres. Tal vez Warren Buffet, parafraseando al escritor del siglo XVIII Samuel Johnson, fue quien mejor lo explicó cuando dijo: «Las cadenas de la costumbre son demasiado ligeras para sentirlas, hasta que son demasiado fuertes para romperlas».[1] Si somos sinceros con nosotros mismos, estas palabras seguramente son tan ciertas hoy como cuando Johnson mostró su versión hace más de doscientos años. *Somos* criaturas de costumbres, y precisamente por esta razón cualquier tipo de cambio nos es difícil. Suele ser más fácil seguir con las formas familiares del pasado, aunque sean costumbres que ya no nos convengan, que enfrentarse a las incertezas que lo «nuevo» nos trae.

Peter Drucker, cuyos escritos se han convertido en el modelo de la empresa moderna, señala: «En nuestros días todo el mundo acepta que el cambio es inevitable, pero es como la muerte y los impuestos: hay que postergarlo lo más posible y ningún cambio es preferible sin reservas. No obstante, en un período de conmociones como el que estamos viviendo, el cambio es la norma».[2] Mi abuelo hubiera estado de acuerdo.

Antes de su fallecimiento a los noventa y seis años, se pasaba horas hablándome del mundo y de cómo era en su tiempo. Nació en

Europa del Este a principios del siglo pasado y, como narro en *La verdad profunda*, siempre empezaba sus historias diciéndome lo distinta que era la vida de sus días de la actual. Yo sabía que lo que me contaba era verdad, y cada vez que le escuchaba compartir sus recuerdos entendía mejor aún a qué se refería. Me hablaba de un mundo que yo solo podía imaginar: un mundo en el que los carros tirados por caballos todavía tenían preferencia de paso si se encontraban con los recién inventados automóviles y donde en muchas casas no había electricidad y los teléfonos eran muy raros. Era un mundo en el que no existía una red de carreteras y los aseos dentro de casa eran un lujo.

Mi abuelo siempre decía que después de la Segunda Guerra Mundial todo dejó de tener sentido para él. Fue en esa época cuando los nuevos descubrimientos científicos, y los cambios en la vida cotidiana, se sucedían con tal rapidez que él no podía seguirles el paso. La ola tecnológica de posguerra produjo innovaciones como los aviones de reacción, los transistores, los escáneres de código de barras y los faxes, y a mi abuelo todo le parecía una locura. No podía mantenerse en contacto con los cambios de su alrededor, por lo que se sentía marginado, como un extraño en su propio mundo. Nunca se adaptó a las nuevas tecnologías. El cambio que se produjo después de la Segunda Guerra Mundial le supuso el inicio de una crisis que se prolongó hasta el final de su vida.

Diseñados para cambiar

Hay un hilo común que une el mundo que mi abuelo conoció después de la Segunda Guerra Mundial con el mundo en el que hoy vivimos. Los dos son producto de un enorme cambio producido en muy poco tiempo. Las personas que vivieron en ambos tuvieron que cambiar su modo de pensar y de vivir, y de una forma para la que no estaban preparadas. Y tal vez lo más importante fue que no estaba previsto que ninguno de los dos mundos durara para siempre. La tecnología de los dos estaba *diseñada* para el cambio. Por ejemplo, la hoy impensable baja eficiencia de consumo de carburante de los potentes coches de los años sesenta, algunos de los cuales consumían más de 20 litros por 100 kilómetros, estaba *destinada* a dar paso a los motores mucho más eficientes de hoy, que suelen consumir menos de la mitad. Las cintas de ocho pistas de los magnetófonos estaban *destinadas* a ceder el paso a los casetes, después a los CD y finalmente a la energía pura de unos y ceros de los aparatos electrónicos de la actual era digital.

A escala mayor, la red eléctrica decimonónica de hilos y cables que aún hoy conecta nuestras casas, familias y países estaba *destinada* a ser provisional. Nunca se pensó que llegaría al siglo XXI. Cuando el inventor Nikola Tesla diseñó el sistema que permite transportar corriente alterna a grandes distancias, lo hizo para darle a la gente acceso inmediato a las comodidades que la electricidad podía llevarles a sus casas y a sus negocios. Estaba pensada para prestar un servicio temporal, mientras Tesla perfeccionaba otro sistema que transportaría energía sin el engorro de los hilos, postes y cables, de modo muy parecido a como se emite la señal de la televisión. Por razones políticas, Tesla no encontró financiación y nunca pudo completar su sistema de electricidad sin cables. Uno de los mayores genios de la electricidad de todos los tiempos, Nikola Tesla, murió en 1943, y su red eléctrica «provisional» sigue con nosotros, más de cien años después de lo que estaba previsto que durara.

Estas formas familiares de tecnología son ejemplos de modos de pensar que nunca se creyó que fueran el punto final de soluciones eternas. Al contrario, se los tuvo por los puentes por los que íbamos a dar los siguientes pasos. Esta conciencia sutil pero profunda es la que nos ayuda a muchos a sentirnos un poco mejor sobre nuestro mundo cuando parece que todo se haya trastocado. Como decía en el capítulo 4, el detonador de los muchos cambios actuales es que los modos de pensar y vivir del pasado ya no son sostenibles. No es que sean malos o estén equivocados: simplemente los hemos superado. Ya no encajan en nuestro mundo.

> Gran parte del mundo que conocemos estuvo destinada a ser el puente a una mejor forma de vida, y no el punto final e inmutable.

Un programa visionario

El 25 de mayo de 1961, el presidente John F. Kennedy compareció ante el Congreso de Estados Unidos, reunido en sesión especial, para anunciar algo que iba a cambiar para siempre el destino del país y el curso de la historia de la humanidad. Con estas palabras, el mundo cambió: «Creo que esta nación se ha de comprometer a alcanzar el objetivo, antes de que concluya la década, de poner un hombre en la Luna y devolverlo sano y salvo a la Tierra».[3]

Con esta declaración, Kennedy puso en marcha el descomunal esfuerzo de coordinar la tecnología, las empresas, las investigaciones y la financiación que sería necesario para alcanzar esa meta. Solo la construcción del canal de Panamá en tiempos de paz, y el secretísimo Proyecto Manhattan en tiempos de guerra, se podían comparar con la magnitud y el alcance del objetivo de Kennedy de ir a la Luna.

En la que seguramente fue la demostración más impresionante de cooperación militar y civil jamás conseguida, su visión se hizo realidad. Ocurrió exactamente como él había dicho, y en menos tiempo del que imaginó. En los ocho años que mediaron entre el discurso de Kennedy y el primer paso de la humanidad en la Luna, se elaboraron los planes, se fabricaron los sistemas de propulsión, se enmendaron los errores y la cápsula espacial que iba a transportar preciosas vidas humanas pasó de las mesas de diseño a la torre de lanzamiento. El 16 de julio de 1969, el impresionante cohete *Saturno V*, de 110 metros de altura y 3.200 toneladas de peso en el momento del lanzamiento, se desprendió de la torre de Cabo Kennedy y se elevó para llevar a tres hombres a la Luna. Cinco días después, el astronauta Neil Armstrong anunció el alunizaje con las hoy inmortales palabras: «Es un pequeño paso para un hombre, pero un gran salto para la humanidad».[4]

Cuando se habla de aquella impresionante hazaña, una de las primeras preguntas habituales es: ¿cómo se pudo hacer tan deprisa? ¿Cómo se pudieron fabricar los materiales, desarrollar la tecnología y completar los sistemas en menos de diez años? La respuesta es la razón de que comparta aquí esta historia. El éxito de la misión y el calendario fueron posibles por la acertada conjunción de dos factores.

En primer lugar, ya se disponía de las partes más importantes de la tecnología necesaria. Integrar tantísimos sistemas y componentes era una tarea monumental en sí misma, pero ya existía gran parte de las teorías, los materiales y los sistemas de comunicación. De ahí la importancia del segundo factor. Aunque ya se disponía de buena parte de la tecnología, nadie, ni en el mundo empresarial, ni en la administración, se había propuesto antes unirlo todo. Cuando el líder del país de tecnología más avanzada de la Tierra lo hizo con su discurso, sus palabras dieron permiso a científicos y administradores para ponerse a trabajar. El mandato presidencial abrió las compuertas de la innovación y los recursos para la exploración del espacio y mucho más. En otras palabras, *Kennedy hizo de nuestro viaje a la Luna una prioridad*.

Hoy nos encontramos en una situación parecida. Pero, en lugar de mandar humanos a la Luna, nuestra misión se refiere a lo que está sucediendo ahora mismo en la Tierra. Del mismo modo que en los años sesenta ya se disponía de la tecnología necesaria para los viajes espaciales, hoy contamos ya con los conocimientos y los medios para aliviar el sufrimiento humano que se ha convertido en el sello distintivo de nuestro tiempo de extremos. Poseemos la capacidad de dar de comer a todos los hombres, mujeres y niños que viven en el mundo.[5]

- Hecho: la agricultura mundial produce hoy un 17% *más* de calorías que hace treinta años, suficiente para al menos 2.720 kilocalorías por persona y año.[6]
- Hecho: la causa de la malnutrición y el hambre no es la escasez de alimentos. Son consecuencia de la pobreza, unos sistemas económicos nocivos, los conflictos bélicos y, en grado menor pero creciente, las sequías, las inundaciones y los patrones climáticos impredecibles derivados del cambio climático.[7]

Ya disponemos de energías limpias, sostenibles y al alcance de todas las viviendas que las necesiten. Parece que el cambio global hacia este tipo de energía no se produce de forma inmediata, sino por fases.

- Hecho: la primera fase del cambio de modelo energético se produce con el uso del gas natural licuado. Es de combustión más limpia, produce un 50% menos de CO_2 y es más económico que el carbón y el petróleo. No es la respuesta definitiva a nuestra creciente necesidad de energía, pero demuestra que se está llevando a cabo un cambio en el modo de pensar, es un paso en la buena dirección.[8]
- Hecho: la tecnología que hace posibles las energías «alternativas» va mejorando despacio y de forma sistemática. Algunas de estas energías son la solar, la geotermal y la eólica, unas energías que ya pueden servir de complemento de otras convencionales y generar resiliencia ante los problemas energéticos locales.[9]
- Hecho: poco a poco se van implementando fuentes de energía que, según los estándares actuales, parecen extravagantes, para sustituir a todos los carburantes fósiles y ofrecer una serie de alternativas limpias y sostenibles que puedan satisfacer las necesidades de una población que no deja de aumentar.

Ya sabemos cómo aliviar la ignominiosa pobreza del mundo, fuente de penuria y sufrimiento.

- Hecho: Está en funcionamiento el Objetivo de Desarrollo del Milenio de Naciones Unidas de reducir la pobreza más extrema de la Tierra (la de quienes viven con menos de 1,25 dólares al día). El primer objetivo, reducir a la mitad, entre 1990 y 2015, el porcentaje de la población mundial que vive en ese estado de pobreza, se alcanzó ya en 2010, *cinco años antes de lo previsto*. Esto demuestra que es posible el cambio real y sienta las bases para un esfuerzo aún mayor.[10]

Realidades como estas demuestran que ya existen los elementos para grandes soluciones. En lo que al tema de este libro se refiere, lo que hace falta aún es esa visión que el presidente Kennedy ofreció en 1961: *el cambio de pensamiento* que da prioridad a estos objetivos.

> La clave para hacer realidad nuestros sueños es darle prioridad
> en la vida al objeto de nuestra visión.

No faltan soluciones

Los ejemplos anteriores demuestran que se puede alcanzar el cambio significativo sin tener que esperar a que pasen generaciones. Las Naciones Unidas disponen de los recursos y la motivación para reducir significativamente la pobreza del mundo en menos de veinte años, por ejemplo. De modo que sabemos qué nivel de cambio es posible, pero nadie, hasta hoy, le ha dado prioridad a movilizar los inmensos recursos de que disponemos e implementar cambios a escala planetaria. En el caso de que se hiciera tal declaración visionaria, las soluciones existentes enseguida podrían poner fin a las muchas y diversas formas de sufrimiento de nuestras familias y comunidades. A falta de esta declaración, nos encontramos con que somos testigos de un mundo en el que las soluciones que podrían dar esperanza siguen ocultas.

Cuando aseguro que los grandes problemas del mundo ya están resueltos —es decir, los problemas que la *tecnología* puede solucionar—, no son raras las muestras de asombro entre el público que me escucha. Del mismo modo que la tecnología para la exitosa misión a la Luna ya existía cuando Kennedy pronunció su discurso, las soluciones a los grandes problemas de nuestras vidas —por ejemplo, el cambio social, la creación de comunidades y ciudades sostenibles y demás— existen ya.

Diversos líderes y pensadores visionarios han creado organizaciones y escrito excelentes libros para demostrar todo lo que podemos alcanzar, pero hacerles justicia a todos escapa al alcance de estas páginas. Por esta razón he escogido unos pocos ejemplos de diversos campos que ilustran cuántos esfuerzos ya se han realizado para conseguir el tipo de cambio del que estoy hablando. Para saber dónde debemos empezar no son necesarias grandes elucubraciones. Otras personas ya lo han determinado, y algunas han dedicado toda su vida a hacer los preparativos para evitárnoslos a nosotros.

No digo que cualquiera de los que siguen sea el único plan de este tipo, pero quisiera que te fijaras en la profundidad y la calidad de las soluciones que están a nuestro alcance: los planes que se han elaborado y la forma de llevarlos a cabo que ya se ha diseñado. La rueda está en marcha.

Ahora la pregunta es: ¿a qué estamos esperando?

Plan B

Una de los voces más influyentes en el esfuerzo por educar y movilizar al público en general hacia un cambio significativo de nuestro modo de pensar y vivir es la del que fue director del Worldwatch Institute (Instituto de Vigilancia Mundial) el analista medioambiental Lester R. Brown: «Estamos en plena carrera entre los puntos críticos de la naturaleza y nuestros sistemas políticos», indica.[11] En un osado intento de acabar con el sufrimiento de nuestra tambaleante civilización, publicó una serie de libros destinados a ilustrar lo mal que estaban las cosas y lo mucho peor que podían llegar a estar. Todos los libros tienen el mismo título, y distintos subtítulos para destacar el contenido específico de cada uno.

El primero de la serie, *Salvar el planeta: Plan B: ecología para un mundo en peligro* (Norton 2003/Ediciones Paidós 2004) expone las alarmantes estadísticas que empezaron a demostrar que estamos en peligro. El tercero, *Plan B 3.0: Mobilizing to Save Civilization* (Norton, 2008) refleja con mayor sentimiento la urgencia que imponen las peligrosas tendencias que se siguen desarrollando. Desde la publicación del primer libro *Plan B*, muchos de los factores que entonces solo eran advertencias hoy se han convertido en realidades de nuestro mundo.

Por ejemplo, Brown determinó cómo los períodos críticos de la naturaleza —como el momento en que la población de una especie empieza a disminuir— marcan el punto sin retorno de ese particular sistema. A continuación explicó que en la actualidad hay una serie de sistemas ecológicos afines que se aproximan a puntos similares.

Uno de los aspectos que más me gustan de la serie *Plan B* es que contiene acciones realistas que podemos emprender de forma inmediata

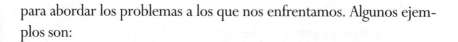

para abordar los problemas a los que nos enfrentamos. Algunos ejemplos son:

- Diseñar ciudades que ayuden a los individuos y a su modo de vida, y no a las industrias y economías que obligan al desplazamiento diario de los trabajadores.
- Activar mecanismos que puedan aumentar de forma inmediata la eficiencia energética de casas, oficinas, locales comerciales y el transporte público.
- Establecer una economía basada en el uso cíclico de los materiales, en lugar del modelo lineal y de sentido único que hoy domina.
- Introducir en los presupuestos del Estado la reasignación de una parte del ingente presupuesto militar a la construcción de infraestructuras nuevas y sostenibles.

La serie *Plan B* de Lester R. Brown es una evaluación aleccionadora y necesaria que, sin dejar de subrayar los problemas, abre la esperanza a los planes de actuación. Su obra es, sin duda, un sólido punto de referencia para nuestro modo de pensar sobre el mundo. Para muchas organizaciones, agencias y personas, la serie *Plan B* se ha convertido en la biblia de las posibles soluciones.

Cambio social 2.0

Lester R. Brown ha determinado los problemas más acuciantes y ofrecido soluciones viables para el conjunto del cambio global, y David Gershon ha hecho algo similar respecto a las instituciones que impulsan este cambio y las propias sociedades. Gershon es el autor consumado de una serie de libros que despiertan la conciencia, entre ellos *Low Carbon Diet* [Una dieta baja en carbono] (Empowerment Institute, 2006), que en 2007 obtuvo el tercer premio al Editor Independiente «con más probabilidades de salvar el planeta». *Social Change 2.0* [Cambio social 2.0] (High Point/Chelsea Green, 2009) es un trabajo magistral basado en la propia experiencia y en su magnífico expediente de persona académica y consejero de Naciones Unidas y de la Casa Blanca durante la presidencia de Bill Clinton.

Con todas estas experiencias, Gershon ha sabido identificar las razones de que tantos intentos, locales o globales, por resolver problemas sociales hayan entrado en un callejón sin salida. Se debe a que las soluciones se basan en ideas que han demostrado ser equivocadas. Desde su perspectiva de la *teoría general de los sistemas*, pasa a explicar cómo las crisis sociales que hoy observamos son las señales que nos advierten de que «estamos llamados a reinventar no solo nuestro mundo, sino también los procesos por los que llegamos a esta reinvención».[12]

Una de las muchas razones de que me atrajera el libro de Gershon es que este, como Brown, ofrece al lector alternativas reales a los modelos tradicionales de cambio social. Son métodos verificados y avalados por la experiencia que hablan de las necesidades de las sociedades de hoy y del cambio que están experimentando. Gershon aporta muchos ejemplos de lo que ha aprendido, de forma que podría ser el modelo para generar un cambio positivo en casi cualquier enclave social, desde una pequeña comunidad hasta todo un país. Después de explicar su trabajo de facilitar conversaciones positivas entre agentes locales y miembros de la comunidad en una serie de grandes ciudades estadounidenses, por ejemplo, expone los pasos significativos para aplicar lo que ha descubierto en muy diversas situaciones. Algunos de sus principios y actuaciones son:

- Introducir en las comunidades cambios que sean relevantes para la vida de sus miembros.
- Organizar a los ciudadanos para que asuman mayor responsabilidad sobre los problemas de salud, seguridad y embellecimiento de la ciudad, entre otros.
- Dar mayores competencias a los agentes locales para que se responsabilicen más de los cambios que afectan a sus vecinos y familias, y acepten rendir más cuentas al respecto.
- Diseñar e implementar un sistema global para cambiar la comunidad.

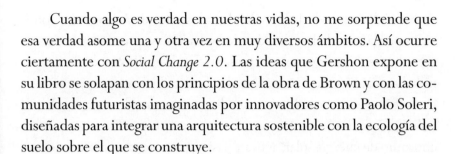

Cuando algo es verdad en nuestras vidas, no me sorprende que esa verdad asome una y otra vez en muy diversos ámbitos. Así ocurre ciertamente con *Social Change 2.0*. Las ideas que Gershon expone en su libro se solapan con los principios de la obra de Brown y con las comunidades futuristas imaginadas por innovadores como Paolo Soleri, diseñadas para integrar una arquitectura sostenible con la ecología del suelo sobre el que se construye.

Arcología y *earthships*

En 1970, empezó a aparecer algo sorprendente en el árido desierto del norte de Phoenix, en Arizona. Un arquitecto visionario comenzó a construir una comunidad como ninguna otra de cualquier otra parte del mundo. Se llamaba Paolo Soleri (1919-2013), y el tipo de entorno comunitario que concibió es un claro ejemplo de la vivienda urbana que se necesita en nuestro tiempo de extremos. Es claro porque son viviendas diseñadas para que grandes cantidades de personas puedan adaptarse a los cambios que se están produciendo en el mundo, cambios naturales o debidos a la actuación del ser humano. Alumno del renombrado arquitecto Frank Lloyd, Soleri puso el nombre de Arcosanti a su comunidad. Basó esta en el principio que la propia comunidad define perfectamente: «Arcosanti es un laboratorio urbano centrado en el diseño innovador, la comunidad y la responsabilidad medioambiental. Nuestro objetivo es buscar activamente alternativas austeras y bellas a la expansión urbana a partir de la teoría de diseño de la ciudad compacta de Paolo Soleri, la arcología (arquitectura + ecología)».[13]

Con una estética etérea y unos sólidos principios de ingeniería, Soleri basó el diseño de Arcosanti en la idea de trabajar *con* la tierra y los elementos de la naturaleza, en lugar de obligar a la tierra a adaptarse a la idea que tenemos de las casas, las escuelas y las oficinas. En la práctica, esto significa, por ejemplo, que un pared de roca del lugar donde se va a construir una casa se convierte en la pared del salón, en vez de recortarla para colocar tabiques de pladur y contrachapado.

Una de las ideas fundamentales de la arcología es adaptarse a todo lo que la naturaleza ofrezca. En el caso de la comunidad de Soleri, uno de estos elementos es la luz solar. Los desiertos de Arizona son conocidos por la cantidad y calidad de luz solar, que se presta a todo tipo de tecnologías de energía solar. Arcosanti fue diseñada como una comunidad autosuficiente y sostenible de cinco mil personas cuyas necesidades energéticas se cubrirían con diversas formas de energía solar. El módulo Two Suns Arcology es un sistema de captación, transporte y consumo de energía solar, activa y pasiva, para atender las necesidades del pueblo. Un extenso sistema de invernaderos en terraza acumula el calor del sol, que después es redirigido a otros edificios para emplearlo en los sistemas de calefacción y refrigeración. Tuve oportunidad de experimentar algunas de las construcciones de Soleri, y recuerdo que me preguntaba por qué no incorporábamos ideas de ese tipo, para empezar, a los hogares y las ciudades del mundo actual.

Otro diseño con visión de futuro de comunidad autosostenible también tiene sus raíces en el desértico suroeste de Estados Unidos. Es una comunidad situada en el alto desierto, cerca de Taos (Nuevo México), creada en los años setenta. Fue en esa década cuando el arquitecto Michael Reynolds empezó a construir toda una comunidad «desconectada», sin necesidad de las redes públicas de electricidad, alcantarillado o agua potable. La construcción estaba basada en el uso de materiales tradicionalmente de desecho, como las latas de aluminio, las botellas de vidrio y los neumáticos, todo ello empleado en las paredes, que luego se cubrían de escayola y formaban estructuras hermosas y de aspecto muy orgánico. Reynolds llamó *earthships* (naves de tierra) a las casas y oficinas que construía, en parte porque usaba literalmente tierra (*Earth*) en sus construcciones.

El uso de la tierra era muy diverso. Uno de ellos se llamó *tierra apisonada*. Es exactamente eso: se apilaba y apisonaba tierra sobre los cimientos y las paredes especialmente preparadas de los edificios, de tal modo que estos quedaban parcialmente enterrados. El efecto aislante e insonorizante de la tierra apisonada no tiene equivalente en la construcción tradicional. Las casas resultantes son cálidas y silenciosas.

Otra forma de utilizar la tierra era introducirla en neumáticos gastados para formar una especie de paredes, sobre todo las que daban al norte, donde no se obtiene calor directo del sol. La densidad de tierra de los neumáticos los convertía en bloques redondos con una cámara de aire en el centro, ideales para conseguir un enorme efecto de aislamiento contra el frío y el calor extremos del desierto.

Cada *earthship* utiliza las paredes de cristal que dan al sur para que la luz del sol entre en el edificio y caliente el suelo de ladrillo o baldosa de arcilla durante el día. Por la noche, los ladrillos siguen irradiando calor de forma homogénea y efectiva por toda la casa. He estado en casas *earthship* donde la temperatura interior en diciembre ronda los 26 °C y se mantiene estable por la noche. Todas ellas cuentan con un sistema de contenedores para recoger el agua usada de la casa, filtrarla y reciclarla para regar los árboles, jardines y huertos que se cultivan en el exterior y en los patios interiores de las viviendas.

Falta por ver si estos diseños concretos se van a utilizar alguna vez a mayor escala. La razón de que aquí hable de ellos es porque estas comunidades, y otras similares de otras partes del mundo, son el laboratorio que nos informa sobre lo que podemos hacer cuando nos replanteamos el diseño de barrios y hasta de ciudades enteras.

Después de los devastadores efectos del cambio climático, como el tornado EF5 que arrasó la ciudad de Moore (Oklahoma) en mayo de 2013, y el huracán Sandy, de grado 3, que destruyó comunidades enteras de la Costa Este estadounidense en octubre de 2012, es el momento de aplicar, en los trabajos de reconstrucción, los principios sostenibles demostrados por estas comunidades visionarias, una reconstrucción que puede ser el buque insignia de las ciudades del futuro.

El cambio global

Cada uno de nosotros aprendemos un poco a nuestra manera. Precisamente por esta razón, muchos excelentes profesores han escrito magníficos libros sobre nuestro tiempo de extremos. Unos plantean ideas dirigidas al conjunto de la realidad y a cómo los cambios que experimentamos en nuestras vidas se traducen en cambios globales, y otros reconocen estas relaciones pero se centran más en incorporar el cambio a la vida personal y espiritual. Edmund J. Bourne, es el autor de uno de estos libros: *Global Shift: How a New Worldview Is Transforming Humanity* [Cambio global: cómo una nueva visión del mundo está transformando a la humanidad] (New Harbinger, 2008). Me atrajeron de él dos elementos que lo convirtieron en una de mis obras preferidas sobre este tema.

El primero de estos elementos es cómo aúna la ciencia más avanzada y las tradiciones indígenas, la espiritualidad y la realidad de la vida cotidiana, para dibujar una imagen del nuevo mundo que está emergiendo. En lugar de pedir que aceptemos una única perspectiva como *la* perspectiva, hace un sincero retrato del mundo real, una realidad en que las personas buscamos una nueva visión global del mundo que tenga sentido y, lo más importante, funcione.

En el contexto de una nueva visión del mundo, Bourne dedica todo un capítulo del libro a la acción. Me pareció un capítulo rico en ideas y recursos que nos pueden ayudar a aceptar lo que el título del libro promete. Entre las sugerencias familiares que esperaba encontrar en un libro de esas características, por ejemplo las referentes al cambio climático, los nuevos modos de vida, la conservación del medio ambiente y las organizaciones benéficas comunitarias, Bourne también señala cosas que podemos hacer en el ámbito económico y que reflejan los cambios económicos que se están produciendo en la vida cotidiana. Algunas de estas sugerencias son:

- Formas responsables de invertir nuestro dinero.
- Formas innovadoras de invertir en nuestras comunidades.
- Formas sensatas de invertir en los mercados financieros del mundo.

No es probable que vayamos a poner en práctica a la vez todos los cambios que propone en su libro, pero su lectura permite hacerse una idea exacta de la magnitud del cambio que se está produciendo en nuestras vidas y ofrece muchas propuestas de acciones que nos pueden hacer mucho más llevadera la experiencia del cambio global.

Es evidente que no hay ninguna fuente de información ni idea únicas que sean *la* respuesta para las decisiones que hoy estamos tomando. Al contrario, existen muchas soluciones distintas para los múltiples aspectos de los muchísimos problemas que aparecen, todos, al mismo tiempo. Bourne lo resume perfectamente con estas palabras: «Nadie puede resolver por sí solo los inmensos problemas a los que se enfrentan la Tierra y quienes la habitamos».[14]

La razón de que ponga ejemplos de un tipo de pensamiento como el suyo, y de otros antes mencionados, es demostrar que las ideas ya existen y ya está en marcha la maquinaria que nos ha de ayudar a manejar el cambio global. Como dice Bourne: «Cada uno de nosotros, al participar en acciones sencillas en ayuda del medio ambiente y de los más desfavorecidos, podemos hacer nuestra aportación y posiblemente influir en otras personas que conocemos para que hagan lo mismo».[15]

Conozco a muchas personas que piensan que vivimos también en un tiempo de aterradora urgencia. Reconocen los extremos de nuestra época, y su reacción es que debemos actuar y hacer algo de forma inmediata. ¡Ahora! Actuar lo antes posible es una reacción natural, pero pienso que vivimos en lo que me gustaría llamar una zona de *urgencia venturosa*. Es venturosa en el sentido de que aún tenemos tiempo para hacer lo necesario para impedir los puntos críticos del cambio climático, el pico del petróleo y el pico de deuda y las nefastas consecuencias que tantos expertos pronostican. Hay *urgencia* en el sentido de que es el momento de reaccionar. Hagamos lo que hagamos, cualesquiera que sean los cambios que introduzcamos en nuestro mundo y en nuestras vidas, hoy es el momento perfecto para esas innovaciones y adaptaciones.

> Ya disponemos de soluciones para los grandes problemas, como los de los alimentos, la energía y una economía sostenible. Nuestro mayor problema es la crisis de pensamiento.

¿Cuánto vamos a tardar?

Por los estudios, informes y mensajes de las organizaciones y los autores señalados anteriormente, es evidente que tenemos la base para unas soluciones que pueden mejorar el mundo y hacernos la vida más fácil. También es evidente que poseemos capacidad para implementar estas soluciones. Por lo tanto, las preguntas son: ¿dónde se encuentran hoy estas soluciones?, ¿por qué no las aplicamos ahora mismo?, ¿cuánto vamos a tardar en hacerlo?

El visionario plan de ir a la Luna del presidente Kennedy ilustra la respuesta a estas preguntas. Más allá del objetivo de poner un hombre en la Luna, antes tuvo que suceder algo más. *Antes* de exponer sus ideas a los estadounidenses, *antes* de que se pudiera diseñar la tecnología, *antes* de que fueran posibles las trayectorias desde la torre de lanzamiento, *antes* de poder fabricar los trajes espaciales y envasar adecuadamente alimentos y bebidas, *antes* incluso de que todo eso pudiera ocurrir, primero tuvo que suceder algo más. Este «algo» es lo que falta hoy en nuestras vidas.

Es un cambio de pensamiento.

Es justo decir que la mayor crisis de nuestro tiempo de extremos, *más allá* de las crisis de la deuda, la energía y los alimentos, es una crisis de pensamiento. Nuestro modo de pensar será el que les dará prioridad a las soluciones de las que ya disponemos y el que nos motivará para aplicarlas al mundo. El pensamiento que necesitamos nacerá del profundo deseo de contribuir *al* mundo, y no de un sentimiento de escasez y de aprovechamiento *del* mundo, y de la cooperación de unos *con* otros, no de la competencia de unos *contra* otros.

Es exactamente este modo de pensar el que hoy avalan los nuevos descubrimientos y la mejor ciencia de nuestro tiempo. Por lo tanto, para responder la pregunta: ¿cuánto vamos a tardar en aplicar a nuestras vidas las soluciones que ya existen?, debemos empezar por el principio: ¿dónde nació exactamente el pensamiento que nos ha llevado a las mayores crisis en cinco mil años de historia? Es posible que la respuesta te sorprenda.

Reconsiderar los falsos supuestos de la ciencia

En lo más profundo de nuestra cultura hay una historia que desempeña un papel fundamental en nuestra vida cotidiana. Es la parte de nuestra historia de la que normalmente no se habla: quiénes somos, de dónde venimos y cómo parece que funcionan las cosas en nuestro mundo. No digo que esta historia sea necesariamente algo en lo que pensamos de forma rutinaria, ni siquiera una historia de la que seamos conscientes. No es una historia que compartamos mientras tomamos el desayuno todas las mañanas o que tengamos en cuenta cuando cumplimos el ritual de prepararnos para el día que tenemos por delante. Para muchos, es una historia enterrada tan profundamente en nuestra forma de pensar y actuar que aceptamos sus consecuencias de manera automática y sin pensarlo dos veces. Es posible que esté enterrada, pero sigue tan presente en nosotros que nos guía en las decisiones y afecta a cómo reaccionamos todos los días ante los seres queridos, los compañeros de trabajo y los amigos –y el mundo.

Es una historia de separación.

No faltan soluciones

Desde el nacimiento de la ciencia moderna hace casi trescientos años, la historia de nuestras vidas ha sido la de poco más que unas motas de polvo en el universo y unas notas al margen en el esquema general de la vida. Se nos ha hecho creer que estamos mutuamente separados. Nos han enseñado que somos básicamente impotentes en lo que se refiere a la sanación del cuerpo y la capacidad de contribuir a la paz de nuestras comunidades y más allá de ellas.

Esta historia de separación incluye la idea de Charles Darwin de que la vida es una batalla y debemos afanarnos por lo bueno que nos depara. De niños, muchos estuvimos condicionados a pensar así, con el mantra de que vivimos en el mundo del *homo homini lupus*, del hombre que es un lobo para el hombre. La propia frase encarna la idea de que el mundo es como una gran tarta, reducida y finita, por lo que hemos de afanarnos y luchar por la parte que nos corresponde o perderla para siempre.

En este pensamiento se asienta la idea global tradicional de la escasez o carencia y de que es necesaria la competencia violenta entre las personas y los países. *Tal vez no sea coincidencia que, desde que mantenemos esta idea, el mundo se haya encontrado ante las mayores crisis de guerras, sufrimientos y enfermedades de la historia registrada.*

¿Es extraño que a menudo nos sintamos impotentes para ayudar a nuestros seres queridos ante las grandes crisis de la vida? ¿Lo es que muchas veces nos sintamos igualmente indefensos ante un mundo que cambia tan deprisa que se ha dicho que se está rompiendo por sus costuras? A primera vista, no parece que haya razón alguna para que pensemos de otra forma o creamos que no tenemos más control sobre nosotros mismos o sobre el destino de nuestras vidas que el que esta visión del mundo nos dice que tenemos.

Al fin y al cabo, nada hay en los manuales tradicionales ni en la forma de entender el mundo que nos permita esperar algo más. Es decir, hasta que observamos con nuevos ojos ciertos descubrimientos de los últimos años del siglo xx.

Se han realizado estudios que desmontan el paradigma establecido, y sus resultados se han publicado en prestigiosas revistas especializadas, pero siempre en el confuso lenguaje de la ciencia, por lo que escapan del alcance de quienes no pertenecen a la comunidad científica. La persona media ajena a la ciencia y la tecnología no siente el impacto de los nuevos descubrimientos porque se la deja al margen de la conversación.

Los últimos descubrimientos en los campos de la biología, la física, la arqueología y la genética obligan a los científicos a reescribir la historia de quiénes somos y cómo encajamos en el mundo. En la biología, por ejemplo, la publicación de más de cuatrocientos estudios que demuestran que la naturaleza está basada en un modelo de cooperación, y no en la «supervivencia del más fuerte» de Darwin, ha puesto la ciencia evolutiva patas arriba. A la luz de estos descubrimientos, y otros, algunos supuestos clave del pasado –*hoy reconocidos como falsos supuestos de la ciencia*– ya no se pueden enseñar como hechos. Algunos ejemplos son los siguientes:

- Falso supuesto 1: la naturaleza se basa en la supervivencia del más fuerte.[16]
- Falso supuesto 2: sucesos evolutivos aleatorios explican los orígenes humanos.[17]
- Falso supuesto 3: la conciencia está separada del mundo físico.[18]
- Falso supuesto 4: el espacio entre los objetos físicos está vacío.[19]
- Falso supuesto 5: la civilización avanzada comenzó hace entre cinco mil y cinco mil quinientos años.[20]

Conocer estos nuevos descubrimientos sería interesante en cualquier momento, pero es absolutamente vital en este tiempo de extremos, porque la solución que les damos a los problemas se basa en la idea que tenemos de nosotros mismos en relación con el mundo. Si pensamos en nuestra vida cotidiana –cómo cuidamos de nosotros y de nuestras familias, cómo resolvemos nuestros problemas y las decisiones que tomamos–, es evidente que gran parte de lo que aceptamos como saber común tiene sus raíces en creencias basadas en estos falsos supuestos.

En lugar de seguir la imaginería científica que nos muestra como seres insignificantes cuyo origen está en una milagrosa serie de casualidades biológicas y que después han sobrevivido a cinco mil años de civilización como víctimas indefensas separadas del mundo inclemente en el que nos encontramos, la nueva ciencia apunta a algo radicalmente distinto. A finales de la década de los noventa y principios de la siguiente, estudios científicos aceptados por la academia revelaron los hechos siguientes:

- Hecho 1: la civilización avanzada es al menos el doble de antigua que los cinco mil o cinco mil quinientos años que calculan los cronogramas convencionales.[21]
- Hecho 2: para sobrevivir, la naturaleza se basa en la cooperación y la ayuda mutua, no en la competición.[22]
- Hecho 3: la vida humana muestra signos de diseño.[23]
- Hecho 4: nuestros sentimientos influyen directamente en el mar de energía en el que estamos inmersos.[24]
- Hecho 5: el universo, nuestro mundo y nuestros cuerpos están hechos de un mismo campo de energía —una matriz— que forma la unidad conocida como *entrelazamiento* posible.[25]

Albert Einstein dijo que la «locura» es hacer lo mismo una y otra vez, del mismo modo, y esperar resultados distintos. Creo que hay mucho de verdad en estas palabras. No tiene sentido intentar resolver los problemas a los que nos enfrentamos en este tiempo de extremos con las mismas ideas que nos llevaron a las crisis. Y menos aún hoy, cuando sabemos que estas ideas son falsas.

Para afrontar los retos de nuestro tiempo de extremos, hemos de estar dispuestos a cambiar la idea que tenemos de nosotros desde hace trescientos años. Y esto significa que hemos de traspasar algunos límites tradicionales que han aislado los conocimientos de un campo científico de los de otro. Cuando así lo hacemos, se empieza a producir algo maravilloso.

La cadena rota del conocimiento

Hay una cadena del conocimiento que une el mundo moderno con el pasado. Siempre que la cadena se rompe, no podemos acceder a una valiosa información sobre el mundo y sobre nosotros mismos. Sabemos que esta cadena se rompió al menos dos veces en la historia registrada: primero con el incendio de la Gran Biblioteca de Alejandría durante la conquista romana de Egipto y después con las correcciones que la jerarquía de la Iglesia católica hizo de la Biblia en el siglo IV d. de C. Como científico, creo que cuanto más nos acercamos a las enseñanzas originales que existían *antes* de que se perdieran los conocimientos, mejor podemos entender lo que nuestros antepasados sabían en su tiempo y que nosotros podríamos aplicar al nuestro.

Durante la mayor parte de mi vida adulta, he recorrido los lugares menos desfigurados por el mundo actual, para hallar las fuentes de la sabiduría antigua e indígena. Estos viajes me han llevado a los sitios más sorprendentes que quedan en la Tierra. Desde los majestuosos monasterios de la meseta tibetana y los humildes templos de las montañas de Egipto y el sur de Perú hasta los Pergaminos del mar Muerto y las historias orales de pueblos nativos de todo el mundo, he escuchado las historias y estudiado los registros. Por distintas que parezcan todas estas tradiciones, hay temas comunes que las unen en un único tejido que representa nuestro pasado. Son temas que se reflejan en el saber que me transmitió el anciano maya que conocí en las selvas del Yucatán en el otoño de 2012. En resumen, explicó que nuestros antepasados:

- No estaban separados del mundo que los rodeaba.
- No separaban el arte, la ciencia y la vida cotidiana.
- No separaban el presente del pasado.

No es este un saber científico, pero los temas que muestra han sido confirmados por la mejor ciencia de nuestro tiempo. A la luz de estas confirmaciones, la pregunta que se me plantea una y otra vez es esta: *si nuestros antepasados poseían un conocimiento tan profundo de la Tierra y de nuestra relación con ella, y no ha sido hasta hoy cuando la ciencia moderna ha sido capaz de validar esta relación, ¿qué más conocían nuestros antepasados que hayamos olvidado?*

La pregunta que está en la raíz de todas las decisiones

Una sola pregunta nos guía en todos los momentos de la vida. Unos la llevan en el subconsciente y otros, no. Sea como sea, la respuesta que demos a ella es la clave de todas las decisiones que hayamos tomado en la vida, o de las que vayamos a tomar a partir de ahora. Nuestra respuesta es la base de cualquier conclusión a la que hayamos llegado y está en el centro de todos los retos que se nos han presentado. La pregunta es tan simple que muchos cometen el error de menospreciar el valor que tiene para su vida y que tanta fuerza le da: ¿quién soy? Y, dado que somos tantos los que hoy tomamos grandes decisiones, la pregunta también se convierte en: ¿quiénes somos?

Durante más de cinco mil años, los pueblos antiguos e indígenas del mundo respondieron esta pregunta de modo que les funcionó. La idea que tenían del mundo les daba razones para vivir en armonía con la Tierra, en lugar de intentar dominarla. Les daba razones para trabajar en comunidad y formar consejos regionales que sirvieran para compartir los recursos del planeta, en lugar de tratar de poseerlos.

Con el nacimiento del método científico, en los tiempos de Isaac Newton, todo aquello empezó a cambiar. A partir de entonces, la ciencia ha intentado demostrar empíricamente lo que las tradiciones indígenas de nuestro pasado sabían por intuición. En este período, la historia de separación y de necesaria competencia se ha integrado tan profundamente en la idea que tenemos del mundo que a veces no nos damos cuenta del importantísimo papel que desempeña. No obstante, el pensamiento del pasado es el que ha generado las crisis en las que hoy nos encontramos.

Para responder la pregunta de quiénes somos, antes debemos responder seis preguntas fundamentales sobre nuestras relaciones con nosotros mismos y con el mundo. Las deben responder cada una de las civilizaciones, todas las sociedades, todas las organizaciones religiosas y los miembros de los grupos de cada tradición espiritual, para satisfacer las necesidades de quienes participan en la organización o siguen las enseñanzas del grupo. Estas preguntas abordan las cuestiones de mayor importancia de la existencia.

La figura 5.1 ilustra cómo estas ideas se compenetran para formar una pirámide de pensamiento. Las cuestiones que plantean se entienden intuitivamente y forman una jerarquía de relaciones de complejidad progresiva. Estas preguntas, empezando por la más fundamental de todas y del vértice de la pirámide invertida a su base, son:

1. ¿Cuál es el origen de la vida?
2. ¿Cuál es el origen de la vida humana?
3. ¿Cuál es nuestra relación con el cuerpo?
4. ¿Cuál es nuestra relación con el mundo?
5. ¿Cuál es nuestra relación con el pasado?
6. ¿Cómo resolvemos nuestros problemas? [Nos lo preguntamos en último lugar porque la respuesta que le demos depende de las ideas con las que respondamos las preguntas anteriores].

LA JERARQUÍA DEL PENSAMIENTO

| Pensamiento basado en falsos supuestos de la ciencia | | Pensamiento basado en nuevos descubrimientos de la ciencia |

Pensamiento basado en falsos supuestos de la ciencia

6. Resolución de problemas mediante la competencia, la fuerza y el conflicto

5. Lineal; tendencia unidireccional

4. Separación e independencia

3. Separación y debilidad

2. Consecuencia casual de procesos aleatorios

1. Procesos aleatorios/ casualidad

6. Puntos cruciales de crisis
5. Historia de la civilización
4. Nuestra relación con el mundo
3. Nuestra relación con el cuerpo
2. Origen de la vida humana
1. Origen de la vida

Pensamiento basado en nuevos descubrimientos de la ciencia

6. Resolución de problemas mediante la cooperación, la comprensión y la ayuda mutua

5. Cíclico; las situaciones y las crisis se repiten

4. Conexión e interdependencia

3. Conexión y unión

2. Extraña combinación de sistemas diseñados

1. Proceso dirigido de diseño

Figura 5.1. Ilustración de la pirámide del pensamiento. Las respuestas que damos a las seis preguntas fundamentales de la pirámide invertida del centro forma el cristal con que nos miramos en el mundo y nos formamos una idea de nosotros mismos en la vida. La lista de falsos supuestos de la izquierda se basa en trescientos años de ciencia y la idea de separación. Los de la derecha son los nuevos supuestos basados en la mejor ciencia actual, que revela un mundo de unidad y el papel que en él desempeñamos. Los principios de este cristal son los que determinan cómo procedemos a resolver los problemas de la vida, la familia y la comunidad, incluso de las naciones. Fuente: *La verdad profunda* (Hay House, 2011/Editorial Sirio, 2012).

A la izquierda de la pirámide invertida vemos los falsos supuestos de la ciencia. Son seis supuestos que resumen todo un modelo de pensamiento que ha sido la base de nuestra historia en el mundo moderno. Son estas propias ideas de independencia y competencia las que están en contradicción con los descubrimientos punteros que se empezaron a producir a finales del siglo xx. La aceptación de estas ideas hoy obsoletas hace perfectamente comprensibles las de competencia de Darwin.

El problema es que los nuevos datos ya no avalan las antiguas teorías.

> La idea que tenemos de nosotros mismos en el mundo forma el cristal con el que miramos y resolvemos nuestros problemas.

Un pensamiento peligroso

Es habitual que quienes participan en mis seminarios pregunten por la importancia de que los supuestos del pasado sean falsos. Las ideas de Charles Darwin son un ejemplo perfecto. Nacieron a mediados del siglo xix, y hoy estamos en el xxi. Sinceramente, ¿por qué son importantes?

Es una buena pregunta, y la respuesta sorprende a muchos. Precisamente porque una buena parte de los falsos supuestos de la ciencia aparecieron en el momento en que lo hicieron han tenido en el mundo el impacto que han tenido. Muchos de estos falsos supuestos fueron introducidos a finales del siglo xix y principios del xx, precisamente cuando se instauraba nuestro modo moderno de vida, por lo que no es extraño que estos principios se reflejen en tantos aspectos del mundo actual. En ese tiempo, los postulados de la ciencia, como las ideas de que no existe ningún campo de energía que conecte el mundo (todo es independiente de todo) y de que la naturaleza se basa en la competencia y la supervivencia del más fuerte fueron aceptadas inmediatamente y aplicadas al pensamiento sobre la guerra, la economía y el modo de resolver los problemas.

Estas creencias siguen hoy con nosotros, de forma sutil unas veces y otras de forma no tan sutil. Por ejemplo, estudios de expertos, como el arqueólogo Lawrence H. Keeley, de la Universidad de Illinois, autor de *War Before Civilization* (Oxford University Press, 1996), contribuyen a que se acepte la guerra como una manifestación normal de la conducta humana. Basándose en su académico análisis de nuestro pasado y de la interpretación que hace de las pruebas que ha encontrado, Keeley piensa que la guerra es un estado natural en el nombre: «La guerra es algo parecido al comercio o el intercambio —apunta—. Algo que hacen todos los humanos».[26] Este tipo de pensamiento, que acepta la competencia, la lucha y la «supervivencia del más fuerte» como elementos naturales, se refleja en las estructuras administrativas de los grandes sistemas que hoy están en crisis. El sistema económico mundial, los modelos de negocio de muchas grandes empresas y nuestro modo de gestionar las necesidades vitales de alimento y energía son ejemplos de las consecuencias actuales de una forma de pensar obsoleta.

Estas falsas creencias están presentes también de formas menos sutiles. Algunos de los mayores sufrimientos del siglo XX se justificaron con la idea de supervivencia del más fuerte. El pensamiento implícito en todas las formas de genocidio, y explícitamente manifiesto en algunas, está relacionado con las observaciones de Darwin de la naturaleza, el modo en que las representó en sus escritos y cómo han sido interpretadas por otros. Es un pensamiento que se refleja en obras filosóficas como el infame *Libro rojo* (cuyo título oficial es *Citas del presidente Mao Zedong*) y *Mi lucha*, la obra que detalla la visión que Hitler tenía del mundo. Ambos volúmenes se utilizaron para justificar el brutal asesinato de, como mínimo, cuarenta millones de personas en el siglo pasado.

El modelo de la naturaleza: la cooperación

En el discurso de apertura del Simposio sobre los Aspectos Humanos del Desarrollo Regional de 1993, celebrado en Birobidzhán (Rusia), el copresidente Ronald Logan expuso el contexto para establecer el modelo de cooperación de la naturaleza como modelo para el éxito de las sociedades. Logan se refirió a la obra de Alfie Kohn, autor de *No*

Contest (Houghton Mifflin, 1992), para explicar lo que los estudios de este revelan acerca de un cierto grado beneficioso de competencia en los grupos. Después de analizar más de cuatrocientos estudios sobre la cooperación y la competencia, Kohn concluye: «La cantidad ideal de competencia [...] en cualquier entorno, sea en el aula, en el trabajo, en la familia y en el campo de juego, es ninguna [...] [La competencia] siempre es destructiva».[27]

La idea del mundo natural como laboratorio de pruebas sobre la unidad, la cooperación y la supervivencia entre los insectos es ampliamente aceptada. La naturaleza demuestra, sin posibilidad de duda, que la unidad y la cooperación son ventajosas para los seres vivos. Estas estrategias del mundo que nos rodea avaladas por el tiempo nos pueden conducir al final al desarrollo de un nuevo modelo para nuestra propia supervivencia. Sin embargo, para aplicar una estrategia de cooperación, hemos de contar con otro elemento que no está presente en el reino animal. Como individuos, y como especie, los seres humanos, antes de estar dispuestos a cambiar el modo de vida, normalmente hemos de saber «a dónde» vamos y qué podemos esperar cuando lleguemos «allí». Necesitamos saber que la espera y su resultado merecen la pena.

Es evidente que no sabemos todo lo que hay que saber sobre cómo funciona el mundo y el papel que en él desempeñamos. No hay duda de que estudios futuros generarán mejores ideas, pero a veces lo más sabio es tomar decisiones basándonos en lo que sabemos en el momento de tomarlas, para después poder mejorarlas.

¿Aceptaremos lo que la ciencia ha revelado?

Una voz potente de la comunidad científica, la de Martin Rees, profesor de astrofísica de la Universidad de Cambridge, señala que «las probabilidades de que la civilización actual sobreviva hasta el final de este siglo son del 50%».[28] Siempre han ocurrido desastres contra los que hemos tenido que luchar, pero hoy hay que tener en cuenta también otras amenazas que él llama «inducidas por el hombre».

Estudios emergentes, como los reseñados en el número monográfico «Encrucijadas del planeta Tierra» de la revista *Scientific American*, repiten la advertencia de Rees: «Los próximos cincuenta años serán decisivos para determinar si la humanidad –que está entrando en un período único de su historia– se puede asegurar el mejor futuro posible».[29] Sin embargo, la parte positiva en la que casi todos los expertos convienen es que «si quienes deciden adoptan la estrategia correcta, el futuro de la humanidad estará asegurado por miles de decisiones cotidianas».[30] En los detalles de la vida de todos los días es donde «se producen los mayores avances».[31]

Es indudable que a todos se nos pedirá que tomemos innumerables decisiones en el futuro próximo. Pero no puedo dejar de pensar que una de las más profundas, y quizás la más simple, será aceptar lo que la nueva ciencia nos dice sobre quiénes somos y sobre nuestro papel en el mundo. Si, en lugar de negarlas, somos capaces de aceptar las sólidas pruebas que las diferentes ciencias nos muestran, todo cambia. Con este cambio podemos empezar de cero.

Para unas personas, las posibilidades a las que apuntan los nuevos descubrimientos son una nueva forma de ver el mundo; por el contrario, para otras sacuden los cimientos de una tradición de toda la vida. A veces es más fácil apoyarse en los falsos supuestos de una ciencia anticuada que aceptar una información que cambia todo lo que sabemos. Sin embargo, hacer lo primero significa vivir en la ilusión de una mentira. Nos mentimos sobre quiénes somos y las posibilidades que nos aguardan. Mentimos a quienes confían en nosotros y cuentan con que les enseñemos las verdades más recientes sobre nuestro mundo.

Cuando expongo esta idea en público, ocurre a menudo que la reacción de quienes me escuchan corrobora lo que decía Tad Williams, el escritor de novelas de ciencia ficción y fantasía: «Contamos mentiras cuando tenemos miedo..., miedo a lo que no sabemos, miedo a lo que otros puedan pensar, miedo a lo que se pueda saber de nosotros. Pero cada vez que decimos una mentira, el objeto de ese miedo se refuerza».[32]

Si los descubrimientos actuales demuestran que las enseñanzas del pasado han dejado de ser verdad, debemos tomar una decisión. ¿Seguimos enseñando los falsos principios y sufriendo las consecuencias de supuestos equivocados? Si así lo hacemos, tenemos que responder unas preguntas más profundas: ¿de qué tenemos miedo?, ¿qué peligro encierra para nuestras vidas conocer las verdades más profundas de quiénes somos, nuestros orígenes y nuestra relación mutua y con la Tierra?

Averiguarlo se puede convertir en el mayor reto histórico de nuestro tiempo. Nos obliga a responder la gran pregunta que incomoda a unos e intimida a otros: ¿podemos enfrentarnos a la verdad que nos hemos propuesto descubrir? o, lo que es lo mismo, ¿tenemos coraje para aceptar lo que la mejor ciencia actual revela sobre quiénes somos en el universo y cómo encajamos en el mundo? Si la respuesta es afirmativa, también tenemos que aceptar la responsabilidad que deriva de saber que, cambiando nosotros, podemos cambiar el mundo.

La disposición a aceptar las profundas verdades de la vida es la clave de que nuestros hijos sobrevivan a nuestras decisiones y tengan la oportunidad de explorar las *siguientes* verdades profundas que se descubran a lo largo de su vida.

> La reticencia de los principales medios de comunicación, las aulas y los libros de texto a reflejar los nuevos descubrimientos científicos nos mantiene atascados en el pensamiento que ha provocado las mayores crisis de la historia de la humanidad.

El catalizador: la explosión demográfica

Es evidente que el mayor catalizador del cambio en nuestro mundo es sencillamente la cantidad de personas que hoy compartimos la Tierra y encontrar la forma de satisfacer nuestras necesidades cotidianas. En 1968, el biólogo Paul Ehrlich y su esposa, Anne, publicaron su revelador estudio sobre lo que razonablemente se puede esperar del creciente número de personas que formamos la familia global. Tres frases al principio de su influyente libro *La explosión demográfica* (Sierra Club/Ballantine, 1968; Salvat Editores, 1994) lo dicen todo: «La batalla por alimentar a toda la humanidad ha terminado. En la década de los setenta, millones de personas morirán de hambre, por muchos programas de choque que se apliquen. A estas alturas, nada puede impedir un aumento sustancial de la tasa mundial de mortalidad».[33]

Los autores han dicho que el propósito de su libro era, primero, despertar la conciencia de los problemas debidos al crecimiento de la población mundial y, después, llamar la atención sobre la inevitabilidad del sufrimiento si las tendencias al crecimiento y la demanda de recursos continuaban. El libro fue criticado por las alarmantes predicciones de gran sufrimiento humano y hambrunas, pero los autores creen que en realidad consiguió el objetivo que los llevó a escribirlo: «Alertó a la gente sobre la importancia de los problemas medioambientales e incorporó a muchas personas al debate sobre el futuro de la humanidad», manifestaban hace poco.[34] En un artículo posterior, «La explosión demográfica revisada», decían sobre esas críticas: «Tal vez el mayor fallo de *La explosión* fue el excesivo optimismo sobre el futuro».[35]

Además de los ciclos naturales de cambio que no podemos controlar, probablemente la principal causa de nuestro tiempo de extremos es exactamente la que los Ehrlich expusieron en 1968: la creciente población mundial. Todo el sufrimiento y todas las muertes que predijeron se han producido, pero lo han hecho a lo largo de casi cincuenta años, y no entre los años setenta y ochenta que originariamente pronosticaron. La cantidad de seres humanos que hoy vivimos en el mundo, los recursos que todos y cada uno necesitamos cada día, y el deseo del modo de vida de consumo intensivo de energía popularizado por la cultura occidental, perpetúan un bucle continuo de situaciones que agudizan los extremos de nuestro tiempo. Ejemplos del desarrollo de este bucle son el aumento de la natalidad en países como India o China, que suman el 38% de la población mundial, y su emergente demanda de energía.

Cuando los habitantes de estos dos países van disfrutando de prosperidad gracias a la globalización, una industria en auge y mejores salarios, adoptan el modelo occidental que compuso la imagen del éxito en el pasado. Aspiran a disponer de los mismos lujos que la familia con varios coches y las comunidades basadas en el desplazamiento diario para acudir al trabajo, que interpretan como signo de la opulencia de Occidente después de la Segunda Guerra Mundial, en los años cincuenta.

Esta idea de abundancia y su manifestación práctica generan un círculo vicioso de mayor demanda de energía para más hogares, más edificios comerciales climatizados, más transporte público y más automóviles privados, lo cual, a su vez, crea más oportunidades para más personas, y así sucesivamente. La cantidad de coches fabricados en el mundo da idea de lo que significa esta demanda. En 2006, la industria mundial del automóvil producía unos cincuenta millones de vehículos al año. Sin embargo, en solo seis años, esa cantidad aumentó a sesenta millones. En otras palabras, en seis años, se sumaron a las carreteras del mundo diez millones de vehículos anuales, es decir, aproximadamente ciento sesenta y cinco al día.[36]

El problema es que las consiguientes necesidades energéticas se siguen gestionando con ideas del siglo pasado. La gasolina continúa siendo el principal carburante de los automóviles.

Aquí es donde el ciclo nos lleva hacia límites insostenibles. La gasolina se obtiene del petróleo. Desde la mayor emisión de gases de efecto invernadero y la consiguiente insana contaminación hasta el efecto que un carburante más caro produce en la economía global, las implicaciones de una demanda creciente de petróleo son inmensas.

No son ningún secreto las protestas de los ecologistas de los años sesenta las advertencias científicas de los setenta ni la preocupación por la creciente población mundial y el hecho de que dicho crecimiento sea el detonante de una mayor demanda de unos recursos menguantes. Tal vez *precisamente* porque llevamos tanto tiempo oyendo hablar del problema, sin ningún signo claro de que se vaya a resolver, es por lo que a veces el solo hecho de pensar en la situación nos abruma sobremanera.

Bucle de retroalimentación 1:
más habitantes = más energía = más habitantes

Las estadísticas sobre la población mundial muestran que los habitantes de la Tierra estuvieron rondando los quinientos millones durante casi once mil quinientos años. Ante el aumento de esta cantidad en un período relativamente corto después de haberse mantenido estable durante otro tan largo, la pregunta es: ¿por qué? ¿Cuál ha podido ser la causa de este crecimiento? La respuesta contempla diversos factores, entre ellos el calentamiento del clima después de la última Edad de Hielo y el descubrimiento de la agricultura para sostener a las comunidades, pero hay un factor que destaca sobre todos los demás. Este factor es el vínculo innegable entre las personas, la energía y los alimentos.

La pregunta es qué fue primero. ¿El crecimiento de la población mundial que desencadenó la búsqueda de más alimentos y una fuente de energía que pudiera satisfacer las necesidades de las personas? ¿O fue el descubrimiento de una fuente de energía abundante y eficiente la que hizo posible el cultivo de más alimentos y el aumento de la población? La opinión de los investigadores es diversa, y parece que hay pruebas de ambos escenarios.

Paul Chefurka, ecologista canadiense, resume bellamente la relación dinámica entre energía y población: «A primera vista, es evidente que los alimentos, el petróleo y la población van estrechamente unidos pero la naturaleza de su relación está abierta a la interpretación».[37] Expone las perspectivas posibles, y añade: «El economista podría decir que, a medida que crece la población, producimos más alimentos y buscamos más petróleo para atender nuestras necesidades. En cambio, el ecologista dirá que la mayor disponibilidad de petróleo y alimentos permite que la población aumente. O se podría decir (y esta es mi opinión) que todo existe en un complejo círculo vicioso».[38]

Cualquiera que sea el motivo de que se haya impulsado el aumento de la población y del consumo de energía, la realidad es que el descubrimiento de carburantes baratos y accesibles está relacionado directamente con el mayor incremento de la población de la historia universal. En 1804 se produjo el auge del carbón como combustible global, y precisamente en ese año se duplicó por primera vez la población mundial.

En el siglo XIX, en Europa y Norteamérica el carbón era tan abundante y barato que enseguida se impuso, tanto en el ámbito doméstico como en el industrial. A mediados del XVIII ya se utilizaba, pero los sistemas de extracción y procesado y los ferrocarriles necesarios para extraerlo de la tierra y transportarlo en grandes cantidades a donde fuera necesario estaban aún en proceso de desarrollo.

No fue hasta mediados del siglo xix, e incluso la primera mitad del xx, cuando el carbón pasó a imponerse como fuente de energía. Sin embargo, al terminar la Segunda Guerra Mundial, se descubrió que otros carburantes fósiles, como el petróleo crudo y sus derivados, eran seguros, eficientes y baratos. Esto provocó el declive del carbón como primera fuente energética, pero estrechó aún más la relación entre la población y la energía.

Hoy nos encontramos en una encrucijada parecida a la del carbón y el petróleo del siglo pasado, consecuencia de la reducción de las reservas de petróleo barato y de las nuevas energías que están llenando su vacío. Entre ellas se incluyen las energías renovables y el aprovechamiento de las gigantescas reservas de gas natural que le están dando la vuelta a la situación energética mundial. En este sentido, lo fundamental es que el uso de una energía barata y de fácil acceso se correlaciona estrechamente con el aumento de la población.

PRODUCCIÓN DE PETRÓLEO Y POBLACIÓN MUNDIAL

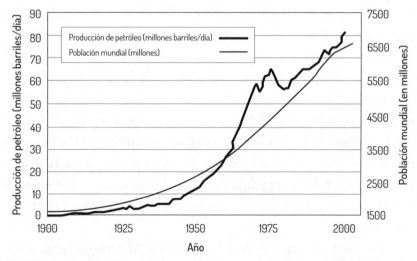

Figura 5.2. El crecimiento de la población va estrechamente unido a la disponibilidad de energía barata, una relación evidente en las líneas que representan el aumento de la producción de petróleo durante el siglo xx y el espectacular incremento de la población mundial exactamente en el mismo período. Fuente: Agencia Internacional de la Energía.

Gracias a la energía barata, nuestros antepasados dispusieron de más tiempo para actividades de ocio, porque la supervivencia ya no era su principal objetivo.

Además, el superior nivel de vida condujo directamente a la explosión demográfica. Pensemos, para hacernos la debida idea de este crecimiento, que la reina de Inglaterra, entre 1926, el año de su nacimiento, y 2013, fue testigo de una población mundial que pasó de dos mil millones a siete mil millones.

El matrimonio entre el ser humano y la energía barata que se inició hace doscientos años continúa haciendo crecer nuestra familia global, que se calcula que en el 2050 habrá pasado de ocho mil millones a diez mil quinientos millones.[39]

Bucle de retroalimentación 2: más habitantes = más alimentos = más habitantes

Del mismo modo que la población mundial va unida a la disponibilidad de energía, los alimentos necesarios para la familia global también están relacionados directamente con la energía. Si pensamos cómo obtenemos hoy los alimentos, intuitivamente entendemos muy bien esta relación.

Con el crecimiento de la población mundial ha aumentado la demanda de alimentos. Con el desarrollo de una maquinaria movida por un petróleo barato en el siglo XX, agricultores y ganaderos podían producir más alimentos, en menos tiempo, para una mayor cantidad de personas.

Recuerdo de mis años jóvenes en el Medio Oeste estadounidense unas señales que punteaban la interestatal 70, parte de la nueva red de carreteras del país, aquellas señales que informaban de cuándo se pasaba de un estado a otro. En nuestros frecuentes viajes entre Misuri y Kansas, además de las coloridas placas que advertían de que estábamos cruzando la línea divisoria entre los estados, había otra señal que mostraba con orgullo cuánto aportaba al país la agricultura del estado. La señal se actualizaba todos los años para incluir las cambiantes condiciones climáticas y de disponibilidad de agua. Adivinar las cifras antes de llegar a esas señales pasó a ser un juego de nuestra familia, cuyo ganador obsequiaba a todos los demás con un refresco en la siguiente parada.

A principios de los años sesenta, la señal decía: UN AGRICULTOR DE KANSAS DA DE COMER A 26 PERSONAS. EN 2010, SE LEÍA: UN AGRICULTOR DE KANSAS DA DE COMER A 155 PERSONAS. Los datos mostrados en la figura 5.3, de la Organización para las Naciones Unidas, para la Alimentación y la Agricultura (FAO), confirman a escala global lo que la señal de Kansas mostraba a escala local.

La capacidad mundial de producir mayor cantidad de alimentos con menos agricultores y ganaderos es una tendencia que parece bien asentada. También es motivo de lo que para algunos parece ser un conflicto de información.

Por un lado, los datos indican que disponemos de alimentos suficientes para todos los habitantes del planeta. Por otro lado, es constante la demanda de ayuda para dar de comer a gran cantidad de personas que pasan hambre y mueren de inanición en muchos países. *Es evidente que no se trata de un problema de existencia de alimentos, sino de conseguir que estos lleguen a quienes los necesitan*, un problema que se conoce como *inseguridad alimentaria*. Existen hoy muchas organizaciones que se dedican exclusivamente a acabar con este problema.

En el informe anual de la FAO de 2010 se exponía el estado mundial y los avances conseguidos hacia una mayor seguridad alimentaria. Los cálculos eran que casi mil millones de personas padecían desnutrición crónica, a pesar de que, por primera vez en quince años, se había conseguido reducirla.[40]

La mayoría de las personas desnutridas vivían en países subdesarrollados o en vías de desarrollo. La conclusión del informe es similar a la que tú o yo sacaríamos sin necesidad de datos estadísticos que la avalaran: los niveles de desnutrición en el mundo son «inaceptablemente altos».[41]

POBLACIÓN MUNDIAL Y PRODUCCIÓN DE ALIMENTOS

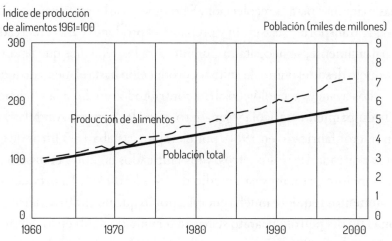

Figura 5.3. Hay una relación directa entre el crecimiento de la población mundial y la necesidad de más alimentos para dar de comer a la familia global. El gráfico muestra claramente esta relación y el hecho de que la escasez de alimentos no se debe a problemas de producción. Fuente: Organización para la Alimentación y la Agricultura de las Naciones Unidas.

De modo que, aunque el número de personas a las que nuestro agricultor de Kansas da de comer ha aumentado en torno a un 496% desde los años sesenta, el coste de la producción de los alimentos ha crecido más del 1000%. Por ejemplo, en 1960 el coste medio de producir seis mazorcas de maíz era de unos 25 centavos de dólar. En 2011, la producción de las mismas seis mazorcas costaba 3 dólares, un aumento del 1100% en cincuenta y un años. En esos mismos años, el coste de producción de las patatas aumentó también en torno al 1100%. Unos aumentos, en ambos casos, impactantes, aunque estén ajustados por inflación.

Uno de los principales factores que intervienen en la subida de los precios es el coste de la energía necesaria para producirlos. Si nos paramos a pensarlo, es perfectamente comprensible.

La producción de los alimentos requiere mucho carburante. El tractor lo necesita para arar la tierra, prepararla y sembrar las semillas. Mientras los cultivos van creciendo, hace falta carburante para generar electricidad para sacar agua del pozo y llevarla a los sistemas de riego. En el momento de la cosecha se necesita mucho carburante para el tractor y las máquinas para la recolección. Se requiere carburante para las cintas que transportan, clasifican y preparan el producto para el mercado. Y, naturalmente, se necesita carburante para los vehículos que llevan el producto desde el punto de cultivo y producción hasta el mercado local.

Los avances tecnológicos han contribuido mucho a la eficiencia del equipamiento agrícola y ganadero, pero las mejoras son relativas. Un tractor fabricado en 1980, por ejemplo, gastaba 16,3 litros de gasóleo por cada 100 kilómetros, y los fabricados en 2000 eran solo un poco mejores, con un gasto medio de 14,3 l/100 km. La producción de alimentos requiere mucha energía, por lo que no es de extrañar que con el fin del petróleo barato se hayan terminado también los alimentos baratos. La figura 5.4 muestra esta relación de forma clara y, para algunos, impresionante. Las implicaciones son muchísimas.

Con la mayor demanda de alimentos debida al crecimiento de la población mundial, y con la subida del precio de la energía para producirlos, vivimos hoy en un tiempo en que productos básicos, como el arroz o el maíz, están fuera del alcance de una gran parte de la población más pobre del mundo.

PRECIO DE LOS ALIMENTOS Y DEL PETRÓLEO

Figura 5.4. A medida que las reservas de petróleo barato van disminuyendo, el precio más alto del carburante que se usa en la agricultura se refleja en el coste de los alimentos. El gráfico muestra claramente esta relación. Las implicaciones del uso de carburantes más baratos o alternativos son evidentes. A falta de ellos, los precios más altos del carburante dejan los alimentos efectivamente fuera del alcance de muchas personas. Fuente: adaptado de FMI-Precios de los productos básicos.

Es evidente que la relación entre población, alimentos y energía es compleja. También está claro que es difícil separar un aspecto de esta relación de los otros. Cuando hablamos de encontrar buenas soluciones a problemas afines, como los que hemos analizado en este capítulo, una de las claves es ir directamente al denominador común de todos los problemas. En nuestro tiempo de extremos, es fácil reducir la lista de posibilidades a un único factor sobre el que giran los demás: nuestra forma de pensar. La crisis de ideas que impregna nuestra vida tiene su origen en el recelo a aceptar los descubrimientos de la mejor ciencia actual, por ejemplo el papel de la cooperación en la naturaleza, y lo que estos descubrimientos significan para nuestras vidas.

> Para transformar este tiempo de extremos, debemos tener el coraje de sanar nuestra crisis de pensamiento.

Cuando la confluencia de las crisis expuestas por expertos y críticos se filtra a través de una visión del mundo basada en los falsos supuestos que antes señalaba, muchos piensan que nos encontramos en una vía de sentido único que nos aboca a la colisión, cuyo resultado inevitable es el declive o la destrucción. Los científicos y los comentaristas de los medios de comunicación saben predecir muy bien esas consecuencias —el punto crítico, por ejemplo, del pico del petróleo y de la deuda— pero el hecho que a muchos se les escapa es que no es necesario que esos puntos críticos se den.

Antes de cualquier punto sin retorno, la naturaleza nos da la ocasión de convertir la crisis en transformación. Este hecho es la buena noticia que nos ayuda a reconocer las oportunidades de cambio cuando se nos presentan. También es lo que hace posibles los ejemplos reales de este cambio, como los descritos en el capítulo siguiente.

CAPÍTULO 6

DE LOS PUNTOS CRÍTICOS A LOS PUNTOS DE INFLEXIÓN
El poder de decidir

Si no cambias la dirección, puedes acabar donde has comenzado.
Atribuido a LAO-TZU, filósofo chino, siglo VI a. de C.

En 2008, Tom Stoppard, el renombrado dramaturgo británico de origen checo, estaba obsesionado por nuestro tiempo de extremos. La sensación de que en el mundo se estaban produciendo grandes acontecimientos y todos a la vez lo abrumaba y confundía, unos sentimientos que dieron lugar a una crisis que él mismo diagnosticó como «bloqueo de escritor». En una entrevista con la agencia Reuters, el autor de clásicos como *La costa de la utopía* y *Rosencraatz y Guildenstern han muerto* confesaba que se sentía tan sobrecogido por los extremos globales que no sabía qué dirección debía tomar su obra.

«Son tantas las cosas que hoy están en primer plano, asuntos de tan enorme importancia, que no los puedes abarcar», se sinceraba.[1] «¿Hablo del calentamiento global o de Irak, o quizás de Afganistán?, y acabas por no escribir nada», confesaba.[2] Al final consiguió desbloquearse y seguir escribiendo obras innovadoras, como *El lado oscuro*, escrita para celebrar el cuarenta aniversario del influyente álbum de Pink Floyd *The Dark Side of the Moon*.

Stoppard no es el único que se siente muy abrumado. Hablo de él como ejemplo de cómo muchas personas dicen sentirse en la actualidad: atónitas ante los muchos acontecimientos que hoy se producen de forma simultánea. En las conferencias que organizo por todo el mundo, los asistentes me hablan de una sensación de impotencia, desesperanza y aturdimiento por la rapidez con que su vida y el mundo están cambiando.

Es comprensible sentirse desconcertado por la magnitud del cambio. Y cuesta determinar qué podemos hacer como individuos para marcar una diferencia en el mundo. No me cabe duda de que una persona puede propiciar un gran cambio positivo en el mundo, pero también sé que lo más habitual es que se requiera toda la vida para conseguirlo, incluso sacrificarla. Desde la Madre Teresa, Mahatma Gandhi, Nelson Mandela y John Lennon, son muchos los ejemplos conmovedores de personas que, solas y de pie en el escenario de la vida, les abren a los demás la puerta de la posibilidad, la visión y la imaginación. Pero lo que tal vez no sea tan evidente es qué tuvo que ocurrir antes para que estas personas llegaran a ser ese faro de lo posible. Antes de poder iluminar al mundo con su mensaje, tuvieron que ser sinceras consigo mismas sobre sus sueños y las decisiones que iban a tomar para hacerlos realidad.

La velocidad del cambio

Sea el impacto que percibimos que el calentamiento global tiene en la cesta de la compra o el de la deuda global en la pérdida de empleos en nuestra comunidad, conviene que seamos sinceros y determinemos lo que para nuestra vida es realista y lo que no lo es. La gente me dice continuamente que quiere cambiar el mundo. La pregunta es: ¿cómo? Seamos realistas y pensemos qué podemos hacer individualmente ante tantas crisis simultáneas, cómo podemos hacer de este tiempo de extremos un momento de transformación y cómo compartir este cambio personal con nuestra comunidad y los más allegados.

Aquí es donde entra en escena la sinceridad con uno mismo. Quisiera que consideraras dos hechos:

- Hecho 1: francamente, lo más probable es que el mundo no vaya a cambiar en el tiempo que tardes en leer este libro.

- Hecho 2: francamente, tu reacción ante el mundo puede cambiar decisivamente en el tiempo que tardes en leer este libro.

Hay un hecho adicional que corrobora los hechos 1 y 2. Es un hecho basado en la ciencia del mundo natural y cómo la naturaleza se adapta al cambio:

- Hecho 3: la naturaleza siempre deja espacio para nuevas posibilidades y el cambio positivo.

En lo que a este tercer hecho se refiere, nuestro tiempo de extremos no es una excepción.

Muchos expertos y comentaristas de los medios de comunicación consideran que todas estas crisis simultáneas del mundo son piedras que marcan el camino hacia un declive y una destrucción irreversibles. Muchos de ellos saben predecir muy bien estas consecuencias, pero la mayoría no tiene en cuenta la buena noticia que da título a este capítulo. En toda crisis hay un punto de inflexión que puede llevar a una transformación positiva, en el que la mera supervivencia se convierte en gozosa prosperidad. En nuestra vida, esta transformación se llama *resiliencia*. En nuestro mundo, ese tiempo es *ahora*.

En otras palabras, puede parecer que estamos abocados a la colisión de los efectos del cambio climático, el pico del petróleo y el de la deuda, tal como señalan Naciones Unidas y otros, pero si actuamos ahora podemos evitar estas y otras crisis. La pregunta es: ¿aceptaremos la resiliencia desde el corazón que conduce a la mayor transformación de la forma de vivir y pensar que el mundo jamás haya visto? Los hechos indican que estamos a punto de averiguarlo.

> Hay un momento en que toda crisis puede pasar a ser una transformación, en que la mera supervivencia se puede convertir en prosperidad. Ese momento es el punto de inflexión.

Los puntos críticos: pequeños desencadenantes del gran cambio

Hay momentos en la vida en que los principios que se ocultan en lo que parece pequeño e insignificante pueden marcar una gran diferencia y generar el gran cambio. Un ejemplo sería el cazo de agua hirviendo en la cocina: es cierto que todos hemos visto hervir agua, pero puede que no nos hayamos dado cuenta de cómo es el proceso realmente . Probablemente se nos haya pasado por alto uno de los agentes de mayor fuerza del cambio también en lo que se refiere a nuestra vida. Así es como funciona.

Cuando colocamos el cazo en el fogón, el agua no se pone a hervir enseguida. Al contrario, es un proceso. Primero vemos un cambio tan pequeño que puede parecer que no ocurre nada. Así que observamos y esperamos. Grado a grado, el agua se va calentando. Vemos que el termómetro va subiendo: 90 °C, luego 93 °C, luego 97 °C. Cuando llega exactamente a los 99 °C, empieza a suceder algo extraordinario. El agua sigue teniendo más o menos el mismo aspecto que cuando la pusimos al fuego, pero algo ocurre a un nivel más sutil. Si nos fijamos bien, vemos que en el fondo y las paredes del cazo se van formando unas pequeñas burbujas. *Con la subida de solo un grado, de 99 a 100 °C, vemos un gran cambio*. De repente hay burbujas por todo el cazo y el agua bulle en un caos continuo. Ahora está hirviendo de verdad, y podemos empezar a cocer el arroz o la pasta, dejar el té en infusión o hacer lo que nos proponíamos cuando decidimos poner agua a hervir.

En este sentido, lo fundamental es que una pequeña diferencia fue la que llevó el agua al punto de ebullición. Las temperaturas inferiores fueron necesarias para llegar a ese punto, pero solo cuando la temperatura rebasó ese límite casi imperceptible cambió la situación del agua y esta empezó a hervir. Este último grado ilustra el proceso del que hablo. Se llama el *punto crítico*, y lo cambia todo.

La expresión *punto crítico* se emplea desde hace mucho tiempo en matemáticas y algunos otros ámbitos, pero de repente apareció en el léxico cotidiano en el año 2000, a raíz de la publicación del libro de Malcolm Gladwell que lleva este título. *El punto crítico* es un riguroso análisis del detonante de los cambios sociales y de cómo estos cambios, en última instancia, nos pueden transformar la vida. Para Gladwell, un punto crítico es «el momento de masa crítica, el umbral, el punto de ebullición».[3]

> **Un pequeño cambio puede alterar significativamente el punto de equilibrio.**

Se suele hablar de punto crítico para explicar el punto sin retorno en el que una determinada situación llega a un estado o un momento en que ya no aguanta el *statu quo*. En este punto es donde la situación original deja de existir, y aparece otra nueva. Exactamente esto es lo que ocurrió en nuestro ejemplo del agua hirviendo. A 100 °C, las moléculas comenzaron a comportarse de otro modo, reflejo de la nueva situación.

Para el propósito de este libro, podemos definir el punto crítico como la culminación de una serie de situaciones que marca un punto sin retorno. Y normalmente cuando hablamos de un punto sin retorno no lo hacemos de la forma debida.

Los puntos sin retorno: la respuesta de la naturaleza a los extremos de la vida

Tenemos un buen número de puntos sin retorno a nuestro alrededor. Estamos acostumbrados a ver en los principales medios de comunicación situaciones que van desde la capacidad de aguante de las economías mundiales ante la constante acumulación de la deuda hasta cuántos habitantes de Estados Unidos pueden estar fuera del mercado de trabajo antes de que los impuestos que mueven el motor del país sean insuficientes o cuánto se pueden deteriorar las relaciones entre Israel e Irán antes de que la guerra sea inevitable. En general, sin embargo, el uso más común que se ha hecho del término en los últimos años es en relación con el cambio climático y sus repercusiones.

¿Cuánto puede aumentar el calentamiento global antes de que lleguemos al punto crítico en que la vida en la Tierra sea insostenible?

¿Cuánto pueden subir los precios de los alimentos y la energía como consecuencia del cambio climático antes de que la familia media ya no se los pueda permitir? Hablaremos de estos puntos críticos, y de la buena noticia que llevan aparejada. Empecemos, pues, por lo positivo.

Como veíamos anteriormente, antes de llegar a un punto crítico sin retorno, la naturaleza nos permite realizar algún cambio que conduzca a una nueva situación. Este cambio aparece en el punto de inflexión. La existencia de los puntos de inflexión contrasta mucho con lo que se nos ha hecho creer sobre nosotros mismos y sobre el mundo. En la práctica cotidiana, significa que cualquier situación difícil *siempre* tiene una salida, *siempre* hay otra opción, que *siempre* existe la posibilidad de pasar del camino que lleva a una determinada situación a un camino que conduzca a una nueva.

Es un hecho que en cualquier momento de la vida nos podría llamar la atención, pero que es vital que lo reconozcamos hoy, cuando se nos ha llevado a pensar que el futuro encierra aterradores puntos críticos en lo que se refiere al trabajo, los alimentos y la energía.

Por mucho que pensemos que dominamos las fuerzas de la naturaleza o que nos hemos protegido debidamente de los elementos, la realidad sigue siendo que somos parte del mundo natural. Siempre lo hemos sido y siempre lo seremos, y hoy no es diferente. Para comprender lo profundamente unidos que estamos a la naturaleza, basta con que nos fijemos en cómo los ciclos de la Luna influyen en el ciclo menstrual de la mujer, en la fuerza del día y la noche en nuestros ciclos del sueño y en la incidencia de la falta de luz natural en la depresión y el suicidio en sitios donde es escasa.

Incluso en un mundo de altos edificios de oficinas y viviendas, donde no es infrecuente que la gente se pase días sin tocar la tierra ni sentir los rayos del sol en la piel, es evidente que estamos profundamente inmersos en los ritmos de la naturaleza. Y debido precisamente a esta íntima conexión con ella, se entiende que las matemáticas de la naturaleza sean también *nuestras matemáticas*.

Esto es positivo porque, cuando nos vemos lanzados hacia un punto crítico que no deseamos, la naturaleza nos brinda la posibilidad de fijar un curso nuevo con un resultado nuevo. En matemáticas, la clave para el cambio de la naturaleza se denomina habitualmente *punto de inflexión*. Hoy lo llamamos también así en la vida cotidiana. El poder del punto de inflexión es que nos permite *alejarnos* de lo que normalmente es una consecuencia indeseada.

Un punto de inflexión esperanzador

Todos hemos visto ejemplos de puntos de inflexión en nuestra vida o en la de amigos y familiares. Se pueden producir de forma espontánea, o se pueden crear a voluntad. Es completamente posible que hayamos experimentado uno y otro tipo sin reconocer lo que hemos visto. ¿Cómo sabemos, entonces, cuándo aparecen?

Un ejemplo de punto de inflexión sería cuando un amigo o un miembro de la familia se somete a una operación quirúrgica de urgencia. Sea la extirpación de un tumor peligroso o la cura de un órgano vital, cuando ocurren estas cosas lo habitual es decir que la intervención le ha dado a nuestro ser querido una «segunda oportunidad». En otras palabras, en lugar de seguir el curso de deterioro que llevaba a un punto crítico sin retorno –el fallo del cuerpo–, el punto de inflexión de la operación le da un nuevo plazo a la vida.

He tenido experiencia personal y directa de este tipo de punto de inflexión en mi familia, cuando mi madre decidió operarse de un tumor canceroso de pulmón en 2002. Al parecer, había padecido tuberculosis cuando era pequeña, pero nunca lo supimos, ni ella ni nosotros. No se la diagnosticaron en su momento, y su cuerpo se había curado solo sin ninguna intervención médica. Los doctores dijeron que la cicatriz provocada por una infección tuberculosa se puede hacer cancerosa si la persona vive lo suficiente para que el tejido se calcifique. Era evidente que eso fue lo que le había ocurrido a mi madre.

Ambos habíamos hablado en muchas ocasiones de la asombrosa capacidad de curación de nuestro cuerpo y mi madre había asistido a muchos seminarios míos y sido testigo de curaciones espontáneas, pero dejó muy claro lo que quería hacer con su problema. En una conversación por teléfono que mantuvimos ya bien entrada la noche, dijo simplemente: «Sé que estas curaciones son posibles, pero no son para mí. Quiero que me quiten eso».

Lo oí fuerte y claro. Apoyé la decisión de mi madre y la ayudé a buscar el mejor hospital y los mejores médicos.

En nuestras rondas de evaluación de hospitales y centros de investigación universitarios, tuvo la oportunidad de hablar personalmente con cualquier posible cirujano. Les hacía preguntas para conocerlos, y yo escuchaba atentamente lo que los mejores especialistas en cáncer de pulmón le decían. En todas las conversaciones, al final yo hacía una pregunta más. Después de haber hablado de todo lo que le preocupaba a mi madre, yo le daba la mano al médico, lo miraba a los ojos y le preguntaba: «¿Qué papel cree usted que desempeña en su trabajo Dios o un poder superior?». Con una única excepción, esta pregunta pasó a indicar que se había terminado el apretón de manos, y los médicos se daban la vuelta y salían de la habitación.

Fue en la última entrevista con el último médico de nuestra lista, en el hospital universitario de Albuquerque (Nuevo México), cuando un cirujano no abandonó la reunión. Al contrario, al oír mi pregunta, me apretó la mano aún con más fuerza y soltó una sincera y sonora carcajada que me dejó atónico.

Con los ojos radiantes, me miró directamente a los míos y, con un fuerte acento europeo, cuya procedencia no pude identificar con exactitud, respondió mi pregunta con otra suya:

—¿Quién cree usted que mueve estas manos para hacer los milagros que se producen en el quirófano? —dijo mientras levantaba las manos para que se las viéramos. Soltó otra carcajada, abrazó a mi madre, se dio la vuelta y salió de la consulta.

Miré a mi madre y dije:

—Creo que acabas de encontrar a tu médico.

La operación fue todo un éxito. Desde entonces nada hemos sabido del cáncer, y mi madre ha hecho cambios en su vida que la ayudan a seguir así. Cuento aquí esta historia como un ejemplo más de cómo una decisión se puede convertir en el punto de inflexión que abra paso a algo positivo. En el caso de mi madre, saber con absoluta certeza que no tenía en el cuerpo ningún tejido que pusiera en riesgo su vida fue el punto de inflexión que le dio libertad para cambiar los hábitos alimentarios, por ejemplo, y las ideas sobre la vida que le habían enseñado. Sin embargo, la decisión de hacer algo que coincidía con lo que ella pensaba —operarse— fue la clave que hizo posibles todos estos otros cambios.

> Los puntos de inflexión personales se deben ajustar a las posibilidades que nuestra visión del mundo nos abra.

La norma de la naturaleza: la sencillez

La naturaleza se basa en la simplicidad. Solo se complica si la complicamos. Los principios de la vida y del mundo se pueden explicar con ideas y palabras sencillas. Y debido precisamente a que la naturaleza es así de *simple*, las relaciones naturales se pueden explicar con unas matemáticas básicas. El ejemplo perfecto de lo que quiero decir es un modelo fractal.

En los pasados años setenta, un profesor de matemáticas de la Universidad de Yale, Benoit Mandelbrot, desarrolló una manera de percibir los patrones sencillos de la naturaleza que hacen posible el mundo y todo lo que contiene. A su nueva forma de ver las cosas la llamó *geometría fractal*, o *fractales*. Antes del descubrimiento de Mandelbrot, los científicos usaban otro tipo de geometría para describir el mundo: la geometría euclidiana.

El antiguo modo de pensar era que la naturaleza *es* tan compleja que no se puede describir utilizando un sistema numérico. Por esta razón, a la mayoría nos han enseñado una forma de geometría que solo se aproxima a los patrones de la naturaleza. Es la geometría de líneas perfectas, cuadrados perfectos, círculos perfectos y curvas perfectas. Por eso, quizás, los primeros árboles que dibujábamos parecían piruletas.

El problema es que la naturaleza no usa líneas y curvas perfectas para formar las montañas, las nubes y los árboles. Utiliza, por el contrario, fragmentos imperfectos —una línea quebrada aquí, una curva imprecisa allá— que, juntos, se convierten en montañas, nubes y árboles.

Estos fragmentos imperfectos son los patrones fractales. La clave es que todos los elementos de un fractal, por pequeños que sean, se parecen al patrón mayor de los que forman parte. El término para referirse a esta repetición de patrones es *autosimilitud*.

La naturaleza se compone de unos pocos patrones de autosimilitud que aparecen a muy diversas escalas; por esto la tomografía computarizada de los vasos sanguíneos que vierten sangre en las arterias de nuestro cuerpo se parece a una imagen del Amazonas y sus afluentes tomada desde un satélite o la energía del electrón que orbita alrededor del núcleo se parece mucho al planeta que orbita alrededor del Sol. La naturaleza está hecha de patrones simples de autosimilitud que se repiten una y otra vez con diferentes grados de magnitud.

Teniendo en cuenta la simplicidad de la naturaleza, Mandelbrot programó su fórmula en un ordenador, y el resultado fue asombroso. Al ver todo el mundo natural como pequeños fragmentos que se parecen a otros fragmentos pequeños, las imágenes resultantes hacían mucho más que parecerse a la naturaleza. *Eran exactamente como la naturaleza.*

Y en este punto es donde la nueva geometría de Mandelbrot nos explica el mundo. La naturaleza se construye a sí misma mediante patrones simples.

Figura 6.1. En los pasados años setenta, Benoit Mandelbrot produjo por ordenador las primeras imágenes fractales. El helecho de la izquierda y el paisaje de la derecha son imágenes generadas por ordenador, cambiando los valores de la misma fórmula: $z = z2 + c$. Fuente: Dreamstime: © Tupungato (helecho); Wikimedia Commons: Stevo-88 (paisaje).

Teniendo presentes estas ideas, no es extraño que la geometría muestre también bellamente la idea de punto de inflexión. En la figura 6.2 vemos la ilustración de uno de ellos. Aparece en el punto en que una línea que se mueve en una dirección cambia de forma y empieza a moverse en otra dirección. Si seguimos la línea de la ilustración desde arriba y bajando hasta la parte inferior del gráfico, forma una figura que desciende ligeramente, se nivela y después empieza a avanzar en una nueva dirección.

El punto donde la línea del gráfico cambia de forma representa el lugar del mundo real que es objeto de este capítulo: el punto de inflexión. Si la línea puede cambiar, sabemos con certeza que también nosotros lo podemos hacer. Nuestra vida se basa en las mismas leyes naturales. El gráfico de la figura 6.2 muestra cómo se produce exactamente. En él, el cambio se revela como una simple variación de la línea, pero en la vida el cambio que se produce en un punto de inflexión puede marcar toda la diferencia entre el éxito y el fracaso, la abundancia y la carencia e incluso la vida y la muerte.

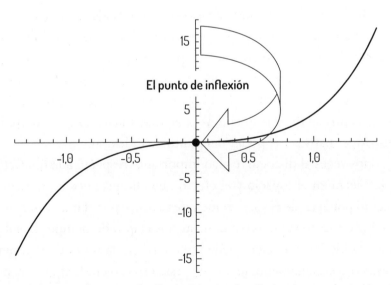

Figura 6.2. Ilustración de un punto de inflexión de la naturaleza. Es el punto en que la energía que se mueve en una dirección, hacia un resultado, puede cambiar de dirección y conducir a otro resultado. Formamos parte del mundo natural; por esto disponemos también de nuestros puntos de inflexión.

Un modo sencillo de imaginar el punto de inflexión es considerar la forma de las propias curvas. Si nuestro gráfico bidimensional se convirtiera por arte de magia en tridimensional, desde la parte superior derecha del dibujo hasta el punto de inflexión, la curva se asemeja a una taza. Tiene forma cóncava. En otras palabras, podría contener agua si la hubiera. Desde el punto de inflexión hasta la parte inferior izquierda del gráfico, la línea cambia de forma, como si la taza estuviera ahora boca abajo. Esa forma convexa no podría contener agua.

El lugar donde se produce el cambio es el punto de inflexión. Esta zona entre las dos tazas es donde la ciencia confirma hoy lo que las diferentes tradiciones místicas llevan siglos diciendo: existe energía en el espacio intermedio.

> La naturaleza es simple y, por ello, también lo son los puntos de inflexión.

El misterio del espacio intermedio

Muchas tradiciones indígenas comparten la idea de que en el espacio que media entre ciertas cosas anidan las nuevas posibilidades. En las tradiciones de Norteamérica, por ejemplo, se cree que el espacio entre el día y la noche es el que abre la puerta de todos los caminos y desenlaces para nuestra vida. Si pensamos en lo que representa ese espacio entre el día y la noche, vemos un paralelismo claro entre las tradiciones nativas y el poder del punto de inflexión.

Dos veces al día ocurre algo importante respecto a la ubicación de la Tierra en el espacio y el efecto que ello produce en nosotros. Cuando por la tarde el sol se pone y desaparece por el horizonte, aparece brevemente la puerta a un misterioso lapso de tiempo. El sol ya no es visible, pero el cielo sigue teniendo luz. Ya no es de día, pero tampoco completamente de noche. Este espacio entre el día y la noche es la llamada *fractura entre los mundos*. Esta fractura aparece de nuevo al amanecer, cuando el cielo ya no se encuentra en la oscuridad de la noche, pero aún no ha llegado la luz del día.

Desde las descripciones de los antiguos chamanes egipcios y peruanos hasta las de los sanadores del desierto del suroeste de Estados Unidos, el tema de estos puntos de inflexión es el mismo. Dos veces al día, la naturaleza nos da un momento en el que podemos ofrecer nuestras plegarias con el mayor potencial de cambio para nuestras vidas. En el lenguaje de su tiempo, nuestros ancestros compartían el poder de lo que la naturaleza nos muestra en la figura 6.2. Los puntos de inflexión son el modo que tiene la naturaleza de hacer posible el cambio.

Lo hermoso de saber que existe un punto de inflexión es que nos brinda la oportunidad de cambiar *antes* de que experimentemos algo que no deseamos.

Los puntos de inflexión: a veces deliberados, a veces espontáneos

La naturaleza reconoce dos tipos de punto de inflexión. Tienen orígenes distintos y aparecen de diferente modo en nuestra vida. Como veíamos antes, un punto de inflexión puede ser *espontáneo*, por ejemplo ese momento intermedio entre el día y la noche, o puede ser *deliberado*. En otras palabras, podemos crear un punto de inflexión cuando lo necesitamos.

Es una buena noticia. Significa que podemos crear puntos de inflexión en nuestra vida, y también en el mundo. Los podemos crear ante problemas de salud, económicos, profesionales o relacionales. Lo podemos hacer con frecuencia o muy de vez en cuando. Siempre que lo hacemos, aceptamos el mecanismo de seguridad de la naturaleza que nos evita heridas, desengaños, destrucción y sufrimiento, todo ello consecuencia muy habitual de no saber reconocer una de las ventanas de oportunidad de la naturaleza.

Ya sabemos *qué* son los puntos de inflexión, y la mejor manera de entender *cómo* funcionan es mediante ejemplos de la vida real. Uno de ellos es la espectacular pérdida de peso de Bill, que llegó hasta los casi 150 kilos.

Un punto de inflexión deliberado

Lamentablemente, el principio de la historia de Bill es muy común. Quería perder peso y había probado dietas populares, sin éxito. Nada parecía funcionar. Su esposa, que también padecía sobrepeso, consiguió adelgazar con un programa que había descubierto. Bill lo intentó con el mismo programa, pero en su caso no funcionó. El diferente modo de vida de cada uno acabó con su relación, y ella le pidió el divorcio. En el caso de Bill, la consecuencia de la imposibilidad de perder peso sumada a la ruptura de su matrimonio fue la previsible. Se sentía inútil, perdido y deprimido: «Empecé a odiarme por lo que era –dice– y comencé a darme cuenta de que podía desear otras muchas cosas».[4]

Bill reanudó la relación con un antiguo grupo de apoyo. Al igual que el punto de ebullición del agua del que hablé al principio del capítulo, en él los cambios de peso y de vida fueron poco a poco. Al ver que iba bajando kilos, al principio despacio y después más deprisa, aumentó la intensidad de los ejercicios. En siete meses Bill perdió casi 50 kilos y bajó diez tallas de pantalón. Estaba pletórico. Hacía mucho tiempo que no se sentía tan bien, y ese éxito personal en la transformación de su cuerpo lo llevó al ministerio de su iglesia, donde podía ayudar a otros.

Fue también en ese tiempo cuando Bill resultó gravemente herido en un accidente de tráfico. Se quedó atrapado dentro del coche y sufrió múltiples heridas: rotura de unas cuantas costillas y un hombro y muchos cortes en la cara. Estuvo tres días en estado grave y siguió hospitalizado otras tres semanas para la recuperación. La conjunción de su fuerza de voluntad, su aguante y su mejor estado físico hizo que la recuperación fuera un éxito.

Médicos y paramédicos coincidían en un punto: si Bill hubiera sufrido aquel accidente antes de que cambiara su vida, el peso de su cuerpo dentro del coche habría reducido las posibilidades de rescate e incluso de supervivencia. Lo importante de esta historia es que fue Bill quien *decidió hacer algo* con su peso, y ese algo fue el punto de inflexión de su vida. Decidió perder 50 kilos, por lo que su punto de inflexión fue deliberado.

> Podemos crear un punto de inflexión con una sola decisión.

UN PUNTO DE INFLEXIÓN ESPONTÁNEO

En 1928, un científico escocés que trabajaba con cultivos de bacterias en un laboratorio observó que algo anormal había ocurrido mientras estaba de vacaciones. Mientras estuvo fuera, algunos cultivos habían cambiado de forma inesperada. Antes de irse de vacaciones, había apartado unas placas que aún contenían bacterias para dejar espacio a un compañero de trabajo. Al regresar, observó que en algunas de esas placas había moho. En realidad, el aspecto de este no era inusual, pero lo que llamó la atención al científico fue cómo reaccionaban las bacterias. Las bacterias que forman una fina película al extenderse por la superficie habían muerto en los puntos en los que había moho.

En otras palabras, el moho había matado a las bacterias.

Aquel hombre se llamaba Alexander Fleming, y el moho que había «contaminado» las placas y acabado con las bacterias contenía *penicilina*, un potente antibiótico. La penicilina fue el primer descubrimiento de un fármaco de este tipo que solo mataba a las bacterias nocivas del cuerpo humano, sin que acabara también con las beneficiosas, por lo que se convirtió inmediatamente en el principal medicamento de mayor uso y para múltiples problemas: desde las heridas cutáneas susceptibles de infección por estafilococos hasta enfermedades de transmisión sexual y otras muchísimas provocadas por insectos y otros animales. Sin embargo, a pesar de la fuerza que en su tiempo tuvo aquel «fármaco milagroso», se descubrió que su uso y su eficacia eran limitados. Para superar estas limitaciones, pronto se desarrollaron otras formas más potentes de penicilina. Muchas de ellas se siguen usando hoy, entre ellas la *ampicilina*, la *amoxicilina* y la *dicloxacilina*.

El descubrimiento de Fleming es un claro ejemplo de punto de inflexión espontáneo. Lo es porque Fleming no se propuso deliberadamente obtener el antibiótico antes de irse de vacaciones. Sin embargo, su disposición a aceptar lo que veía fue lo que hizo posible el punto de inflexión. Si no hubiera hecho caso al moho, hubiera limpiado las placas y hubiera seguido con los experimentos que había iniciado antes de irse, hoy viviríamos en un mundo muy distinto. Para nuestra suerte, no ocurrió así, y Fleming aceptó el punto de inflexión para él y para la inmensa cantidad de personas de todo el mundo que se han beneficiado de su descubrimiento.

> Podemos aceptar un punto de inflexión que aparezca espontáneamente en nuestra vida.

Por distintos que puedan parecer estos ejemplos de puntos de inflexión, ambos describen sucesos reales que cambiaron vidas de dos formas muy distintas. En el caso de Bill, el punto de inflexión de su pérdida de peso fue creado *deliberadamente* como consecuencia de una decisión propia. En el de Alexander Fleming, el punto de inflexión de usar el moho como agente curativo fue *espontáneo*. Fleming observó algo inusual y supo interpretar lo que había visto.

Los dos ejemplos ilustran cómo suelen aparecer los puntos de inflexión en la vida. El hecho de que existan no tiene nada de inusual, pero la clave de su poder es lo que hagamos cuando aparecen. Los dos factores que pueden dar sentido a un punto de inflexión son:

- Tener sabiduría para reconocerlo cuando aparece.
- Tener fuerza para aceptar lo que nos muestra.

Ya sabemos *cómo* aparecen los puntos de inflexión de nuestra vida. Ahora la pregunta es: *¿de dónde* proceden?

¿De dónde proceden los puntos de inflexión?

El origen de un punto de inflexión solo puede estar en un sitio. Sale de *nosotros* y del sentido que le damos a una experiencia directa y personal. Lo fundamental es que se trata de *nuestra* experiencia. No es algo que los compañeros de trabajo hayan visto en un programa de televisión, que las organizaciones religiosas nos digan que debemos sentir o que la familia nos diga que es *así* porque se ha aceptado desde siempre. Un punto de inflexión solo puede ser real cuando somos nosotros quienes lo experimentamos. Es el resultado de algo que nos mueve tan profundamente que, para poder adaptarnos a los hechos de nuestra experiencia, hemos de cambiar de modo de pensar.

Normalmente, estos puntos de inflexión nos llegan de una de dos formas posibles, o de una combinación de ambas:

- Un descubrimiento cambia lo que creemos y pensamos.
- Ocurre algo que nos cambia el paradigma y la visión que tenemos del mundo.

Precisamente a través de este tipo de experiencias es como los grandes maestros ayudan a sus alumnos a salvar la brecha entre sus creencias limitadoras y las posibilidades de su propia fuerza. Para ello, les muestran algo o les generan una experiencia que altere su paradigma. De una forma u otra, el alumno ha de incorporar después la lección a sus propias ideas y creencias.

Jetsun Milarepa, maestro espiritual y yogui del siglo XI, por ejemplo, llevaba a sus discípulos a un estado de conciencia que les permitía pasar la mano *a través* de la sólida roca que formaba las paredes de las cuevas que eran sus «aulas». Con ello, los alumnos descubrían personalmente que lo que los limitaba no eran las propias paredes de la cueva, sino lo que ellos creían sobre las paredes. He visto estas cuevas de enseñanza en mis peregrinajes a la meseta tibetana. He colocado las manos en las marcas que los maestros dejaron en la piedra. Incluso los restos de esas demostraciones producen un profundo efecto en quienes los ven con sus propios ojos. En tiempos más recientes, se ha utilizado un efecto similar en la enseñanza de las artes marciales.

Todos hemos visto demostraciones de artes marciales en las que de un solo golpe con la mano se rompen bloques de cemento. Son ejercicios asombrosos y espectaculares, pero lo que no suele ser tan evidente para quien lo ve es que la hazaña está menos en la fuerza bruta que en la voluntad de romper el bloque, y más en la fe y en la capacidad de concentración.

Puedo asegurar, por propia experiencia, que el secreto de romper bloques de cemento o pilas de tablones reside en aquello en lo que el alumno ponga la atención. A este se le enseña a identificar un punto en el espacio situado ligeramente por *debajo* del bloque inferior. Este punto es la clave de toda la demostración. Quien ejecuta el ejercicio no piensa con qué fuerza tendrá que golpear ni en lo grueso que pueda ser el bloque. De hecho, excepto para servirse de la parte inferior de este como punto de referencia, no piensa en modo alguno en el bloque.

El secreto del ejercicio es que, durante un instante, los pensamientos, sentimientos, emociones y creencias presentes en el cuerpo de quien lo ejecuta, su mente y su alma, están totalmente concentrados en un solo punto del espacio y tiempo, el punto situado ligeramente por debajo del bloque. En este punto terminará el movimiento de la mano. En ese momento de concentración no existe nada más, ni siquiera el bloque de cemento.

Este tipo de demostraciones en realidad cumplen los criterios de los dos orígenes de los puntos de inflexión antes señalados. El propio acto es un suceso que cambia el paradigma de cómo se siente la persona respecto a su relación con el mundo. Y el hecho de que quien realiza el ejercicio consiga su asombroso propósito se convierte en el descubrimiento que da prueba factual de que la hazaña es posible. Ambos criterios crean la necesidad de un cambio de modo de pensar.

Un verano, dos puntos de inflexión globales

Todos hemos vivido puntos de inflexión en la vida, aunque unos sean más memorables que otros. En el verano de 1969, y en menos de un mes, viví dos puntos de inflexión que me cambiaron la mía. Eran las vacaciones de verano y trabajaba en un rancho del sur de Misuri. Los más de 35 °C unidos a casi un 100% de humedad, una situación habitual en la zona en esa época del año, garantizaban que cualquier experiencia al aire libre fuera un auténtico desastre. Así ocurría en especial con mi principal trabajo de cargar balas de paja en la plataforma trasera de un tractor que se desplazaba muy despacio.

Iba andando al lado del tractor, y mi trabajo consistía en levantar cada bala de unos 35 kilos del suelo y apilarla mientras el tractor llegaba a la siguiente, donde mis compañeros y yo repetíamos la operación. Y así durante interminables horas. Esperaba ansioso la cena no solo para descansar del polvo, los insectos, la humedad y el calor, sino también porque era la única oportunidad de ver las noticias de la noche y conectar con el resto del mundo.

Punto de inflexión 1: viaje a la Luna

En el comedor donde nos reuníamos a cenar todos los que trabajábamos en el rancho había un televisor pequeño. Estaba en un rincón, y normalmente el volumen estaba puesto tan bajo que apenas podíamos adivinar lo que decían aquellas imágenes un tanto borrosas. Pero una noche todo cambió. Cuando el murmullo de voces cesó para la bendición de la mesa, oímos las inconfundibles palabras que salían del televisor: «Es un pequeño paso para un hombre, pero un gran salto para la humanidad», decía aquella voz.[5]

Mientras escuchaba, sentí que dos realidades muy distintas me sacudían todo el cuerpo: una, la del mundo que nos separaba a unos de otros antes de aquel anuncio, y otra, la del mundo en el que, después y aunque fuera brevemente, esa separación había desaparecido. Las palabras eran de Neil Armstrong, y su voz estaba viajando desde la escalera de una frágil nave espacial posada sobre la superficie de otro mundo, a través del espacio, hasta las redes de televisión de todo el mundo, y al pequeño televisor que tenía enfrente.

Un ser humano acababa de poner el pie en la Luna por primera vez, y aquellas imágenes me hicieron vivir de otro modo el momento en el que sucedió. Fue el momento en que la idea colectiva que la humanidad tenía de sí misma desde hacía muchos siglos de repente cedió el paso a una nueva y mayor visión de esperanza y posibilidad. Me cambió para siempre. Cambió lo que sentía por el mundo. Cambió lo que sentía por las personas del mundo. Aquel día fuimos una familia global que no distinguía entre americanos del norte y del sur, europeos, asiáticos, australianos y africanos. En aquel momento, éramos seres humanos, y acabábamos de conseguir algo que hasta entonces solo había sido materia con la que soñar. Súbitamente todo se hizo real. Estábamos en la Luna, y lo sentía en el cuerpo. Aquel momento fue para mí un punto de inflexión, y aún hoy lo recuerdo vívidamente.

Punto de inflexión 2: tres días de paz

Justo cuando creía que nada podría asombrarme tanto como lo que acababa de vivir, ocurrió algo inimaginable. Las cadenas de televisión que, solo unas semanas antes, habían estado mostrando las imágenes de Neil Armstrong en la Luna traían ahora otra historia que también impresionaba a todo el mundo.

Fui al televisor y subí el volumen. Era evidente qué era lo que nos llamaba la atención a los cansados trabajadores y mí. En un giro del destino que ninguna novela utópica podría haber coreografiado mejor, el televisor mostraba a unos quinientos mil jóvenes que convivían en paz en el festival de música de Woodstock de Nueva York. Y aquello estaba ocurriendo el mismo verano en el que se llegó a la Luna. «¿Qué probabilidades había?», pensé, reflexionando sobre aquella coincidencia.

La fuerza de la sincronía de lo que estaba viendo en el televisor era a la vez surrealista y profundamente emocionante. Las noticias decían que los organizadores del festival habían previsto la asistencia de unos cincuenta mil jóvenes, pero, inesperadamente, pasaron a ser quinientos. La consecuencia fue que las instalaciones no podían atender con seguridad a aquella masa de gente. Los organizadores hicieron lo único que podían hacer: declararon el evento gratuito y después hicieron cuanto pudieron para suministrar alimentos, agua y servicios sanitarios y médicos a aquel público empapado por la lluvia que había convertido la New York State Thruway, una carretera de peaje y acceso limitado, prácticamente en aparcamiento para los coches que acudían al festival.

Se sabía desde hacía mucho tiempo que tanto el alunizaje como la reunión de tantísimas personas eran posibles, pero lo que no se sabía era en qué iban a traducirse esos sucesos. El hecho de que Woodstock terminara siendo el encuentro mayor y más pacífico de la historia moderna que a la vez supuso un cambio de paradigma, ya que modificó la mentalidad de personas de todo el mundo. Con tantos jóvenes juntos en un espacio tan pequeño y tan poca vigilancia de los sentimientos acalorados provocados por la guerra de Vietnam, la idea que se extendió es que el caos convertiría el evento en un desastre de nefastas consecuencias. Pero lo que ocurrió aquel fin de semana demostró al estadounidense común que su miedo era infundado. En los tres días (que finalmente fueron cuatro) de música, desnudez, sexo, drogas, lluvia y barro, la realidad del festival se convirtió en el lema de una generación: paz y amor.

El hecho de que los humanos fueran a la Luna, anduvieran por su superficie y regresaran sanos y salvos alteró el paradigma que había marcado la visión de las personas limitadas exclusivamente a este mundo. Que aquel hecho se produjera en el mismo verano en que tuvo lugar el festival de Woodstock fue una inconcebible realidad que las generaciones futuras estudiarán y de la que se maravillarán. En solo unas pocas semanas, nos demostramos que disponíamos de la tecnología para visitar otros mundos y la sabiduría de convivir pacíficamente en este, sin necesidad de agentes de la ley ni una autoridad superior que nos obligara a cumplirla.

Por diferentes que fueran un suceso del otro, Woodstock y el alunizaje de tres seres humanos se convirtieron en potentes puntos de inflexión en mi vida, y en la de otras innumerables personas. Hoy sabemos que millones de ellas estuvieron viendo por televisión el desarrollo de ambos acontecimientos, pero yo no puedo sino describir la razón de que a mí me cambiaran tanto la vida. Los dos pusieron en entredicho formas de pensar, ideas y creencias imperantes en el mundo en el momento en que se produjeron. Y los dos me demostraron lo que era posible.

Los ejemplos anteriores ilustran cómo pueden aparecer los puntos de inflexión en la vida, sean intencionados o espontáneos, y apuntan a otros que nos son familiares; por esto tal vez podamos hacernos una idea de cuándo se produjeron estos y la fuerza que pueden tener. En la figura 6.3 señalo algunos ejemplos que se me ocurren de puntos de inflexión fundamentales.

Dos tipos de puntos de inflexión	
Categoría	Ejemplo familiar
• Un suceso que altera el paradigma	• La elección de Barack Obama como presidente de Estados Unidos • Los ataques del 7 de diciembre de 1947, y los de 60 años después, el 11 de septiembre de 2001 • El primer alunizaje de un ser humano y su regreso a la Tierra • El hecho de que el cambio climático esté alterando nuestra forma de vivir en la Tierra.
• Un descubrimiento o una revelación	• El descubrimiento de que el ADN porta la información sobre los códigos genéticos • El descubrimiento de un modo de generar electricidad y llevarla a nuestros hogares, escuelas y lugares de trabajo • El descubrimiento de vacunas que prácticamente han erradicado enfermedades como la polio y la tuberculosis • El descubrimiento de que la naturaleza se basa en un modelo de cooperación y ayuda mutua, y no en la competencia, como suponía Darwin

Figura 6.3. Ejemplos de dos tipos de punto de inflexión. En ambos, sea un suceso que nos cambia la vida o un descubrimiento que nos cambie la forma de pensar y actuar, nos encontramos ante hechos que debemos decidir rechazar o aceptar. Una vez que sabemos que el hecho existe, lo que decidamos determina a dónde nos llevará el punto de inflexión.

El punto de inflexión puede ser espontáneo o deliberado, pero, en ambos casos, para aprovecharlos es fundamental entender que, una vez que se produce, abre la puerta a nuevas posibilidades. Según sean el tipo y la cantidad de las crisis a las que nos enfrentemos, puede ser que la capacidad de reconocer los puntos de inflexión decisivos, o de crearlos, se convierta en la clave de la transformación de nuestra vida.

¿Qué ocurre después de un punto de inflexión?

Para liberar la fuerza de un punto de inflexión es esencial aceptar las posibilidades que abre al reconocer su existencia. La figura 6.4 lo muestra. Está dividida en dos partes, la del «paradigma antiguo» y la del «paradigma nuevo». La flecha marca el punto en que termina uno y empieza el otro. Este punto de inflexión representa la interrupción de un flujo activo de sucesos; por esto, lo que ocurra *después* de esa interrupción es lo que allana el camino hacia una nueva realidad.

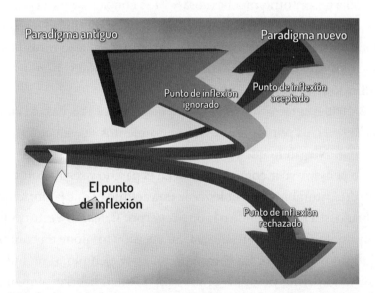

Figura 6.4. Lo fundamental es lo que ocurra después de un punto de inflexión. En esta ilustración, el punto de inflexión, señalado por la flecha de tono más claro de la izquierda, abre tres posibilidades: se puede aceptar, rechazar o ignorar. La posibilidad señalada en la parte superior derecha es aceptar el punto de inflexión y lo que haya revelado. La posibilidad de la parte inferior derecha es rechazarlo e intentar aferrarse a la idea de una realidad que ha dejado de existir. La tercera posibilidad es ignorarlo. Está representada por la flecha del centro que apunta al pasado. Fuente: Dreamstime: © MIK3812345.

Un punto de inflexión abre tres caminos, cada uno en un sentido diferente que lleva a escenarios de consecuencias muy distintas. Estos tres escenarios se pueden resumir como sigue:

CAMINO 1: se reconoce el punto de inflexión y se acepta. En este caso, la información nueva da razones para pensar y actuar de otro modo. Nos ofrece los hechos para cuya corroboración a veces hemos de introducir grandes cambios en nuestra vida. La disposición a aceptar lo que los hechos nos muestran es la que puede desencadenar una forma nueva de pensar. En el ejemplo anterior de Bill de llevar una vida sana, la crisis emocional fue la que lo llevó a ese punto de inflexión. Se sentía inútil, perdido y deprimido: «Empecé a odiarme», confesó. En lo más profundo de la crisis apareció el punto de inflexión.

Decía que esa señal de esperanza fue percatarse de otra realidad. También con sus palabras, explicaba: «Comencé a darme cuenta de que podía desear otras muchas cosas».[6] Esa conciencia fue el punto de inflexión. En lugar de negar sus sentimientos de inutilidad o rendirse y seguirlos hasta un final destructivo, aceptó que había otras posibilidades. La decisión de Bill lo llevó a escoger el camino 1 en su punto de inflexión.

CAMINO 2: se rechaza el punto de inflexión. Quienes rechazan la información revelada por los nuevos descubrimientos se encuentran en el camino 2. Niegan lo que los descubrimientos revelan y creen que es posible pensar y vivir como lo hacían en el pasado y seguir con su vida como de costumbre. El problema de esta actitud es que la situación ha cambiado, sea la del mundo o la de su cuerpo. Y, debido a este cambio, es imposible mantener el *statu quo*. Su decisión los pone en contra de la realidad del mundo. En el caso de Bill, por ejemplo, si no hubiera conseguido perder peso, los problemas de salud habrían aumentado y, al final, le podrían haber costado la vida.

CAMINO 3: se ignora la fuerza del punto de inflexión. Es, quizás, el camino más difícil de ver, en particular en la vida de los miembros de la familia y de las personas más allegadas. La razón es que quienes escogen este camino lo suelen hacer pensando que es lo mejor para sí mismos, aunque la nueva información les diga que tal suposición carece de fundamento. Un ejemplo claro de este escenario es el de la información contradictoria sobre la función que las grasas desempeñan en nuestra dieta, una idea que ha dado un cambio de ciento ochenta grados respecto a lo que se pensaba en el pasado.

No hace mucho, se creía que todas las grasas eran perjudiciales y causa de infinidad de problemas de salud, entre ellas la obesidad y la diabetes. En este pensamiento extremo, algunas personas eliminaron de la dieta todo tipo de grasa imaginable, incluidos el coco, el aguacate, la mantequilla y hasta el aceite de oliva virgen extra. En su firme convicción de que su decisión se traduciría en una salud mejor y más años de vida, siguieron con su régimen alimenticio con una rigidez que rivalizaba con la de un campo de entrenamiento militar. Lo sé porque personas de mi familia y de mi entorno laboral seguían esa dieta y se empeñaban en convencernos a los demás para que también la siguiéramos.

Los problemas surgieron cuando estudios posteriores demostraron que una dieta sin ningún tipo de grasa en realidad contribuía a problemas como el cáncer, la depresión y el debilitamiento del sistema inmunitario. Otros análisis realizados con mejores sistemas demostraron que las antiguas recomendaciones privaban al cuerpo de los nutrientes esenciales que hoy se denominan *grasas buenas*. Ejemplos de ellas son los ácidos grasos omega-3, considerados antiinflamatorios y reductores del riesgo de otras dolencias como el cáncer y las cardiopatías.[7]

Quienes siguen este camino viven en conflicto entre lo que tenían por cierto en el pasado y lo que hoy les dice la nueva información. A veces, la «desconexión» entre lo real y lo que se cree es tan aguda que simplemente la persona es incapaz de encontrar la forma de incorporar los descubrimientos a su modo actual de pensar. La experiencia con gente que sufre este conflicto me dice que no se trata tanto de que rechacen la nueva información, sino de que sencillamente la ignoran. En sus hábitos familiares, o las creencias aceptadas por su comunidad espiritual o religiosa, no hay espacio para lo que los descubrimientos revelan.

A este espacio entre la aceptación de los nuevos descubrimientos y su rechazo directo incluso ante los hechos nuevos a veces se le da el nombre de *zona de disonancia*. El psicólogo Leon Festinger, acuñó en 1956 la expresión *disonancia cognitiva*, que se define como la «tensión o desarmonía interna del sistema de ideas, creencias y emociones que percibe una persona que tiene al mismo tiempo dos pensamientos que están en conflicto, o por un comportamiento que entra en conflicto con sus creencias».[8]

En la figura 6.4, veíamos esta zona de disonancia como el espacio intermedio entre la aceptación y el rechazo de un punto de inflexión.

La persona que se encuentra en la zona de disonancia solo se sostiene por la fuerza de sus creencias. No hay nada que la detenga de ir en cualquier momento a uno u otro de los extremos de aceptación o rechazo.

> Lo decisión que tomamos en el punto de inflexión determina lo que este signifique para nuestra vida.

Cómo crear un punto de inflexión puede estar claro cuando lo vemos representado en un gráfico, pero la pregunta es: ¿cómo conseguimos crear uno en la realidad? Una vez más, quizás la mejor forma de responder la pregunta sea con un ejemplo. Vamos a empezar, pues, con la historia de un hombre que creó un punto de inflexión averiguando primero lo que más importancia tenía para él en la vida. Con ello, descubrió un punto personal de inflexión y la nueva vida que le aguardaba a partir de él.

Un punto de inflexión de la vida real

Ken Kuhne sabía que era un hombre de éxito. Lo había demostrado en su vida, su familia y su trabajo. Como propietario y director de Biomes Construction, una empresa dedicada a construir viviendas no tóxicas y respetuosas con el medio ambiente, pensaba que su trabajo encajaba a la perfección en las comunidades de espíritu ecológico del alto desierto del norte de Nuevo México.

Sin embargo, todo cambió en la primavera de 2008. Ken tenía claro que el mundo estaba cambiando en muchísimos aspectos, un cambio que implicaba otros para la construcción y su empresa. Ya antes del devastador crac económico que se produjo en octubre de aquel año, se preguntaba cómo podía responder de forma positiva a la crisis que el colapso de los frágiles mercados financieros mundiales ya estaba provocando. En palabras del propio Ken, una noche se despertó pensando «en qué era lo más importante para él, y que básicamente era comer y beber. Necesito ayudar a la gente a cultivar sus propios alimentos».[9]

La visión de Ken era clara. La pregunta era cómo hacerla realidad. Su respuesta fue intuitiva y simple. Fue entonces cuando tomó la decisión de aprovechar lo que mejor conocía como constructor y ponerlo al servicio de las necesidades emergentes. Antes Ken edificaba casas para las personas. Pero esto no era lo que el mundo necesitaba ahora. Así que comenzó a construir otro tipo de vivienda. En lugar de casas para las personas, empezó a construir casas para *las plantas*.

Diseñó y construyó huertos modulares de los llamados urbanos, un sistema exclusivo, sostenible y asequible para que la gente cultivara sus propios alimentos. Sus huertos elevados, con autorriego y a prueba del clima forman parte de una historia de éxito que sigue en la actualidad. Con el acertado nombre de *Grow Y'Own* (Cultiva tus propios alimentos), los huertos de Ken se han hecho tan populares en todo el norte de Nuevo México e incluso más allá que me extrañaría que volviera a construir casas.

Puedo hablar de la historia de Ken de primera mano porque es mi vecino, hace años que conozco su trabajo y mi esposa y yo nos sentimos orgullosos de tener dos de sus sistemas de huerto urbano. Ken y yo hemos visto pasar por momentos duros a nuestras comunidades, debido a diversas causas. La sequía de principios de los noventa, por ejemplo, fue la peor jamás vista. Hoy, el cambio climático, unido a la convulsa situación económica del mundo, está produciendo un efecto similar.

La historia de Ken es un ejemplo de punto de inflexión personal y deliberado. Su decisión de contribuir a lo que sus amigos, su familia y sus vecinos necesitan hoy, en lugar de intentar encontrar un espacio donde tradicionalmente encajen sus conocimientos, ha hecho que su punto de inflexión sea un éxito. De historias como la de Ken podemos aprender a sacar estas ideas del reino de la teoría para aplicarlas directamente a nuestra vida.

Cambio de pregunta

En el capítulo 5 analizaba la pirámide del pensamiento, que determina cómo nos vemos en la vida y en el mundo. También señalaba los nuevos descubrimientos que demuestran la parte del pensamiento del pasado que es incompleta o, en algunos casos, falsa. Todos los descubrimientos mostrados en el capítulo 5 (ver la figura 5.1) contribuyeron a revolucionar la respuesta a la pregunta ¿quién soy?, pero dos de ellos incidieron directamente en nuestro cambio de modo de pensar y en cómo podemos crear nuestros propios puntos de inflexión:

- El universo, el mundo y nuestro cuerpo están hechos de un mismo campo de energía que forma la unidad conocida como entrelazamiento posible.
- La naturaleza se basa en la cooperación y la ayuda mutua para la supervivencia, y no en lo que Darwin llamaba la «supervivencia del más fuerte».
- Estos y otros descubrimientos científicos justifican que cambiemos la idea que tenemos de nosotros mismos. Según el pensamiento antiguo, la pregunta en la que basábamos las decisiones y la resolución de los problemas era:

¿Qué puedo conseguir del mundo que existe?

Hoy, en el contexto de los nuevos descubrimientos y de nuestro tiempo de extremos, es razonable cambiar la pregunta. La nueva pregunta es:

¿Qué puedo dar/compartir/aportar al mundo que está emergiendo?

Como tan bellamente ilustra el ejemplo de Ken, la respuesta a esta pregunta lo cambia todo. Cómo respondamos a ella es fundamental para desarrollar nuevos empleos y profesiones, nuevas relaciones con otras personas y, tal vez lo más importante, una nueva relación con nosotros mismos.

La respuesta cambia las propias razones de que nos enfrentemos a la vida del modo que lo hacemos. Cambia la idea que tenemos de nosotros mismos en el mundo y la del valor que pensamos que tenemos en él.

Esta decisiva pregunta no se basa en cualidades prácticas. No trata sobre qué *pensamos* que somos capaces de hacer ni sobre los títulos que nos acrediten para ejercer un trabajo u otro. No guarda relación alguna con en qué estamos titulados ni cuánto dinero necesitamos. Lo que nos pide es que nos autoevaluemos. Una autoevaluación que, en nuestro tiempo de extremos, es perfectamente razonable.

Sabemos que el mundo está cambiando de forma sustancial, y por ello podemos reconocer que el papel que en él desempeñamos también está cambiando. «¿Qué le puedo dar al mundo que está emergiendo? es una pregunta sincera, porque invita a reconocer las realidades de nuestro mundo cambiante».

Si todavía no lo has hecho, ahora tienes la oportunidad de experimentar en tu vida lo que Ken experimentó en la suya. Nos podemos autoevaluar de muy diversas formas, pero las orientaciones que siguen componen un modelo sencillo con el que empezar:

1. Pregúntate cómo ha cambiado tu mundo:
   - Identifica las rutinas familiares del pasado que actualmente ya no existen.
   - Identifica las nuevas rutinas que hoy sustituyen a las que ya no se siguen.
   - Identifica nuevas responsabilidades que tengas en la vida.
   - Identifica las relaciones que ya no parecen «encajar» en tu vida.

2. Pregúntate qué es importante para ti en este momento:

- ¿Qué falta en tu vida?
- ¿Qué falta en la vida de tus amigos, en la vida de los miembros de tu familia y en la de tus compañeros de trabajo?
- ¿Qué es necesario que hoy exista para ti y para el mundo y que no existiera hace diez años?

3. Pregúntate qué puedes ofrecer:

- ¿Cómo se pueden utilizar tus conocimientos, tus habilidades y tus pasiones para atender necesidades actuales?

Te invito a que les prestes a estas preguntas el tiempo y la atención que merecen. Escribe las respuestas en un papel y guárdalas en algún lugar seguro y apartado. Léelas al cabo de un par de días, repásalas y actualízalas. No es infrecuente descubrir que, después de dejar de pensar un rato en las preguntas, parece que surgen de la nada otras respuestas completamente nuevas.

Las preguntas no tienen respuestas ni correctas ni incorrectas. Cómo se respondan no forma parte de ninguna prueba ni plan oculto. Son respuestas sinceras y directas, y son fundamentales para poner una gran energía en grandes cambios en tu vida, como Ken Kuhne hizo con la suya.

> Los nuevos descubrimientos nos orientan para que cambiemos de dirección en nuestras vidas. Pasamos de preguntarnos «¿qué puedo obtener del mundo que ya existe?» a «¿qué puedo ofrecer en este nuevo mundo que emerge ante nosotros?»

¿Cómo sabemos cuándo ha llegado el momento de cambiar?

Una vez que sabemos lo fácil que es crear y aceptar los puntos de inflexión, la pregunta es: ¿cómo sabemos cuándo ha llegado el momento de cambiar? La gente me lo pregunta a menudo. Se la he respondido en muchas ocasiones a otros, pero también yo me la he tenido que responder. Es una buena pregunta, pero su respuesta no siempre es fácil. La razón es que normalmente se refiere a las relaciones. Sea que estemos evaluando el trabajo, a la familia o a la pareja, o un sistema muy querido de creencias, la necesidad de cambio casi siempre se refiere a las relaciones más íntimas de nuestra vida.

En la historia que sigue he cambiado el nombre de mi amigo para preservar su intimidad, pero los detalles pueden ayudar a comprender cuál es la clave para hacer grandes cambios en la vida y saber cuándo es necesario o provechoso crear un punto de inflexión.

Ya relaté anteriormente que en la década de 1980, los años de la Guerra Fría, trabajaba en la industria aeroespacial, y tuve la oportunidad de ver de primera mano los efectos del estrés laboral en mis compañeros de trabajo, sus familias y sus relaciones. Las largas horas de oficina, sumadas a días, y a veces semanas, de viaje para instalar programas informáticos en los ordenadores de las fuerzas aéreas de todo el país, hacían imposible un horario regular de nueve de la mañana a cinco de la tarde. Era habitual que el grupo de hombres y mujeres con quienes trabajaba llegáramos a una sala de ordenadores y ya nos encontráramos con camas plegables, mantas, mucho café y menús para pedir lo que necesitáramos. Me bastó con una de esas instalaciones para entender el porqué: una vez debidamente acreditados y encerrados en la sala de alta seguridad de los ordenadores, nadie podía salir hasta que los nuevos programas estuvieran instalados, comprobados, desinfectados, dispuestos y en marcha. A veces acabábamos en unas horas. Otras veces, nos llevaba semanas. En esa situación, no cuesta mucho imaginar el estrés que esas condiciones provocaban a los trabajadores, los matrimonios y las familias.

En una de aquellas instalaciones *in situ*, un compañero descubrió que su mujer no podía aguantar más las largas horas que él pasaba fuera de casa y los días de incomunicación. Una noche, durante la cena, Gary me confió que la relación más importante de su vida, su matrimonio, pasaba por momentos difíciles. La conversación enseguida puso de manifiesto que los problemas de Gary y su esposa no se debían *solo* a las largas horas de trabajo. Estas colmaban un vaso ya lleno de problemas que estaban llevando al matrimonio al borde de la ruptura.

Me miraba desde el otro lado de la mesa, repleta de envases y envoltorios de galletas de la fortuna de la época en la que imperaba la comida china, y me hizo la pregunta que esperaba que nunca me hiciera, porque sabía que no se la podría responder.

—¿Qué debo hacer? —dijo.

Era para mí una pregunta difícil, porque tanto él como su mujer eran amigos míos. También sabía que, con todo lo que le oí en el transcurso de nuestra conversación, yo estaba seguro de una cosa: solo Gary y su esposa podían conocer todo lo necesario para responder su pregunta. Solo ellos sabían lo que había ocurrido en su relación. Solo ellos conocían los detalles y matices de lo que se habían dicho, las promesas que se habían hecho y la confianza que se habían dado, para después incumplir unas y traicionar otra, todo lo que motivó que Gary y yo estuviéramos hablando del asunto. Le dije lo que pensaba, creyendo que con ello acabaría la conversación. Pero no fue así.

Medio riéndose del mensaje de una de las galletas de la fortuna que no me dejaba ver, Gary levantó la vista y me hizo otra pregunta con la que me sentí mucho más cómodo:

—¿Qué harías tú en mi lugar? ¿Intentarías arreglar las cosas, o dejarías el matrimonio?

—¡Uf! —exclamé—. No es una pregunta fácil. No sé decirte qué haría. No lo podría saber hasta que me encontrara en la situación de tener que decidir. Pero lo que *sí* te puedo decir es cómo lo decidiría. *Puedo* decirte las preguntas que me haría para aclararme y averiguar lo que más me conviniera.

Sabía que mi respuesta no era la que Gary esperaba. Pero también sabía que era una persona curiosa. Al fin y al cabo, era ingeniero. Su trabajo consistía en averiguar lo necesario para que las cosas funcionen. Supuse que también su matrimonio era objeto de su curiosidad.

—Bueno, imagino que me tendré que conformar con lo que me digas —se resignó mientras se incorporaba en la silla—. Entonces, ¿cómo decidirías tú?»

La información que me pedía se la podía ofrecer con seguridad. La razón es que compartía con mi amigo las mismas preguntas, los mismos criterios para la toma de decisiones que ya me había hecho e impuesto en incontables ocasiones. Hay tres preguntas que siempre me ayudan a esclarecer la situación, a saber las posibilidades que existen y a reconocer qué opciones tengo en cualquier situación. Sea para una relación amorosa o para el matrimonio ya asentado, para el trabajo o para la familia, estas preguntas nunca me han fallado.

Las comparto aquí porque creo que te pueden ayudar a ti también en las grandes decisiones que tomes en la vida, en especial para saber cuándo es el momento de cambiar. Lo habitual es que lo que de estas preguntas derive sea en sí mismo un punto de inflexión.

Como buen ingeniero, saqué un bolígrafo del bolsillo de la chaqueta y tomé un trozo de papel. Escribí las preguntas y se las pasé a Gary. Lo único que le dije es que debía responderlas sinceramente.

SABER CUÁNDO HA LLEGADO EL MOMENTO DE CAMBIAR

1. ¿Soy feliz en esta relación?

- Siempre hay excepciones, pero la mayoría de las decisiones que tomamos son sobre alguna relación, aunque no ha de ser necesariamente una relación con otra persona. Puede ser nuestra relación con el trabajo, un modo de vida o incluso una costumbre.

- Una vez formulada claramente la pregunta, normalmente enseguida «salta» la respuesta. Lo que hemos de hacer a continuación es ser sinceros y reconocer de verdad la realidad de lo que se ha revelado.

2. ¿Es una relación sana?

- Puede ser la pregunta más sencilla, porque ya conoces la respuesta. Por ejemplo, ¿te medicas por alguna dolencia de las que se relacionan con sentimientos no resueltos de frustración, ira, resentimiento o dolor, como hipertensión, colesterol alto, erupciones crónicas o un débil sistema inmunitario?[10]

- ¿Observas que intentas evadirte, por ejemplo comiendo en exceso, abusando del alcohol o manteniendo otra relación, para evitar a la persona o la situación con las que no te sientes feliz?

3. **¿Hay posibilidades de que las cosas mejoren?**

- Esta es probablemente la pregunta más difícil de responder de las tres. Y no puedes saber la respuesta si no has intentado ya hacer cambios.
- ¿Has hablado sinceramente y sin rodeos con el jefe, el compañero de trabajo, el familiar, tu pareja o contigo mismo de tus problemas con esa relación?
- ¿Has buscado ayuda objetiva y profesional de algún terapeuta, orientador o experto en *coaching*?

El trabajo de verdad, una vez que hayas respondido las tres preguntas, empieza con el paso siguiente. Si has respondido negativamente dos de las tres preguntas, quiere decir que probablemente ha llegado el momento de que hagas algún cambio en tu vida. No estoy diciendo que debas poner en manos de esas respuestas el futuro de tu matrimonio ni el destino de la especie humana, pero te *aseguro* que son instrumentos de inestimable valor que te ayudarán a saber cómo tomar las decisiones más importantes que jamás vayas a tomar.

Por ejemplo, he perdido la cuenta de las veces que, ante una situación difícil, me he preguntado si estoy ante un badén pasajero que me dificulte el tránsito por la carretera de la vida o si la carretera por la que voy (la situación, el trabajo, la relación, la dieta o la costumbre causa del problema) se ha convertido en toda una autopista nueva que me lleva a donde no quiero ir. Las tres preguntas anteriores me han ayudado a dar con la respuesta. Y estas preguntas también ayudaron a Gary a tomar su decisión.

En su caso, él decidió intentar arreglar las cosas con su esposa, pero ella, mientras estábamos trabajando fuera, tomó una decisión distinta. Cuando Gary llegó a casa, su mujer se había ido y se había llevado a sus hijos, sus muebles y sus perros. Los muebles se habían ido.

Los perros se habían ido. Gary tuvo que enfrentarse a un mundo completamente distinto del que había conocido solo una semana antes.

Cuando nos sentimos empujados a analizar nuestras relaciones suele ser porque intuitivamente ya conocemos la respuesta a nuestras preguntas. Cuanto más tardamos en decidirnos, menos opciones tenemos, porque las decisiones que puedan tomar otros nos van limitando las posibilidades.

CAPÍTULO 7

TOMARSE EN SERIO LA TRANSFORMACIÓN DEL MUNDO
Soluciones reales para el mundo real

La transformación del mundo se producirá cuando las personas sanen
y empiecen a invertir en los demás.

MICHAEL W. SMITH, músico estadounidense

El 5 de octubre de 2007, uno de los grandes visionarios de nuestro tiempo, el doctor Stanislav Grof, pronunció el discurso de aceptación del prestigioso premio VIZE (VISIÓN) 97. Todos los años, la fundación creada por Dagmar y Václav Havel, antiguos primera dama y presidente de la República Checa, otorga su premio en reconocimiento a «modelos innovadores con potencial para introducir cambios significativos para el futuro».[1] Las palabras con las que concluyó su discurso resumían la magnitud de su obra pionera sobre la transformación social:

> Una de las consecuencias más notorias de diversas formas de experiencia transpersonal es la emergencia espontánea y el desarrollo de intereses genuinamente humanitarios y ecologistas y la necesidad de tomar parte en actividades destinadas a la coexistencia pacífica y el bienestar de la humanidad.[2]

Grof explicó por qué es de tan suma importancia ese cambio radical de la idea que tenemos de nosotros mismos. Dijo: «Parece obvio que una transformación de este tipo podría aumentar considerablemente nuestras probabilidades de supervivencia si se pudiera producir a una escala lo suficientemente grande».[3]

El tipo de cambio de que habla Grof es exactamente a donde nos lleva el viaje descrito al principio de este libro. Es el punto de confluencia de las crisis del pensamiento, los extremos del mundo y los principios de la resiliencia, un punto de inflexión a escala global. Es el signo de un mundo transformado. Para el propósito de este libro, he decidido enfocar el tema teniendo en cuenta tanto el cambio posible a nivel global, como las cosas que podemos hacer individualmente para transformar de manera positiva nuestra vida cotidiana.

Para facilitar la lectura, he dividido este capítulo en dos apartados:

1. La transformación del mundo: señala tres escenarios posibles de transformación, cuál de ellos es hoy —en mi opinión— el más probable y en qué se va a traducir con mayor probabilidad esta transformación en nuestra vida a corto y largo plazo.

2. Visiones de nuestro futuro: analiza dos perspectivas muy distintas sobre cómo vivir una vida transformada en un mundo transformado. Una de ellas procede de gente común. Incluye comentarios de personas que explican los cambios que consideran importantes. La segunda perspectiva proviene de reflexiones de académicos y laboratorios de ideas que contribuyen a establecer nuestra visión del futuro. Tanto si hablamos del futuro de la semana que viene o del de la siguiente generación, lo fundamental es que, comoquiera que vayan a ser el mundo y nuestras vidas, la transformación empieza con nosotros.

1. La transformación del mundo

Como hemos visto en los capítulos anteriores, las posibles imágenes del mundo futuro parece que son tan diversas como las personas que están trabajando para que se produzca. Aparte imprevistos o «cisnes negros», sucesos que podrían cambiar todo lo que creemos que sabemos sobre el futuro, existe hoy una oleada de tendencias innovadoras que allana el camino para un mundo transformado. De modo que estamos definitivamente en el camino del cambio, y la gran pregunta es: ¿cómo se va a producir?

TRES ESCENARIOS DE TRANSFORMACIÓN

En lo que a la transformación se refiere, tanto la personal como la global, parece que los escenarios básicos posibles son tres. Vamos a darles los nombres que mejor definan a las respectivas circunstancias. A la primera posibilidad la llamaremos *transformación catastrófica*; a la segunda, *reinicio planificado*, y a la tercera, *transformación evolutiva*. Las posibles combinaciones de los tres escenarios son varias, pero la idea es que uno no está planificado y se produce de forma súbita, otro está planificado pero también se produce de forma súbita y el otro también está planificado pero se produce de forma gradual durante cierto tiempo. A continuación, explico brevemente cada escenario.

Escenario 1: una transformación catastrófica

Me sorprende la cantidad de personas que aventuran, y hasta defienden, el colapso repentino del mundo tal como hoy lo conocemos como la mejor forma de cambiar radicalmente nuestro modo de pensar y de vivir. En este escenario, por cualquiera de una serie de razones, la transformación se produce cuando el mundo empieza a chirriar y se detiene. En este cambio, nuestras formas familiares de vida acabarían súbitamente, por lo que es el tipo de cambio que no se puede ignorar. Afectaría a todos y, para muchas personas, un cambio así de súbito y radical no podría ser sino aterrador.

Cuando oigo hablar de este tipo de cambio a respetables profesores y estudiosos, siempre me recuerda la película clásica de ciencia ficción de 1951 *Ultimátum a la Tierra*, que narra un acontecimiento de tales dimensiones que atrae la atención de todos (en la película, es una nave espacial que advierte de una destrucción total si se deja que la violencia de nuestro planeta se extienda a otros mundos). En un escenario de transformación catastrófica, el mundo se recupera de la catástrofe que sea y se empieza a reconstruir. Los viejos sistemas corruptos y rotos se sustituyen por otros nuevos, sostenibles, que afiancen la vida y que funcionen.

La situación que provoca la parada súbita puede ser un acontecimiento apocalíptico como una guerra global, una pandemia o el desplome de la economía mundial. En este escenario, ese gran acontecimiento es el que abre paso a la transformación y a una nueva manera de pensar.

Menciono este escenario porque se habla de él con bastante frecuencia. En tales ocasiones, la gente suele preguntar: «¿Por qué no provocar el cambio así?». La pregunta implica que una catástrofe podría ser una buena oportunidad para generar el cambio. Creo, sin embargo, que para desencadenar un gran cambio no se necesita ninguna hecatombe. Provocaría daños innecesarios y privaciones injustificadas a las personas más vulnerables y menos preparadas para gestionar un cambio tan repentino. Estas personas dependen a diario de la provisión puntual de alimentos y combustible, así como de la atención de sus primeras necesidades.

Ya hemos visto lo que puede suceder cuando las cadenas de suministro se interrumpen aunque sea brevemente en momentos de desastres naturales. Con los conocimientos y la tecnología de los que disponemos en el siglo XXI, creo que podemos transformar el mundo sin necesidad de ningún cataclismo ni el consiguiente sufrimiento.

Escenario 2: un reinicio planificado

Otra posibilidad para provocar un cambio súbito a nivel personal y global es «pulsar la tecla de reiniciar». En este escenario, los líderes mundiales reconocen a los más altos niveles que los propios cimientos de nuestra civilización global ya no se pueden sostener. Reconocen la proximidad de la «hora cero», cuando los sistemas vitales de todo el planeta caerán por su propio peso. En ello se podrían incluir cosas como la carga insostenible de la deuda global y el efecto devastador que provoca en las divisas, la destrucción de la industria global debido a la subida insostenible del coste de la energía o las terribles cifras de desempleo que han hecho insostenibles los niveles de bienestar para la economía mundial.

Un reinicio planificado significa que por mutuo acuerdo, un determinado día, las industrias y el comercio mundiales se detendrían temporalmente para después pasar a reconstruirse. Y aquí está lo interesante: cuando los países y los gobiernos tuvieran que trabajar juntos en poner en marcha una infraestructura nueva y sostenible. Una de las formas de que así pudiera ocurrir es que cada país empleara a todos los que quisieran trabajar como miembros de una mano de obra global que contribuyera, por ejemplo, a reinstrumentalizar las nuevas industrias y a reconstruir las nuevas centrales y redes eléctricas y los nuevos sistemas de transporte, basados en una energía limpia y el uso sostenible de la Tierra y los recursos. Una vez en su sitio el nuevo sistema, se pulsaría el botón de arranque y empezaríamos de nuevo.

Mi descripción no entra en detalles, pero sí da una idea de la situación. En un reinicio planeado, los recursos se destinan a la deuda, los salarios, la energía y los servicios básicos cotidianos mientras se lleva a cabo la reconstrucción. En este sentido, la idea es que el coste único del reinicio y la consiguiente economía robusta compensarían con creces los costes siempre al alza de la vida y la acumulación progresiva de la deuda. Es una opción que parece atractiva en algunos aspectos, pero la realidad es que las profundas divisiones entre los partidos políticos, las religiones, las culturas y las naciones hacen improbable la cooperación necesaria para ese reinicio, al menos de momento.

Escenario 3: una transformación evolutiva

A la luz del carácter extremo de los escenarios anteriores, creo que esta tercera posibilidad es seguramente la que con mayor probabilidad veremos en nuestras vidas y, además, es la opción más sana. En este escenario, a medida que los sistemas insostenibles del pasado se tensan, se quiebran y se rompen, son sustituidos gradualmente por nuevos sistemas que acaban por llevar al tipo de futuro que todos sabemos que es posible.

Lo que distingue a este escenario del anterior es que el cambio se incrementa paulatinamente. Es posible que la transformación completa tarde más en ponerse de manifiesto, pero cada uno de los pasos para llegar a ella se puede dar con rapidez. Del mismo modo que la temperatura tenía que subir de forma gradual hasta que el último grado de más desencadenaba el hervor del agua de nuestro cazo en el capítulo 6, el impacto gradual que el pico del petróleo tiene en nuestro mundo, el papel que la deuda creciente desempeña en nuestra vida, y la cada vez mayor conciencia de la fragilidad de las cadenas mundiales de suministro de bienes y servicios, pueden ser las piedras que marquen el camino hacia el punto de inflexión de la transformación. En un escenario evolutivo, la gran diferencia es que los cambios graduales nos dan tiempo (a nosotros, nuestras familias, nuestras comunidades y nuestros líderes) para reconocer la necesidad del cambio, en lugar de vernos obligados a reaccionar a un cambio repentino y pensar más en cómo reparar lo que se haya roto.

Un modelo para el cambio

El biólogo pionero E. O. Wilson dijo en cierta ocasión: «Es evidente que el principal problema al que la humanidad se va a enfrentar en el próximo siglo es cómo dar mejor calidad de vida a ocho mil millones o más de personas sin, en ese intento, destrozar por completo el medioambiente».[4] Creo que hay mucha verdad en estas palabras, sobre todo en lo que se refiere a las diferentes visiones que tenemos del futuro. Si pensamos en cuál quisiéramos que fuera ese futuro, es importante reconocer que ya lo hemos intentado en el pasado, y observar lo que funcionó y lo que no funcionó, para poder incorporar las lecciones de la experiencia a nuestro futuro.

Con estas ideas en mente, vamos a comparar cómo satisfacemos hoy nuestras necesidades y cómo imaginamos que las podremos atender en el futuro. ¿Qué pensamiento interviene en esta consideración?

En el siguiente resumen, la columna de la izquierda, «La necesidad», señala las necesidades vitales que definen cómo funcionan las comunidades, ciudades y naciones. La del centro, «En el mundo actual», indica cómo se atienden estas necesidades en el mundo de hoy. La de la derecha, «En el mundo transformado», muestra cómo se atenderán estas necesidades en la visión que tenemos de un mundo transformado.

Comparación de las necesidades de la comunidad		
La necesidad	En el mundo actual	En el mundo transformado
Valores fundamentales	Riqueza material	Calidad de vida
Organización	Centralizada/de arriba abajo	Descentralizada/de abajo arriba

Esta síntesis muestra las diferencias entre los dos elementos fundamentales que determinan cómo fluyen la información, las ideas y las políticas en las comunidades, sean del tamaño que sean. Estos elementos son los *valores fundamentales* y la *organización*. Examinemos, pues, con mayor detalle estas necesidades, empezando por la de unos valores fundamentales.

LOS VALORES FUNDAMENTALES

Señalaba antes la necesidad de identificar una *visión común*, la idea compartida que cohesiona a cualquier comunidad. En el ejemplo de mi comunidad rural, fue la agreste belleza del paisaje lo que originariamente atrajo a trabajadores, agricultores, ganaderos y visionarios al valle que se convertiría en su casa, y la amenaza de perder esa belleza por culpa del desarrollo fue lo que nos unió para protegerla. Los valores que definen a cualquier comunidad, desde un pueblo rural hasta todo un país, son el adhesivo que los mantiene unidos en la dicha y en la adversidad, en los buenos tiempos y en los tiempos más difíciles.

Durante gran parte del mundo moderno, los valores fundamentales se han basado, en mayor o menor grado, en la idea de riqueza, y se han expresado en términos de adquisición, acumulación y protección del dinero. No hay duda de que el dinero es importante, y nuestros sistemas económicos son una realidad que todos hemos de aceptar para participar en el mundo actual. A lo que me refiero es a que en un mundo transformado el sentido que le damos al dinero va a cambiar.

Este ya no será la razón de que trabajemos, y su acumulación dejará de ser la soñada meta de nuestra vida.

Para que un valor nuclear sea sostenible para una comunidad local, o para la comunidad global, ha de estar basado en un principio que todos acepten y que se refleje en la vida de todos. Por esta razón, el valor nuclear de un mundo transformado será la calidad de vida de nuestra familia global. Los indicadores de la calidad de vida serían materia para todo un libro, pero, en cualquier caso, deben incluir el respeto a los límites recién descubiertos de la biosfera que hacen posible la vida en la Tierra.

En 2009, la prestigiosa revista científica *Nature* publicó un extenso artículo que sirvió para dar y justificar el primer paso hacia un cambio de la idea que tenemos de los sistemas naturales gracias a los cuales podemos vivir en nuestro planeta. El artículo se basaba en un estudio realizado por Johan Rockström, profesor de ciencia medioambiental de la Universidad de Estocolmo y director ejecutivo del Centro de Resiliencia de Estocolmo, y sus colegas.[5] Con una sólida defensa de una visión más integrada, casi holística, de los sistemas vivos de la Tierra, en él se demuestra claramente desde un punto de vista científico lo que muchos han percibido de forma intuitiva sobre el funcionamiento conjunto de los sistemas naturales para mantener un delicado equilibrio de las condiciones necesarias para la vida.

Todos los años se publican cientos de artículos científicos que documentan los daños que la industria y la explotación de los recursos naturales han provocado y provocan a nuestro planeta, pero hablo aquí de ese en particular de la revista *Nature* por una razón concreta. No se limita a dar a conocer las aterradoras estadísticas de la destrucción, ni mucho menos. La importancia de este artículo radica en que ofrece una perspectiva nueva y de extraordinaria fuerza de la necesaria protección de la armonía entre los sistemas que componen la imagen completa. En lugar de centrarse en un solo hecho, por ejemplo el de los gases de efecto invernadero y el calentamiento global, unánimemente considerados parte del problema, en el artículo se dice que debemos considerar *todos* los sistemas planetarios.

Estos sistemas son, resumidos, el cambio climático, el uso del suelo, la diversidad, el agua potable, el ciclo del fósforo, el ciclo del nitrógeno, la reducción de la capa de ozono y la acidificación de los mares y océanos. El efecto combinado de estos ocho sistemas vitales *actuando juntos* es lo que los investigadores llaman el *espacio operativo seguro* en el que nos sustentamos y se sustenta toda la vida de nuestro mundo.

Rockström y su equipo afirman que si queremos comprender todo lo que sucede y esperamos disponer de información significativa para adaptarnos a los cambios ya presentes y a los inevitables, y evitar los que aún están en el horizonte, es fundamental que veamos la situación en su conjunto.

El paso del valor nuclear del materialismo al valor nuclear de la calidad de vida tendrá que reflejar este descubrimiento de la zona de seguridad de la Tierra y esos ocho límites planetarios.

LA ORGANIZACIÓN

Los barrios y comunidades que componen la mayor parte del mundo actual se rigen por normas basadas en el mismo tipo de organización que la mayor parte de las instituciones y gobiernos. Para que las cosas funcionen emplean un sistema jerárquico, de arriba abajo, que en un negocio o una empresa puede funcionar, pero cuando se aplica a las comunidades tiene sus inconvenientes. El problema es que en una comunidad diversa que se extienda por diferentes zonas horarias, climas, condiciones geográficas, modos de vida y cultura, como es el caso, por ejemplo, de Estados Unidos, es raro que una solución diseñada al otro lado del continente atienda bien las necesidades de quienes viven en comunidades con condiciones muy distintas.

Esta realidad está en el núcleo de muchas de las divisiones que se producen en países en proceso de grandes cambios. En un mundo transformado, la capacidad de las comunidades locales de decidir lo que más les convenga será la clave de unas buenas soluciones y de la unidad nacional.

Jerárquico frente a descentralizado		
La necesidad	En el mundo actual	En el mundo transformado
Alimentos	Suministro global/ propiedad corporativa	Suministro local/propiedad particular/estacional
Fuentes de energía	Centralizadas/distribuidas	Locales/basadas en las renovables
Participación social	Sentimiento de impotencia/apatía	Ilusión por participar
Innovación	Concentración de ideas, que provienen de arriba	Diversidad de ideas, que provienen de abajo

Los alimentos y la energía

Pese a la diversidad que hoy vemos en nuestras comunidades más próximas, hay necesidades que todos compartimos. Entre ellas están los alimentos, la energía y una economía que propicia una forma de compartir, comprar e intercambiar bienes y servicios. Son necesidades de todas las comunidades, pero el modo de satisfacerlas marca la diferencia entre las organizaciones que se rigen de arriba abajo y las que lo hacen de abajo arriba.

LOS ALIMENTOS

Hemos visto ejemplos claros de cómo la globalización de los mercados, como el del atún, pueden devastar los recursos locales debido a la sobreexplotación y la mala gestión. Es evidente que cuando para alimentarnos dependemos de mercados globales, contribuimos al agotamiento de los limitados recursos locales gracias a los cuales son posibles esos productos. En los mercados globales interviene otro factor. Es la enorme huella del carbono que va unida a la globalización. Si en pleno mes de diciembre, encontramos arándanos, un producto de climas cálidos, en los supermercados de Estados Unidos, es porque han sido cultivados en algún otro lugar donde el clima estacional es el opuesto al nuestro, por ejemplo en Sudamérica.

Ese cultivo es posible gracias a que, con sistemas de riego movidos por la electricidad producida con carburantes fósiles, se consigue mayor cantidad de arándanos para atender la demanda mundial. Para cosechar en estos extensos campos se emplea una maquinaria que también consume carburantes fósiles. Para lavar el producto se emplea una gran cantidad de agua que se bombea con la electricidad producida con carburantes fósiles. Los arándanos se empaquetan y transportan a las ciudades estadounidenses en enormes aviones comerciales que consumen carburantes fósiles, y luego se llevan a los mercados locales en camiones que también consumen carburantes fósiles. De modo que, aunque el cultivo de los arándanos beneficie a las comunidades sudamericanas porque crea empleo, debemos preguntarnos si, considerando el enorme coste medioambiental de poder disponer de arándanos en invierno, la dicha de disfrutarlos merece la pena.

El consumo de productos de cultivo local lo cambia todo. En nuestro mundo transformado, las comunidades dependerán de productos locales y se regirán por las normas estacionales de donde se encuentren. Las ventajas son claras, y sabemos que son reales porque ya se manifiestan. Cuando nos alimentamos con verduras cultivadas localmente, sabemos que lo que tenemos en la mesa es fresco, porque han sido cultivadas a solo unos minutos de donde las estamos comiendo. También sabemos que el dinero que pagamos contribuye a crear empleos y se queda en la comunidad local. Y sabemos que son alimentos sanos, porque lo más probable es que sean fruto de semillas sanas, no modificadas genéticamente, procedentes de un entorno orgánico y sembradas en un suelo rico en minerales naturales.

Algunos ejemplos de los beneficios de este tipo de pensamiento —«Come solo alimentos orgánicos y de cultivo local»— son haberse salvado en Estados Unidos de situaciones, entre otras, como el brote de *E. coli* debido a las espinacas envasadas en 2007 o el de salmonelosis provocada por los tomates en 2011. En ambos casos, disfruté sin miedo de ensaladas y diversos productos en las cafeterías de Santa Fe (Nuevo México), porque, por entonces, las empresas ya estaban practicando la llamada producción «del campo a la mesa». Los productos se planifican, se cultivan y se cosechan en lugares muy próximos a donde se preparan y se sirven. En muchos restaurantes de muchas ciudades de todo el mundo se está imponiendo indicar en su carta que lo que sirven son productos «del campo a la mesa».

LA ENERGÍA

El sistema de abajo arriba permite que las comunidades locales determinen los alimentos que mejor satisfacen sus necesidades, y lo mismo se puede decir de la energía. Es posible que las fuentes de energía centralizadas, potentes y fiables sean las más adecuadas para hospitales, centros educativos, grandes edificios de oficinas y apartamentos de algunas grandes ciudades, pero hay lugares en los que las fuentes locales de energía pueden abastecer a los grandes sistemas centralizados y, en algunos casos, sustituirlos. Un ejemplo claro es el del sudoeste árido de Estados Unidos.

La zona de Four Corners, entre Arizona, Colorado, Nuevo México y Utah es conocida por la cantidad y calidad de luz solar que recibe casi todos los días del año. Albuquerque, la mayor ciudad de Nuevo México, por ejemplo, tiene una media de doscientos setenta y ocho días de sol al año. Y algunas de las comunidades más pequeñas de los valles y la parte septentrional del estado, una media de trescientos días de sol anuales. En lugares como esos, es completamente razonable emplear energía solar para generar electricidad paras las casas, las oficinas y las pequeñas empresas en las horas de luz solar en las que normalmente operan.

En la misma región, hay otros sistemas complementarios de generación de electricidad que también se pueden aprovechar. Además de las horas de sol, los patrones climáticos de Four Corners crean las condiciones idóneas para que la energía eólica sea una alternativa a la de los carburantes fósiles.

Lo bueno de la energía eólica es que no está limitada a unas determinadas horas del día. Funciona día y noche y en cualquier clima, con la única condición de que sople el viento. Y no hace falta que lo haga con mucha fuerza. Los molinos comerciales miden unos 80 metros de altura y sobresalen de los árboles y edificios en la zona donde el viento sea más constante. Las aspas están diseñadas para que puedan girar con facilidad, aunque el viento sea flojo. El *Nine Canyon Wind Project* del estado de Washington, por ejemplo, consta de cuarenta y nueve molinos y, aunque la velocidad óptima del viento es de 50 km/h, empiezan a producir electricidad con vientos de solo 13 km/h. A veces más rápido no significa mejor, y en este caso las turbinas se paran automáticamente cuando el viento alcanza o supera los 90 km/h.

En un mundo transformado la clave para satisfacer nuestras necesidades es que las decisiones se tomen a nivel local, sean referentes a la producción de alimentos o a la obtención de energía. Uno de los principios básicos del modelo Berkana de resiliencia de la comunidad, expuesto en el capítulo 3, es reconocer que los conocimientos para abordar las necesidades de la comunidad ya existen dentro de la propia comunidad. En cuanto a las decisiones sobre alimentos, energía y empleo, las ventajas de las decisiones locales son evidentes. Y en lo que se refiere a la implementación de cambios locales dentro del conjunto más amplio de la transformación global, el cambio ya está en marcha, como bien ilustran el *Nine Canyon Wind Project* y otros muchos.

El elemento de cohesión: innovación y participación

En cualquier comunidad, parece que la *innovación* y la *participación*, los factores de la cohesión social, van de la mano. Sea una comunidad familiar unida por vínculos de sangre que habita bajo un mismo techo o una comunidad global conectada a través de Internet, los principios que mantienen unidos a los miembros son los mismos: necesitamos sentirnos necesarios.

En toda buena comunidad, cada miembro siente que representa un papel importante en el proceso en cuestión y tiene algo que aportar que la comunidad necesita y quiere. Cuando se dan estos factores, todos se sienten ilusionados por participar y más dispuestos a dedicar tiempo a la comunidad, ayudar y dar ideas. He visto personalmente la aplicación práctica de estos principios en mi comunidad rural de la que hablaba en el capítulo 3. Y puedo decir sin reservas que realmente funcionan.

Las normas básicas de nuestra comunidad de cuarenta y cinco miembros permitían que todos tuviéramos voz y pudiéramos dar nuestra opinión e intervenir con opiniones, opciones y posibilidades en nuestros debates abiertos. Vivimos en una tierra rodeada de historia de la América nativa; por esto decidimos emplear la tradición indígena para garantizar que todos pudiéramos hablar en igualdad de condiciones: *el bastón* para dar la palabra. La idea es muy sencilla. Se va pasando el bastón por la habitación y quien lo sostiene tiene derecho a hablar un tiempo acordado mientras los demás escuchan.

Nuestro bastón para dar la palabra llegó a nuestra comunidad de forma inesperada cuando, durante una reunión, uno del grupo se levantó, salió de la sala del parque de bomberos donde estábamos reunidos y regresó con un trozo de la primera rama que encontró en el suelo. El bastón se quedó con nosotros, y lo usamos en las reuniones durante la mayor parte del verano. Y en ese verano, todos y cada uno de los miembros de nuestra comunidad pasamos a ser una voz necesaria y fundamental para decidir lo que mejor convenía para todos.

2. Visiones de nuestro futuro

Cuando pienso en los programas de televisión que veía mi familia en los años sesenta, me sorprendo por los pocos que había. En ese tiempo no existía la televisión por cable ni satélite. Cadenas como CNN, Fox y BBC America no existían. Solo podía ver el mundo de más allá de mi barrio a través de los ojos de tres grandes cadenas: ABC, NBC y CBS. Aparte de las noticias de las seis con las que me quedaba fascinado todos los días, mis programas favoritos eran los de ciencia ficción y los que hablaban del futuro. Me organizaba la natación, las clases de música y los deberes en torno a los próximos capítulos de *Star Treck, Perdidos en el espacio* e incluso dibujos futuristas como *Los supersónicos*.

A través de aquellos programas, y otros similares, entreveíamos la imagen visionaria de lo que el mundo podría ser dentro de solo unas décadas. Y eran imágenes de muchísima fuerza. Además de la posibilidad de viajar por el tiempo, la exploración del espacio y los coches magnéticos sin ruedas que corrían como rayos, en todos los programas había un elemento común. En los futuros que se mostraban, la mayor parte del globo estaba en paz y todos parecían felices. La gente obtenía todos los alimentos necesarios de unos huertos automatizados al parecer inagotables. Los robots hacían las tareas más prosaicas, y los humanos se podían dedicar a actividades creativas e innovadoras que les hacían muy felices.

Cincuenta años después, aún está por llegar el mundo del que disfrutaban George Jetson, su esposa Jane, sus hijos Judy y Elroy y su perro *Astro*. De momento, parece que estamos atascados en unos ciclos alternantes de guerra y paz, progreso y retroceso, abundancia y pobreza, en un mundo polarizado entre los que «tienen» y los que no. Tanto las estadísticas como el instinto visceral nos dicen que algo no funciona. Sabemos que el mundo polarizado actual no puede durar. Algo tiene que suceder. Y algo *está* sucediendo. Y es difícil evadirse.

Los síntomas de nuestro mundo dividido hasta un punto insostenible son más que una pasajera desviación de la norma. Son el proverbial canario con el que los mineros bajaban a la mina para que, con su muerte, los advirtiera de la presencia de gases peligrosos: nos indican en qué nos debemos fijar y lo que debe ocurrir cuando las ideas del pasado ya no encajen en el mundo del presente. Las grandes y repetidas manifestaciones de la plaza Tahrir de El Cairo en la primavera de 2012 y en 2013, las protestas contra el G20 en la ciudad estadounidense de Pittsburgh en 2009, las muchedumbres que arriesgan la vida en la travesía por mares traicioneros en frágiles embarcaciones o que cruzan desiertos hostiles en pleno verano en busca de una vida mejor... son paradas en el viaje con el que se iniciaba este libro. El propio mundo nos dice que estamos de camino a otro. Lo importante ahora es asegurar que el mundo al que nos dirigimos sea mejor que el que hemos dejado atrás.

La pregunta más obvia que nos podemos hacer en este punto de nuestro viaje también es la más difícil de responder: ¿cómo es un mundo mejor? Curiosamente, mucha gente se siente desconcertada cuando tiene que dar una respuesta a esta pregunta.

¿Cómo es un mundo mejor?

Durante un seminario de fin de semana que dirigí en el otoño de 2012, el último día abrí el tema de «Visiones de nuestro futuro» como punto de debate. Durante todo el programa, los participantes ya me habían dicho que pensaban que el actual caos de nuestro mundo es el preludio de un mundo futuro mejor. Pensaban que las realidades del pico del petróleo, la quiebra de las economías y el desigual reparto de la riqueza mundial eran los puntos críticos que abocarían a un gran cambio. Con sus ideas en mente, les planteé la siguiente pregunta lógica: «Suponiendo que todos estéis en lo cierto, ¿cómo es un mundo mejor?».

Para mi sorpresa, y la de la mayoría de los que participaban en el seminario, hubo casi tantas visiones de cómo podría ser nuestro mundo futuro como personas había en la sala. Los organizadores habían colocado dos micrófonos en dos atriles cerca del escenario para quien quisiera compartir sus ideas al respecto. Las explicaciones fueron extensas, y escuchamos todas las versiones.

De esas explicaciones, el público y yo aprendimos algo sobre el mundo que la gente espera. Todas las visiones del futuro se ofrecían a través de los ojos de lo que más le dolía a la persona que hablaba. Por ejemplo, los profesores presentes veían un mundo con un sistema educativo mejor en el que se respetara a los docentes por su aportación a la sociedad, y en el que todos tuvieran las mismas oportunidades de aprender. Los científicos veían un futuro en el que podían aplicar la tecnología que ya existe en el laboratorio para aliviar el sufrimiento del mundo por problemas de alimentación y energía. Los médicos y profesionales de la atención médica imaginaban un mundo en el que todos tenían acceso a la tecnología actual para disponer de la mejor oportunidad de gozar de una vida larga y con salud.

Hubo un acuerdo general sobre la necesidad de un mundo sostenible, limpio, verde y equitativo, pero una absoluta *falta* de consenso sobre cómo es ese mundo y cómo llegar a él. Mientras escuchaba las visiones sinceras y emotivas de su futuro de los participantes, recuerdo que pensé que estaba viendo un microcosmos, en el salón de baile donde estábamos reunidos, de lo que experimentamos como un mundo mientras avanzamos por nuestro mundo de extremos. También recuerdo que pensaba que si las mil personas de la sala que por propia voluntad habían dedicado un fin de semana de su vida a hablar de esos temas no pueden ponerse de acuerdo sobre una visión común, ¿cómo podemos esperar que lo haga un planeta de más de siete mil millones de personas de diversos orígenes, religiones y necesidades?

Poco nos cuesta decir que *queremos* un mundo mejor y *queremos* que se produzcan cambios, pero ¿por dónde empezamos? ¿Cómo arrancamos todos los días cambios que nos lleven a otra forma de pensar y vivir?

Los que siguen son dos informes de organizaciones de alto nivel y muy respetadas que permiten entrever una de las posibles respuestas a estas preguntas. Expongo a conciencia el trabajo de organizaciones globales para mostrar lo lejos que ha llegado el pensamiento sobre estos asuntos. Uno de los informes es obra de académicos, estudiosos, laboratorios de ideas y futurólogos. El otro, de personas que ven la necesidad de cambiar. Si unimos el trabajo teórico sobre la imagen completa con los cambios concretos que están llevando a cabo organizaciones como el Post Carbon Institute, Bioneers, Transition US y otros, nos hacemos una idea de la amplitud que ha alcanzado la visión de un gran cambio en nuestras vidas. Expongo aquí estas perspectivas para fijar la base común de un punto de partida.

El Informe sobre las tendencias mundiales

Además de las ideas de futuro personales expuestas en capítulos anteriores, se han creado organizaciones dedicadas por entero a servirse de los inmensos recursos de muchos expertos para entrever las posibilidades de nuestro futuro. Expondré detalles sobre dos de estas organizaciones para aportar algo más a la visión de cómo podría ser un mundo transformado. A partir del amplio espectro de todas ellas, a continuación podemos determinar las tendencias realistas y las posibilidades de futuro de nuestro mundo transformado.

Entre las organizaciones visionarias que intentan perfilar ideas sobre nuestro futuro está el Consejo Nacional de Inteligencia de Estados Unidos, creado en 1979. Su finalidad es múltiple. Una de sus funciones fundamentales es facilitar a todo nuevo presidente estadounidense un estudio sobre escenarios y tendencias globales para ayudar en las decisiones que se vayan a tomar durante su mandato. El nombre del estudio es *Informe sobre las tendencias mundiales*.

Con una suma de análisis, datos y opiniones de cientos de expertos de fuentes no gubernamentales, así como de organizaciones gubernamentales, universidades y laboratorios de ideas, el informe ofrece al presidente una sólida imagen del probable curso del mundo en los próximos quince años, a partir del momento de la elección. Se le entrega al presidente electo entre el día de la elección y el de la toma de posesión.

El *Informe sobre las tendencias mundiales hasta 2015*, publicado el año 2000, sentó las bases de la serie *Tendencias mundiales* porque señalaba los factores claves que, según los expertos, seguirían siendo detonantes del cambio en los años venideros.[6] Estos factores nos dan una perspectiva global para nuestro debate sobre el aspecto que pudiera tener un mundo transformado. Los siete factores señalados en el informe son:

1. Demografía.
2. Recursos naturales y medioambiente.
3. Ciencia y tecnología.
4. La economía global.

5. Gobierno nacional e internacional.

6. Conflictos futuros.

7. El papel de Estados Unidos en el futuro del mundo.

El *Informe sobre las tendencias mundiales* es exactamente eso: ideas de conjunto sobre escenarios futuros basadas en los grandes acontecimientos que se producen en el momento en que se reúnen los informes. Estos incluyen estudios de temas como la globalización y a dónde se dirige, el papel de China e India en la economía global, el posible impacto del terrorismo en el trabajo conjunto de las naciones, los efectos del cambio climático en nuestras vidas y muchos más. Lo importante es que son ideas de expertos procedentes de diversos campos y múltiples disciplinas, relativas al mundo tal como lo ven y el futuro que vislumbran desde su perspectiva. Es importante entender estas ideas porque nuestro mundo transformado probablemente será una mezcla de todas esas preocupaciones abordadas a través de soluciones nuevas e innovadoras que muy pocos siquiera consideran hoy.

La encuesta *Mi mundo* de Naciones Unidas

En diciembre de 2012, Naciones Unidas y sus socios pusieron en marcha un programa que se puede convertir en el primer paso hacia la respuesta a la pregunta de cómo ve la gente corriente un mundo transformado. Naciones Unidas tiene un buen número de frentes abiertos, y algunos son fuente de mucha polémica, pero sigue siendo el único organismo reconocido que puede propiciar la cooperación a gran escala y un cambio global. Por esta razón, expongo los elementos de un nuevo programa elaborado por la ONU como punto de partida de nuestro debate, es decir, un lugar donde empezar, más que una respuesta final a la pregunta.

El programa de Naciones Unidas es el primero de este tipo. *Mi mundo* es una encuesta bien diseñada y organizada con la que «personas de todo el mundo pueden indicarles a las Naciones Unidas, a los líderes globales —y en particular al Grupo de Alto Nivel del secretario general— los problemas de los que quisieran que se ocupara la agenda posterior a 2015».[7] La encuesta se puso en marcha oficialmente en enero de 2013 y está disponible en www.myworld2015.org y en formato impreso. Para que cualquier persona del mundo pueda participar, está traducida a las seis lenguas oficiales de Naciones Unidas: árabe, chino, español, francés, inglés y ruso.

El objetivo de la encuesta es recabar ideas de tantas personas como sea posible entre el momento de su puesta en marcha en 2013 hasta su finalización en 2015. A partir de septiembre de 2015 (cuando este libro esté en imprenta y a punto de su publicación), *Mi mundo* continuará recopilando opiniones de los ciudadanos, y los resultados se compartirán con el Secretario General y los líderes mundiales en el proceso de preparación de la siguiente agenda de desarrollo pos-2015.

La encuesta señala dieciséis opciones. Los participantes han de señalar solo las seis que marcarían una gran diferencia en su vida personal y en la de su familia.

MI MUNDO

Encuesta de Naciones Unidas sobre las prioridades para un mundo mejor

- Acceso a agua potable y saneamiento.
- Protección contra el crimen y la violencia.
- Igualdad entre hombres y mujeres.
- Protección contra la discriminación y la persecución.
- Un gobierno honesto y receptivo.
- Acceso a energía fiable en los hogares.
- Mejor atención médica.
- Medidas para combatir el cambio climático.
- Una buena educación.
- Protección de bosques, ríos y océanos.
- Mejores carreteras y servicios de transporte.
- Mejores oportunidades de trabajo.
- Una alimentación adecuada y a un precio asequible.
- Medidas de apoyo para quienes no pueden trabajar.
- Libertades políticas.
- Acceso a la telefonía e Internet.

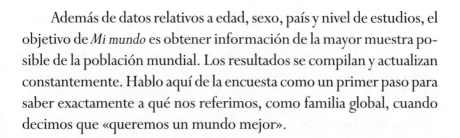

Además de datos relativos a edad, sexo, país y nivel de estudios, el objetivo de *Mi mundo* es obtener información de la mayor muestra posible de la población mundial. Los resultados se compilan y actualizan constantemente. Hablo aquí de la encuesta como un primer paso para saber exactamente a qué nos referimos, como familia global, cuando decimos que «queremos un mundo mejor».

RESULTADOS DE MI MUNDO

Mientras estoy escribiendo (verano de 2015) la encuesta *Mi mundo* sigue activa, pero los primeros resultados muestran una serie de datos interesantes y seguramente reveladores, unas tendencias que merece la pena mencionar aquí. Los datos están divididos en categorías que incluyen sexo, país y edad. En este momento, hay un elevado grado de acuerdo sobre las prioridades de hombres y mujeres de todos los países, grupos de edad y niveles de estudio.

A nivel global, la lista de prioridades está encabezada por:

1. Una buena educación.

Después de la educación, tanto los hombres como las mujeres seleccionaron las siguientes prioridades de mayor a menor importancia para sus vidas. Quieren:

2. Mejor atención médica.
3. Mejores oportunidades de trabajo.
4. Un gobierno honesto y receptivo.
5. Una alimentación adecuada y a un precio asequible.
6. Protección contra el crimen y la violencia.
7. Acceso a agua potable y saneamiento.
8. Medidas de apoyo para quienes no pueden trabajar.

Hay un acuerdo casi unánime sobre estas ocho prioridades, pero a partir de ahí las ideas se mezclan y las tendencias no parecen tan claras. Por ejemplo, para los hombres, la categoría «Mejores carreteras y servicios de transporte» ocupa el noveno lugar, algo de esperar si se tiene en cuenta que, en general, ellos utilizan más las carreteras para traerse a casa los productos, para ellos mismos y para su familia. Para las mujeres, «Igualdad entre hombres y mujeres» es la novena prioridad. Tampoco es de extrañar, porque prácticamente en todos los países del mundo se lucha por los derechos de la mujer, no solo en lo relativo a la igualdad económica, sino también a la protección contra el abuso y el maltrato en los años más vulnerables de la educación de las hijas.

Quiero dejar claro que no estoy sugiriendo que los futuros mostrados por *Mi mundo 2015* de Naciones Unidas, las *Tendencias mundiales* del Consejo Nacional de Inteligencia, la serie *Plan B* de Lester Brown o cualquier otro libro, proyecto o idea que he mencionado sean *la respuesta* a un mundo transformado. Cada uno de ellos es un microcosmos del mundo, exactamente como el microcosmos que veo en mis seminarios y lo que vemos todos los días.

Hay muchas ideas diferentes sobre cómo es un mundo mejor, probablemente tantas como habitantes tiene el propio mundo. Si las menciono aquí es para que veamos la realidad de esas diferencias y para sentar una base factual para determinar cuál vaya a ser el siguiente paso. Desde este punto de vista obtendremos información para abrir nuevas posibilidades, nuevos puntos de inflexión, que puedan producir nuevos resultados y, tal vez, mundos diferentes de los que se describen en los informes.

Cuba, 1990: un ejemplo de auténtico punto de inflexión

Mientras laboratorios de ideas y estudiosos visionarios especulan sobre cómo se *podría* materializar un futuro de economías quebradas, la pérdida de la agricultura corporativa y los escenarios del pico del petróleo, la historia nos da ejemplos reales que eliminan de la ecuación el factor elucubración. Después del colapso de la antigua Unión Soviética una vez finalizada la Guerra Fría, Cuba se convirtió en el candidato ideal para los beneficios de la resiliencia comunitaria. Es difícil imaginar lo que ocurrió en Cuba a principios de la década de los noventa. Pero *ocurrió de verdad* y fuimos testigos de ello, por lo que es

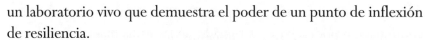

un laboratorio vivo que demuestra el poder de un punto de inflexión de resiliencia.

Por diversas razones, incluido el continuado bloqueo comercial de Estados Unidos a la isla, durante los años de la Guerra Fría los cubanos dependían muchísimo de las importaciones y exportaciones con la antigua Unión Soviética, su petróleo y su ayuda. Cuando la URSS se desintegró, las importaciones se redujeron drásticamente. La economía posterior a la Guerra Fría fue devastadora para los rusos, pero peor aún para Cuba, por su aislamiento geográfico y político.

La isla perdió de repente el 80% de sus mercados de exportación e importación. El producto interior bruto cayó un 34%, prácticamente de un día para otro. Los transportes y la agricultura, dependientes por completo del petróleo, se paralizaron. Durante un buen tiempo, tomar un autobús podía requerir tres horas de espera, y el consumo de alimentos se redujo nada menos que a una quinta parte del que era antes de que todo cambiara. El sistema eléctrico del país, alimentado con petróleo, ya no podía producir electricidad, y se repetían los apagones durante la mayor parte del día. Sin electricidad, las ciudades se quedaron a oscuras, los negocios cerraron, los restaurantes dejaron de servir comida y la economía cubana cayó en picado. En esa época se puso en dolorosa evidencia el efecto onda de la falta repentina de petróleo, un auténtico escenario artificial de un mundo posterior al pico del petróleo.

Cuba no produce petróleo propio. Depende del que importa. Y cuando cesaron las importaciones, no había carburante que lo pudiera reemplazar, porque el país no había desarrollado ninguno. La situación se hizo peligrosa. La agricultura de la que dependían los cubanos solo era posible si había petróleo para cultivar, regar y cosechar de forma rápida muchos alimentos. Sin este combustible, la agricultura se redujo, pero la gente tenía que comer. La conjunción del colapso de la agricultura, la pérdida del petróleo importado y la ausencia de mercados extranjeros generó la tormenta perfecta a la que en Cuba se suele llamar hoy el *período especial en tiempo de paz* o, simplemente, el *período especial*. Fue entonces cuando los cubanos tomaron la decisión de *adaptarse a los extremos* a los que se enfrentaban. Lo que ocurrió a continuación podría parecer tomado de las ideas más destacadas de este libro. Lo comparto aquí como ejemplo, y testimonio, del poder de las comunidades para crear soluciones locales, saludables y sostenibles que les funcionen.

En todas las ciudades cubanas, incluida la capital (La Habana, de unos dos millones cien mil habitantes) se formaron comunidades de barrio. No digo que en esa formación se siguieran todos los pasos señalados en este libro ni un protocolo formal de reparto de obligaciones, ni que se creara una estructura de poder. Me refiero a que los cubanos reconocieron la necesidad de unirse en comunidades para abordar un problema que afectaba a todos. En aquel momento, lo que los motivaba era la supervivencia: tenían que comer, y esta necesidad se convirtió en el valor de referencia de su idea de comunidad.

Una de las primeras soluciones que adoptaron fue identificar los solares públicos que no se utilizaban. Los limpiaron y empezaron a cultivar huertos urbanos comunitarios. Expertos australianos fueron a Cuba en esa época para demostrar el valor que en esa situación tenía la permacultura, un sistema de principios de diseño agrícola y social, político y económico basado en los patrones y las características del ecosistema natural. Carmen López, directora de un centro de permacultura, explicaba el efecto de las enseñanzas de los australianos: «Con esta demostración, los vecinos empezaron a ver todo lo que podían hacer en sus terrazas y patios».[8]

Los huertos fueron un éxito. Las comunidades empezaron a producir lo suficiente no solo para ellas mismas, sino para otras comunidades. Hoy se siguen gestionando. Ahora son orgánicos y, gracias a ellos, las comunidades y barrios a los que atienden son económicamente sostenibles, hasta el punto de que inciden en las políticas gubernamentales.

A la vista del valor de la respuesta resiliente de las personas ante las condiciones en las que se encontraban, el gobierno cubano ha cambiado el lema de «Socialismo o muerte» por el de «Un mundo mejor es posible».[9] También ha avanzado hacia un gobierno de *abajo arriba*, llevando la toma de decisiones a nivel de comunidad, en lugar de aplicar políticas elaboradas a un nivel superior, en ámbitos más alejados de los problemas locales. De esta forma, se fomenta una mayor participación en la comunidad, y las personas sienten que tienen voz en lo que afecta a su vida, su comunidad y su futuro.

El éxito de la respuesta de Cuba no se limita a la agricultura. Los mismos principios de resiliencia comunitaria y soluciones locales que hicieron posible la supervivencia durante el *período especial* hoy se aplican a otras áreas de la vida cubana, incluidas la energía, la educación y la atención sanitaria.

Encontrar el punto de inflexión

Una de las claves de la transformación evolutiva del mundo actual es encontrar un punto de apoyo —el punto de inflexión del cambio— con el que un cambio en el pensamiento de una comunidad pueda desencadenar un cambio positivo *antes* de llegar al punto crítico del colapso y el sufrimiento.

En el caso de Cuba, este punto de inflexión minimizó el padecimiento derivado de la pérdida de importaciones de petróleo, porque el principio de excedente de capacidad de la resiliencia ya había llevado al país a buscar fuentes alternativas de energía. El hecho de que los cubanos se adaptaran *a posteriori* da testimonio del poder del pensamiento resiliente y de que nunca es demasiado tarde para llevar a cabo los cambios que nos lleven a donde queramos.

Si consideramos el potencial que el descubrimiento de un punto de inflexión de este tipo tiene hoy para el mundo —antes de que lleguemos a los puntos críticos globales del pico del petróleo y la implosión económica—, las implicaciones son inmensas. A continuación me ocupo de esta cuestión.

En los años que trabajé para empresas de Fortune 500,[*] aprendí a gestionar crisis y resolver problemas. Por esto hoy pienso en nuestro tiempo de extremos desde ese punto de vista. Cuando veo en el mundo actual una convergencia de grandes cambios, es evidente que estamos en un momento de crisis.

Del mismo modo que los proyectos corporativos se pasan de presupuesto y buscan soluciones de última hora, los problemas a los que hoy nos enfrentamos se han hecho más difíciles de abordar y, sobre todo en el caso de las emisiones de gases de efecto invernadero, hoy hemos rebasado esa última hora. Pero, como decía antes, el hecho de que la crisis —en nuestro caso, las múltiples crisis— siga existiendo es la mejor noticia que pudiéramos esperar.

Que las crisis sigan activas significa que todavía tenemos tiempo de afrontarlas con puntos de inflexión que conduzcan al cambio. Y que los problemas que se nos plantean sean problemas globales significa que el grado de cambio posible también es global.

En este sentido, lo más importante es encontrar un punto de partida. Tenemos que determinar un problema que sirva de punto de inflexión para las múltiples crisis, al tiempo que atendemos todas las necesidades humanas posibles señaladas en los diversos estudios e informes.

Ese problema, una vez delimitado y que haya demostrado el beneficio del pensamiento resiliente, sentará la base de confianza y buena voluntad para el siguiente gran cambio o marcará el hito: será el nuevo hito de nuestro viaje de transformación.

Así pues, ¿cuál es ese problema que marque el punto de inflexión? Cuando observo las crisis, las consecuencias y las necesidades proclamadas desde distintas perspectivas, veo dos opciones que sobresalen de las demás:

El primer punto de inflexión es la idea de dar prioridad a la resiliencia.

---

[*] La lista Fortune 500 es un listado anual publicado por la revista Fortune que enumera las 500 mayores empresas estadounidenses de capital abierto a cualquier inversor, según su volumen de ventas.

Suponiendo que así se haga:

El segundo punto de inflexión es la energía.

La energía es el candidato perfecto para el punto de inflexión que hoy necesitamos, porque es el denominador común de casi todos los aspectos de nuestra vida individual y global.

Se trata de un factor de todas las crisis que dominan el paisaje de nuestro futuro, incluidos el cambio climático, la producción de alimentos y la economía mundial. La fuente de energía que decidamos para atender las necesidades y la demanda del mundo afecta directamente a las preocupaciones expuestas en *Riesgos globales para 2013* del Foro Económico Mundial, *Mi mundo* de Naciones Unidas y los informes de tendencias globales de NIC, y, de forma indirecta, también a otras. Además, abona el terreno para soluciones de cambio social, una nueva economía y una actuación medioambiental en casi todos los ámbitos.

Es evidente que la energía puede cambiar la situación de modo que se acabe con la competencia y el recurso a la guerra para asegurarse unos recursos limitados, como ocurre con los actuales carburantes fósiles. *Si somos capaces de introducir hoy correctamente el factor de la energía en la ecuación de la transformación, la confianza y la buena voluntad harán que sea mucho más fácil transformar los factores restantes, como la producción de alimentos y la economía.*

La energía que mueve al mundo es fundamental para elevar el nivel de vida de todos los miembros de nuestra familia global. Pero hay que señalar que este mayor nivel de vida no se mediría con los criterios actuales, según los cuales la acumulación de bienes a expensas de unos recursos limitados es el medio para conseguir una vida mejor. Al contrario, el nivel de vida subirá siguiendo los criterios sostenibles y holísticos de una economía transformada. Te invito a que reconsideres las opciones de la encuesta *Mi mundo*, pensando ahora en la diferencia que podría marcar disponer de una fuente de energía asequible, limpia, sostenible y abundante.

¿Cómo podemos transformar de forma evolutiva la ecuación de la energía mundial? Suponiendo que el escenario 3, la transformación evolutiva, es el camino más probable y realista a nuestro futuro, a continuación expongo cómo puede evolucionar la transformación de la energía.

EL PUNTO DE INFLEXIÓN DE LA ENERGÍA

Cuando alguien me pregunta de dónde obtendremos la energía en el futuro, contesto con otra pregunta: «¿Estás dispuesto a aceptar una respuesta sincera basada en la realidad del mundo actual, o esperas confirmar una opinión que ya te has formado?».

Conviene preguntarlo, porque está circulando tanta información falsa sobre la energía y el futuro que muchas personas se sienten realmente confundidas sobre la realidad de a dónde nos dirigimos, lo que pueda ocurrir y lo que es probable que ocurra.

Después de la primera pregunta, y según cómo se formule, lo habitual es que se plantee otra referente por lo general a la que se suele llamar *energía libre*. La palabra *libre* no significa lo mismo para diferentes personas, pero en general, cuando surge este tema, se refiere a las tecnologías basadas en el inmenso potencial energético que existe en el reino cuántico.

Como ingeniero, he estudiado las teorías de la energía libre, la energía del punto cero, la física del campo de torsión y el potencial cuántico. En las paredes de templos antiguos he visto las que parecen referencias a todo ello y lo he oído de boca de los ancianos indígenas de diversas tradiciones. Como miembro de la *Nikola Tesla Society*, cuya sede en los años ochenta se encontraba en Colorado Springs (donde estuvo el laboratorio de Tesla de 1899 a 1900), he tenido acceso directo a las notas de laboratorio de Tesla, sus modelos de trabajo y reflexiones suyas que podrían haber conducido a la energía libre, conocida también como *energía de emisión*, de la que antes hablábamos en este libro.

Si he de ser sincero, he visto aparatos que funcionan de manera nada convencional, pero nunca he visto ninguno que funcione con energía libre —obtenida de una fuente universal y transportada sin cables— ni ninguna tecnología de la que tú y yo quisiéramos depender para cubrir nuestras necesidades energéticas.

Dicho sin tapujos: ¿es posible la energía libre?
Sí, creo que lo es.

¿Está disponible hoy para su uso comercial?
No, que yo sepa.

¿Lo estará en el futuro?
Sí. El prometedor estudio de la energía del punto cero y la tecnología del campo de torsión puede revolucionar la idea que tenemos de energía y, en última instancia, cómo movemos el mundo.

¿Lo veremos pronto?
Todo es posible, pero lo más probable es que no vaya a ocurrir antes de que asomen en el horizonte los puntos críticos de nuestro tiempo de extremos. Y precisamente por esto hemos de ser sinceros con nosotros mismos y aceptar, de forma inmediata, los puntos de inflexión de la energía de los que disponemos hoy.

LA TIERRA, EL VIENTO Y EL AGUA: OBTENER ENERGÍA DE LOS ELEMENTOS

La siguiente pregunta que oigo se suele referir a las actuales fuentes alternativas y renovables de energía. ¿Serán la respuesta al pico del petróleo y al hambre de energía globales? Las fuentes alternativas y renovables de energía que hoy nos son más familiares probablemente no serán las principales fuentes de energía que muevan el mundo en el futuro. Me gustaría decir que lo serán. No hay duda de que la energía solar, la eólica, la de las olas y la hidroeléctrica son hoy viables como *complemento* del tipo de energía que actualmente utilizamos en las casas, los centros educativos, las oficinas y los hospitales. Y nada me gustaría más que decir que estas alternativas a las actuales fuentes convencionales de energía satisfarán el futuro nuestras necesidades energéticas.

La realidad es que, la tecnología está lejos de que se pueda perfeccionar hasta el punto de siquiera empezar a pensar en esas alternativas a escala global y, en segundo lugar, aunque la tecnología se perfeccionara, estas alternativas están diseñadas para aprovechar las condiciones locales en las que se basan, y no para ser la base de la política energética nacional o global. En otras palabras, una solución no satisface todas las necesidades.

¿Qué alternativas quedan a la energía de la que dependemos a diario para una red eléctrica fiable, de alta calidad y continua en los quirófanos y las torres de control del tráfico aéreo, la transferencia de datos económicos y vitales para la salud, el control de los reactores nucleares, el bombeo del agua, las agencias de meteorología y los sistemas de comunicación por satélite? ¿Cómo sería la fuente energética de nuestro mundo transformado?

Creo que la respuesta en realidad son dos respuestas. Porque depende de qué momento del futuro que estemos hablando: el próximo o el lejano. Me referiré a los candidatos que mayores probabilidades van a tener a medida que se produzca la progresiva transformación expuesta en el escenario 3.

En el capítulo 4, veíamos cómo la curva del pico del petróleo y la ciencia anunciaban con precisión las cada vez menores reservas de crudo de alta calidad y fácil acceso. La realidad de las predicciones del doctor Hubbert parece indicar que alcanzamos el punto más alto de la curva del pico del petróleo a mediados de los pasados años ochenta. Sin embargo, hechos inesperados han redefinido lo que el pico del petróleo significa para nuestras vidas. Los descubrimientos, a finales del siglo XX, de enormes campos de gas natural, y las innovaciones que permiten extraerlo, han cambiado el papel que el petróleo desempeña en nuestras vidas. En general, la gente sigue pensando en el petróleo como la principal fuente de energía mundial; sin embargo, la industria energética ya ha pasado a una visión muy distinta.

Sabemos que la nueva tecnología funciona porque, a partir de 2011 y 2012, el mercado global se vio inundado de más gas natural del que la demanda requería. Bajaron los precios y se desarrollaron otros tipos de almacenamiento, pero una cosa quedó perfectamente clara: la presencia del petróleo como factor de la ecuación energética del mundo es cada vez menor y diversas formas de gas natural, incluido el licuado, han llegado para quedarse con nosotros y con las próximas generaciones. La razón: las mismas tecnologías que predijeron la curva del petróleo de Hubbert muestran hoy que las reservas mundiales de gas natural, al ritmo actual de consumo, pueden durar nada menos que doscientos cincuenta años.[10]

¿Es esto bueno o malo? Si consideramos sus propiedades y cómo se puede utilizar, en el contexto del mundo actual, el gas natural es mejor que el carbón y el petróleo que hoy utilizamos, y un buen paso en la dirección correcta.

El gráfico que sigue es una comparación de las emisiones del carbón, el petróleo y el gas natural. La reducción de CO_2 es un requisito determinante para cualquier fuente de energía, por lo que el gas natural es un buen candidato.

EL GAS NATURAL COMPARADO CON EL CARBÓN Y EL PETRÓLEO
(KILOGRAMOS POR MILES DE MILLONES DE KILOCALORÍAS DE ENERGÍA PRODUCIDAS)

	GAS	PETRÓLEO	CARBÓN
Dióxido de carbono	65.000	91.111	115.555
Monóxido de carbono	22,22	18,33	115,55
Dióxido de azufre	0,55	623,33	1.439,44
Partículas	3,88	46,66	1.524,44

Figura 7.1. Comparación entre el carbón, el petróleo y el gas natural, con las ventajas e inconvenientes de cada uno, incluidas las emisiones de CO_2.

El gas natural es aproximadamente un 50% más limpio que el petróleo y el carbón, menos caro y más asequible para todos. Si se extrae bien, y si lo incorporamos al uso local de fuentes renovables, incluidas la solar, la eólica, la geotérmica y la hidroeléctrica, cosa muy razonable, es posible que sea la referencia para satisfacer las necesidades del mundo mientras desarrollamos una fuente definitiva de energía abundante y limpia.

¿Buena energía sin CO_2?

Si te dijera que existe en la Tierra una fuente de energía abundante, que no tiene usos militares, no se puede fundir en un reactor y no emite gases de efecto invernadero, pensarías que estamos ante la fuente de energía casi perfecta. Pues bien, lo que voy a exponer aquí no es perfecto, pero podría ser un paso en nuestro viaje hacia una fuente definitiva de energía.

Durante el supersecreto Proyecto Manhattan de mediados del siglo XX, Estados Unidos se hallaba en plena carrera para encontrar un mineral que pudiera alimentar los reactores nucleares del país y generar subproductos de uso militar en la Guerra Fría. En aquel ambiente bélico se optó por el uranio y su subproducto el plutonio. Desde entonces, el uranio ha seguido siendo la fuente de carburante para la mayoría de los aproximadamente cuatrocientos treinta reactores nucleares del mundo. Mucha gente conoce esta realidad, pero le sorprende enterarse de que también se descubrió otro mineral que tenía muchas de las propiedades del uranio pero sin ningún subproducto nocivo, el *torio*, el número 90 de la tabla periódica.

Si realmente queremos generar mucha electricidad con una fuente de energía que no emita ningún gas de efecto invernadero, hasta que dispongamos de tecnologías libres de energía, el torio debería ocupar el primer lugar de la lista. La razón es que se rige por principios un tanto diferentes de los del uranio que ya conocemos, una diferencia que lo convierte en una alternativa atractiva.

En esencia, la finalidad de los generadores convencionales de electricidad es producir calor que impulse las turbinas que la originan. Hay muchas maneras de producir calor. Las tecnologías familiares del pasado incluyen la quema de carbón, petróleo y gas natural. Los reactores nucleares también producen calor, mediante una reacción en cadena controlada. Generan tanto calor que hay que construir y mantener sistemas de refrigeración que mantengan su temperatura en límites seguros. Cuando el reactor «se funde», o se calienta tanto que destruye el escudo, la causa suele ser el fallo de los sistemas de refrigeración, como ocurrió en la catástrofe de la central nuclear de Fukushima en 2011.

Hablo aquí de esto porque el torio, aunque se usa como reactor, se rige por un principio que hace imposible que se funda. El líquido del que está hecho el carburante –una solución salina de torio y fluoruro– es el mismo que enfría el sistema. Una de las propiedades interesantes de un reactor de torio es que existe una relación directa entre su capacidad de generar calor y su temperatura, una diferencia inesperada.

En el caso de las sales de torio, cuanto más se calientan menos capacidad tienen de generar calor. Esto significa que si alcanzaran una temperatura peligrosa, la reactividad ya sería muy baja. Los tapones de seguridad, hechos de las mismas sales endurecidas que componen el propio carburante, se fundirían, de modo que el lodo drenaría hacia otro contenedor. En otras palabras, la materia que produce la reacción *al mismo tiempo* que enfría el sistema pasaría a otra vasija, abortando así cualquier posible reacción.

Por diversas razones –desde las economías globales hasta las políticas mundiales–, la industria energética y la prensa han sido reacias a aceptar el torio como fuente de energía, pero vistas sus repercusiones positivas para el cambio climático, su bajo coste y la seguridad energética, es probable que dichas razones hayan perdido peso. La energía del torio ha dejado ya el ámbito teórico. Se han construido y funcionan varios generadores de torio con fines de investigación y aplicaciones comerciales en diferentes países, como India, Alemania, China y Estados Unidos. En este último, ha habido dos generadores de torio: el de Indian Point, que estuvo en funcionamiento desde 1962 hasta 1980, y el de Elk River, entre 1963 y 1968.

Hay que seguir estudiando y perfeccionar la tecnología del torio para atender las necesidades del mundo, pero este elemento promete ser una alternativa limpia, abundante y relativamente segura que se debe tener en cuenta en la búsqueda de la fuente definitiva de energía.[11]

DATOS SOBRE EL TORIO

• Una tonelada de torio produce la misma energía que doscientas cincuenta toneladas de uranio*

• Un vatio de electricidad obtenida con torio cuesta aproximadamente 1,98 dólares frente a los 2,30 por vatio del carbón*

• Del carburante obtenido con torio se consume el 99%, frente al 1% del uranio*

• En una emergencia, el torio no se puede «fundir»*

• El torio no genera subproductos de uso militar*

• El torio es dos veces más abundante que el uranio*

• Los subproductos del torio se pueden reutilizar como carburante*

*Usado en un reactor de sales fundidas

Figura 7.2. El torio es más seguro que los carburantes convencionales del reactor de uranio. El reactor de torio no se puede fundir, por lo que es imposible que se produzcan desastres como los de Chernóbil y Fukushima.

Creo que nuestra civilización conseguirá perfeccionar la tecnología para aprovechar el potencial del espacio «vacío» y los campos de torsión para cubrir nuestras necesidades de energía. Todo apunta a que, después del petróleo, probablemente pasaremos, de camino a la mejor fuente futurista, por otras dos fases de producción de energía. La primera de ellas será la era del gas natural que desbanque al mundo del petróleo y el carbón y reduzca las emisiones de gases de efecto invernadero de ambos. La segunda fase será la combinación de fuentes renovables y reactores de torio que proporcionen energía abundante sin las nocivas emisiones de esos gases.

En nuestro tiempo de extremos, hay muchas posibilidades que se pueden convertir en puntos globales de inflexión, entre ellas otros tipos de moneda y la aplicación de nuevos criterios sobre la emisión

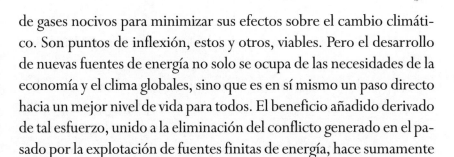

de gases nocivos para minimizar sus efectos sobre el cambio climático. Son puntos de inflexión, estos y otros, viables. Pero el desarrollo de nuevas fuentes de energía no solo se ocupa de las necesidades de la economía y el clima globales, sino que es en sí mismo un paso directo hacia un mejor nivel de vida para todos. El beneficio añadido derivado de tal esfuerzo, unido a la eliminación del conflicto generado en el pasado por la explotación de fuentes finitas de energía, hace sumamente atractivo este punto de inflexión en el ámbito de la energía.

¿Tecnología avanzada o conocimientos complejos?

En un encuentro de gran carga emocional que tuve con una arqueóloga de la zona de Nuevo México en los años noventa, hablamos del papel que el pasado representa y lo que pueda significar para nuestro futuro. Nos reunimos en uno de los yacimientos arqueológicos más enigmáticos que jamás haya visitado: las misteriosas ruinas del Cañón de Chaco.

Situado en la zona de Four Corners del noroeste de Nuevo México, el Cañón de Chaco es un enigma de tal importancia que la UNESCO lo declaró Patrimonio de la Humanidad para preservar para futuras generaciones el complejo observatorio, las perfectas *kivas* subterráneas (cámaras ceremoniales típicas de algunas tradiciones nativas norteamericanas) y los dos mil cuatrocientos enclaves arqueológicos conocidos.

Parte del misterio de Chaco es que algunos aspectos del yacimiento demuestran unos conocimientos adelantados en unos mil años a los de las comunidades de su entorno, mientras que otros aspectos parecen vulgares y primitivos.

Durante la conversación, le indiqué a la arqueóloga la posibilidad de que estuviéramos ante los restos de una de las civilizaciones de más avanzada tecnología que hubo en Norteamérica antes del siglo XX. Era evidente que no deseaba pensar en nuevas teorías.

—Si estaban tan avanzados —dijo—, ¿dónde están los aparatos? ¿Dónde están las tostadoras, los microondas o los reproductores de vídeo?

Era evidente que teníamos ideas muy distintas sobre el significado de civilización avanzada y el tipo de pruebas que podría haber dejado.

Era evidente también que no nos pondríamos de acuerdo sobre una posible interpretación del misterioso complejo que se extendía ante nuestros ojos. Nunca volví a ver a aquella arqueóloga, y muchas veces me pregunto si los más recientes descubrimientos hechos en lugares como Göbekli (Turquía), que hoy sitúan la aparición de la civilización avanzada al final de la última Edad de Hielo, hace casi trece mil años, le han hecho cambiar de opinión sobre el Cañón de Chaco.

Como ya he señalado en libros anteriores, creo que es muy significativo que nuestra interpretación de las civilizaciones antiguas gire en gran medida en torno a los *objetos* que construyeron. ¿Qué ocurre con el pensamiento oculto en lo que crearon? Por lo que sé, es verdad que nunca se ha encontrado un televisor ni un vídeo en el registro arqueológico del sureste americano —ni, para el caso, en ningún otro— pero quizás se nos escape la razón de que no lo hayamos hecho. Y tal vez ahí esté la pista que indique cómo vaya a ser el futuro de un mundo transformado.

Los pueblos nativos de América hablan de un pasado que me suena más a ciencia ficción o a otro mundo. Dicen que hace mucho tiempo la gente vivía de forma muy distinta de la actual. Eran menos los que usaban los recursos de la Tierra. No había guerras en que las personas se hirieran y mataran unas a otras o destruyeran el entorno. Y vivían cerca de la tierra. Se respetaban a sí mismas, a sus relaciones y los elementos de los que vivían. En ese tiempo, la gente era feliz, gozaba de buena salud y vivía muchísimos años, hasta edades que hoy solo podemos imaginar.

Luego ocurrió algo. Los ancianos no siempre están de acuerdo sobre qué fue ese algo, pero en todas las historias las consecuencias son las mismas. Los pueblos empezaron a olvidar quiénes eran. Comenzaron a olvidar el poder que tenían en su interior para curar y trabajar juntos. Y olvidaron su relación con la propia Madre Tierra. Y estuvieron perdidos, solos y aterrados. En su soledad, añoraban una conexión más profunda con el mundo. Empezaron a fabricar máquinas que hicieran realidad los poderes en los que soñaban. Construyeron máquinas para recuperar la vista y el oído que tanto habían perdido, y otras máquinas que les sanaran el cuerpo del mismo modo que este generaba su propia curación.

Dicen los ancianos que la historia no ha concluido y que formamos parte de su último capítulo. Dicen que seguimos perdidos, aterrados y solos. Y mientras no recordemos quiénes somos, seguiremos desbaratando nuestras vidas con máquinas que imitan nuestros mayores poderes.

Cuando oigo estas historias, siento la seguridad de que los ancianos describen lo que hoy somos y lo que es nuestro mundo. Con las pocas excepciones de culturas aisladas y los remotos restos de tradición que quedan, es evidente que nuestra civilización pone el foco más en el mundo de nuestro *alrededor* que en el de nuestro *interior*.

¿Es posible que cuando vemos los restos de civilizaciones avanzadas, como las de Egipto, Perú o el Cañón de Chaco, en realidad estemos viendo los restos de una tecnología *tan avanzada* que aquellas personas ya no necesitaban nuestras tostadoras ni nuestros vídeos? Tal vez superaron la necesidad de un mundo exterior saturado y complejo. Tal vez conocían algo de sí mismas que les proporcionaba la *tecnología interior* para vivir de otro modo, algo que hemos olvidado, como sugieren los ancianos. Todos los años gastamos miles de millones de dólares en defendernos de la enfermedad e intentar controlar la naturaleza. De este modo, quizás nos hayamos alejado más que nunca del equilibrio con el mundo natural.

Dicen los ancianos que nuestro mundo abarrotado cumple una finalidad. Cuando recordemos quiénes somos, dejaremos de necesitar las máquinas y nuestras vidas volverán a ser sencillas. Pero esta es la clave: nuestras vidas serán sencillas *porque habremos alcanzado la complejidad* que nos libere de la tecnología. De manera que, en lugar de volver a un modo de vida primitivo, estaremos tan avanzados que al observador distraído nuestra vida le parecerá sencilla.

Esto es lo que creo que la arqueóloga y yo estábamos viendo ese día en el Cañón de Chaco. Quienesquiera que vivieran en ese lugar conocían nuestra relación con el Sol y la Luna con una precisión que hasta mediados del siglo xx no se volvió a tener. Quienes vivieron allí construyeron caminos perfectos que irradiaban hasta cientos de kilómetros en todas direcciones, y que solo se pudieron reconocer cuando las imágenes por satélite los revelaron. Es evidente que los habitantes del Cañón de Chaco tenían conocimientos avanzados que emplearon en hacer sus vidas más sencillas.

Si esto es verdad, no es necesario que miremos más allá de la naturaleza para comprender quiénes somos y cómo va a ser el futuro de un mundo transformado.

Cualquiera que sea el mundo que demos a luz, para que tenga éxito deberá funcionar para todos. Y creo que esta es también la clave de nuestro futuro como especie. Es posible transformar el mundo de modo que el nivel de vida suba para todos (y no solo para unos pocos a expensas de muchos), pero conseguirlo requiere tomar una decisión. Esta decisión nos devuelve a la tácita crisis que se ha llamado «el elefante en la habitación»: la crisis de nuestro pensamiento. Para transformar el mundo de modo que refleje las posibilidades de las que hablo es fundamental un cambio de los propios valores fundamentales que defendemos como sociedad global. Cuando hayamos sustituido, por ejemplo, el valor nuclear del dinero por el valor nuclear de la calidad de vida y el bienestar, estaremos en el buen camino.

No quiero decir con esto que el dinero sea la causa de nuestros problemas ni que sea algo negativo. Es un medio de intercambio y, para ser sincero, un medio que va a seguir con nosotros mucho tiempo. Mi comentario no se refiere al dinero en sí mismo. Se refiere a nosotros, a lo que pensamos sobre él, a la importancia que le damos y al papel que dejamos que desempeñe en nuestra vida.

Cuando tomemos esta decisión y la convirtamos en referencia para evaluar cualquier medida y cualquier actuación, incluidos el desarrollo de la tecnología y la aplicación de la ciencia, la actual corriente de cambio será imparable. Al leer estas posibilidades en este libro, y en otros, arrancamos el motor que nos va a llevar a ese mundo.

Crear tu propio punto de inflexión

A lo largo de este libro he compartido elementos de un modo de vida y un cambio de manera de pensar que nos pueden ayudar a crear puntos de inflexión de resiliencia en nuestra vida. Todos aprendemos de forma distinta, y por esta razón he hecho todo lo posible para ofrecer diferentes perspectivas que nos permitan ver estas ideas plasmadas en el mundo real. Con la información de los capítulos anteriores aún fresca en la mente, ahora dispones de todo lo necesario para responder la pregunta: ¿cómo creo mi propio punto de inflexión de resiliencia?

La que sigue es una secuencia posible de pasos, una plantilla, para hacerlo.

GUÍA PARA CREAR TU PROPIO PUNTO DE INFLEXIÓN DE RESILIENCIA

Los puntos siguientes representan un resumen general de los pasos para generar resiliencia en tu vida. En este libro se habla de estos puntos de inflexión en referencia a cambios mayores que se producen en el mundo, pero los principios de la resiliencia están pensados también para que propicien cualquier tipo de cambio en tu vida. Estos cambios pueden ser consecuencia de nuestro tiempo de extremos o de tus procesos personales, pero en ambos casos te orientarán para descubrir las actuaciones que más te convengan.

Cada punto es una invitación, una oportunidad para que consideres tu vida y la idea que de ella has tenido hasta hoy y decidas si esta idea sigue ajustándose o no a la situación actual del mundo. Si crees que ha llegado el momento de cambiar, los puntos te llevarán a capítulos de este libro, y a otros recursos, que te ayudarán en ese proceso de cambio.

Recuerda que estos puntos representan pasos verificados, pasos que han generado puntos de inflexión para otras personas y comunidades. A ellas les han funcionado, por lo que puedes estar seguro de que con cada uno que des te acercarás más al pensamiento y la vida de un mundo transformado.

- **Sé sincero contigo mismo.** Pregúntate si el mundo parece hoy distinto, en este momento.
- **Reconoce nuestro tiempo de extremos.** Señala lo que distingue este tiempo de la vida que llevabas antes. Acepta el hecho de que tu vida y nuestro mundo están cambiando a mayor velocidad de la que estábamos dispuestos a aceptar. Determina qué significa esto en tu caso.

- Identifica tus valores fundamentales. Pregúntate cuál es la base de tu sistema de valores: ¿la riqueza material, el bienestar personal, el de la familia o el grupo, la espiritualidad, la religión o una mezcla de estos valores u otros? La respuesta te dará claridad cuando hayas de tomar decisiones difíciles sobre tu modo de vida y la vida cotidiana.

- Desarrolla la resiliencia personal y basada en el corazón. Con este crecimiento previo de la fuerza de tu resiliencia interior estarás mejor preparado para enfrentarte a los retos de tu mundo cambiante y a las necesidades de los seres queridos que dependan de ti.

- Lee de nuevo el capítulo 2.

Tus finanzas

- Fomenta aquello en lo que creas. Invierte el dinero y la energía de modo que te haga sentir bien. Será un ejemplo para tus hijos y otros miembros de tu familia y te dará la satisfacción de participar con tus inversiones en un cambio positivo a escala global, y también en el ámbito local por el impacto que esas inversiones tengan en tu comunidad.

- Acepta el dinero como herramienta muy potente, pero mantén siempre en perspectiva el papel que represente en tu vida. La relación entre el precio y el valor está cambiando en nuestras vidas. Analiza qué significa esto en tu caso y utiliza el dinero ganado con tanto esfuerzo y los recursos con sensatez, como reflejo de la nueva realidad económica.

- Reconoce que el significado del dinero está cambiando. Está emergiendo una nueva economía, y la idea que antes teníamos del dinero se está transformando. Hemos entrado en un tiempo en que las antiguas inversiones a largo plazo son mucho más arriesgadas debido a la fragilidad de los mercados mundiales. Esto significa que los activos basados en «papel», como las acciones de bolsa, pueden perder su valor en cuestión de horas, mientras que el valor de los activos tangibles –bienes como la energía, el agua y los alimentos– nunca será cero. Es una realidad que te invita a ajustar tus planes económicos.

- Lee de nuevo el capítulo 4.

Tu papel en la política

- Apoya a las personas y las ideas que coincidan con tus valores y creencias. En el actual sistema jerárquico de gobierno y toma de decisiones, las personas de nuestras comunidades a las que elegimos para que nos representen son nuestra oportunidad de tener voz en el mundo. Hay candidatos a los que se puede confiar el mensaje de que tu comunidad y tú queréis ser oídos a mayor escala. Estos candidatos solo te pueden servir si consigues que asuman este mensaje.

- Mantente informado. Analiza detenidamente los grandes problemas de nuestro tiempo. Aprende a hacerlo por ti mismo, sin depender de cualquier propaganda que te llegue al buzón, ningún anuncio de la prensa ni ninguna organización. Busca tus propias fuentes de noticias e información más allá de las vías habituales de la televisión y la radio, los portales de Internet y las publicaciones. Resérvate tiempo suficiente para hacer tu propio análisis.

- Evalúa tus decisiones. Una vez finalizadas las elecciones de cualquier nivel (municipal, estatal o nacional), proponte seguir los resultados y observar si tus candidatos, una vez en su cargo, siguen representando tus valores. En este sentido, la comunidad puede ser de extraordinaria ayuda, porque puede asumir y repartir el tiempo y el esfuerzo necesarios para ese análisis y difundir los resultados en sus reuniones.

Tu comunidad

- Cohesiona tu comunidad. Es el momento de que asientes tu comunidad, sea la de tu familia, la de tus vecinos o la de personas de ideas similares unidas en organizaciones o asociaciones de la misma ciudad o virtualmente en el ciberespacio, y acepta el hecho de que nuestras vidas y nuestro mundo están cambiando a mayor velocidad de la que jamás esperamos.

- Reconoce nuestro tiempo de extremos. Identifica qué significa esto para ti y para tu comunidad. ¿Qué ha cambiado, y qué puede hacer tu comunidad para que los cambios les sean más fáciles a sus miembros?

- Define los objetivos de tu comunidad: qué es lo que os une. Determina lo que esperáis conseguir como comunidad. Es una de las claves del éxito de esta, y lo que hagas en este sentido se convertirá en punto de referencia en el futuro, cuando se planteen preguntas sobre el alcance de los objetivos de tu comunidad.

- Identifica los valores fundamentales de tu comunidad. Pregúntate si el sistema de valores y la organización de tu comunidad se basan en aspectos como la riqueza material; el bienestar personal, familiar y del grupo; la espiritualidad; la religión, o una combinación de estos u otros principios. Es fundamental para que todos los miembros de la comunidad sepan decidir con claridad ante cuestiones difíciles.

- Elabora un plan de resiliencia de la comunidad. Este paso está relacionado directamente con la idea que tu comunidad tenga sobre nuestro tiempo de extremos. También es un momento en el que tú y todos los miembros de tu comunidad podréis manifestar vuestras preocupaciones, vuestras dudas y vuestros miedos e identificar las fuerzas y las situaciones que sinceramente penséis que requieren un mayor grado de resiliencia. Si tu comunidad vive en la costa, donde son más probables grandes tormentas que la afecten, o en una zona especialmente vulnerable a los incendios o cualquier desastre natural, un plan de actuación crea resiliencia antes de que la comunidad la necesite, además de la paz mental que disponer de él genera.

- Lee de nuevo el capítulo 3.

Bienvenido a casa

Si consideramos por separado los hechos de nuestro tiempo de extremos, los registros de la historia antigua de la Tierra y las experiencias de nuestros antepasados indígenas de hace miles de años, obtenemos una información interesante. Estos hechos, en su conjunto, cuentan una historia. Es *nuestra* historia, de la que estamos terminando un capítulo que iniciamos hace más de cinco mil años.

Vivimos hoy la repetición de los ciclos de cambio que nuestros antepasados vivieron en su tiempo. La gran diferencia es que hoy compartimos la experiencia con una familia de más de siete mil millones de personas. No podemos saber exactamente cómo va a terminar nuestra historia, pero sí sabemos con seguridad que este tiempo de extremos significa el nacimiento de una nueva normalidad y una nueva manera de vivir. Nuestras vidas están cambiando para reflejar esta transición.

Tu capacidad de prosperar a través de la transición, mientras convertimos este tiempo de extremos en un tiempo de transformación, gira en torno a tu disposición a reconocer el mundo emergente y a cómo aprendas a adaptarte a él. Es razonable esperar volatilidad en aspectos donde antes la vida discurría suavemente. Es razonable esperar récords climáticos y los consiguientes planes de actuación. Es razonable que las debilitadas economías del mundo apunten a la necesidad de nuevas estrategias en los planes de ahorro y jubilación. Es razonable prever cortes temporales en el suministro de bienes y servicios a medida que el riguroso cambio climático y la menor población activa mundial incidan en nuestra vida.

Estas son algunas de las realidades a las que te enfrentas al tiempo que el mundo, y tu vida, hacen sitio a la nueva normalidad. Son molestas, pero pasajeras. Nos mentiríamos, y mentiríamos a los demás, si simuláramos que no existen. Para convertir estos extremos en transformación, debes estar dispuesto a reconocer lo que el mundo te muestra y aceptar el papel que te corresponde para adaptarte a lo que se te anuncia.

Nuestro tiempo de extremos *es* muy diferente de otros tiempos pasados; por esto tiene pleno sentido esperar que nuestras vidas hayan de cambiar y que deba hacerlo también nuestro modo de pensar. Tiene pleno sentido vivir con resiliencia y *adaptarnos* a nuestro mundo emergente, en lugar de confiar en soluciones del pasado para problemas de hoy. Ya las hemos intentado.

En cuanto a la economía mundial y el cambio climático, es evidente que las viejas soluciones no sirven. También lo es que, para adaptarnos a la transición en la que estamos viviendo, debemos traspasar los límites tradicionales que en el pasado nos han impedido conocernos a nosotros mismos. Cuando lo hacemos, algo hermoso empieza a ocurrir. Y todo comienza con la resiliencia basada en el corazón que podemos construir en nuestra vida cotidiana.

Cada uno de los puntos de la guía anterior representa un elemento importante de tu vida; es como una banda elástica de posibilidades que solo se puede estirar hasta un determinado punto.

En nuestro tiempo de extremos, cada aspecto de nuestras vidas está estirado hasta el límite. La cuestión es: ¿escogerás los puntos de inflexión que relajen la tensión de tu banda elástica de posibilidades? ¿Aceptarás la mayor transformación del poder, la riqueza y los recursos de la historia? El cambio es exclusiva responsabilidad tuya. Es tu viaje. El mundo nuevo ya ha llegado. Bienvenido a casa.

Organizaciones

Instituto Berkana

www.Berkana.org

El Instituto Berkana y sus socios comparten la convicción de que la respuesta a cualquier problema es la comunidad. Berkana ha trabajado en colaboración con personas muy diversas de todo el mundo que fortalecen sus comunidades con la sabiduría y la riqueza ya presentes en sus gentes, tradiciones y entornos. Durante veinte años, nuestro trabajo ha sido preparar para futuros desconocidos mediante el establecimiento de relaciones sólidas y sostenibles, la administración razonable de los recursos de la Tierra y la formación de comunidades resilientes.

Bioneers

www.Bioneers.org

La misión global de Bioneers es fomentar la formación holística sobre problemas sociales, culturales y medioambientales globales. Bioneers determina soluciones progresistas y respetuosas con la naturaleza a los crecientes problemas de inestabilidad, desigualdad y crecimiento insostenible y difunde estos conocimientos a través de medios, eventos y redes de acción comunitaria independientes.

INSTITUTO HEARTMATH

www.HeartMath.org

El Instituto HeartMath es una organización sin ánimo de lucro de reconocido prestigio internacional dedicada a la formación y la investigación para ayudar a las personas a aliviar el estrés, autorregular los sentimientos y acumular energía y resiliencia mediante una vida sana y feliz. Con sus recursos, su tecnología y sus sistemas de formación, HeartMath enseña a la persona a confiar en la inteligencia de su corazón en consonancia con su mente, en casa, la escuela, el trabajo y el ocio.

POST CARBON INSTITUTE

www.PostCarbon.org

El Post Carbon Institute ofrece a particulares, comunidades, empresas y gobiernos los recursos necesarios para comprender la red de crisis económica, energética, medioambiental y de equidad que define el siglo XXI y para reaccionar ante todas ellas. Nuestra visión es la de un mundo de comunidades resilientes y economías relocalizadas prósperas y comprometidas con el medioambiente.

RESILIENT COMMUNITIES

www.ResilientCommunities.org

¿Cómo vivimos la vida de forma lo suficientemente distinta para que marque una diferencia? Creo que es porque contamos unos con otros. Creo que es con el redescubrimiento de nuestra propia sabiduría y capacidad para hacer todo lo necesario para la salud y la seguridad de nuestros familiares y vecinos. Creo que lo hacemos al recordar la profunda interrelación que nos une.

TRANSITION UNITED STATES

www.TransitionUS.org

Nuestra visión es que las comunidades de Estados Unidos participen en la creatividad colectiva para poner en marcha una transición histórica a un futuro más allá de los carburantes fósiles, un futuro más vibrante, rico y resiliente, un futuro, en fin, preferible al presente.

Lecturas recomendadas

BOURNE, EDMUND J., *Global Shift: How a New Worldview Is Transforming Humanity*, Oakland, CA, New Harbinger Publications, 2008.

BROWN, LESTER R., *Plan B 3.0: Mobilizing to Save Civilization*, Nueva York, W.W. Norton & Company, 2008.

ELGIN, DUANE, *Voluntary Simplicity: Toward a Way of Life That Is Outwardly Simple, Inwardly Rich*, Nueva York, HarperCollins, 1981.

GERSHON, DAVID, *Social Change 2.0: A Blueprint for Reinventing Our World*, White River Junction, VT, High Point/Chelsea Green, 2009.

LEW CHILDRE, DOC, Howard Martin y Donna Beech, *The HeartMath Solution: The Institute of HeartMath's Revolutionary Program for Engaging the Power of the Heart's Intelligence*, Nueva York, HarperOne, 2000.

LIPTON, BRUCE, *The Honeymoon Effect: The Science of Creating Heaven on Earth*, Carlsbad, CA, Hay House, 2013.

Capítulo 1: El corazón inexplorado

1. Gary E.R Schwartz y Linda G.S. Russek, citados en Paul P. Pearsall, *The Heart's Code: Tapping the Wisdom and Power of Our Heart Energy*, Nueva York, Broadway Books, 1999, Prefacio, pág. XIII (en castellano: *El código del corazón*, Editorial Edaf, 1999).
2. «Statistics», Donate Life America, www.donatelife.net/statistics.
3. Lucas Mearian, «Scientists: Data-Storing Bacteria Could Last Thousands of Years», *ComputerWorld*, 27 febrero 2007, www.computerworld.com/article/2543486/data-center/scientists--data-storing-bacteria-could-last-thousands-of-years.html.
4. Neil deGrasse Tyson, citado en Rebecca Boyle, «PopSci Talks to Neil deGrasse Tyson about Politics, New Frontiers, and Science Evangelism», *Popular Science*, 27 febrero 2012, www.popsci.com/science/article/2012-01/popsci-qampa-neil-degrasse-tyson-politics-new-frontiers-and-science-evangelism.
5. Mayfield Clinic & Spine Institute, «Anatomy of the Brain», Mayfield Brain & Spine, www.mayfieldclinic.com/PE-AnatBrain.htm#.VYTa-BFVViko.
6. Ralph Marinelli *et al.*, «The Heart Is not a Pump», *Frontier Perspectives*, otoño-invierno 1995, versión digital de ese artículo de investigación de los archivos Rudolf Steiner, www.rsarchive.org/RelArtic/Marinelli.
7. Íbid.
8. Proverbios, 20: 5.

9. Daisaku Ikeda, «The Wisdom of the Lotus Sutra», Soka Gakkai International, www.sgi.org/sgi-president/writings-by-sgi-president-ikeda/the-wisdom-of-the-lotus-sutra.html.

10. J. Andrew Armour, *Neurocardiology: Anatomical and Functional Principles*, Boulder Creek, CA, Institute of HeartMath, 2003.

11. Íbid.

12. Sobre la biografía de san Macario y la fuente de la cita, véase «Fifty Spiritual Homilies of Saint Macarius the Egyptian, Homily XLIII», www.ecatholic2000.com/macarius/untitled-46.shtml#_Toc385610658.

13. Claire Sylvia, *A Change of Heart: A Memoir*, Nueva York, Warner Books, 1997.

14. Paul P. Pearsall, *The Heart's Code: Tapping the Wisdom and Power of Our Heart Energy*, Nueva York, Broadway Books, 1999.

15. Max Planck, en una conferencia que dio en Florencia en 1944 con el título«La esencia/la naturaleza/el carácter de la materia», Archiv zur Geschichte der Max-Planck-Gesellschaft, Abt. Va, Rep. 11 Planck, Nr. 1797.

16. Para información general sobre el Instituto HeartMath, ver www.HeartMath.org.

17. «Mother-Baby Study Supports Heart-Brain Interactions», HeartMath Institute, 20 abril 2008, www.heartmath.org/articles-of-the-heart/science-of-the-heart/mother-baby-study-supports-heart-brain-interactions.

18. Íbid.

19. «Simplicity Is the Ultimate Sophistication», Quote Investigator, 2 abril 2015, quoteinvestigator.com/2015/04/02/simple.

20. «The Quick Coherence® Technique for Adults», HeartMath Institute, www.heartmath.org/resources/heartmath-tools/quick-coherence-technique-for-adults.

21. Janine Willis y Alexander Todorov, «First Impressions: Making Up Your Mind After a 100-Ms Exposure to a Face», *Psychological Science*, Princeton University Research Paper, 15 noviembre 2015, psych.princeton.edu/psychology/research/todorov/pdf/Willis%26Todorov-PsychScience.pdf.

22. «What Is Intuition?» HeartMath Institute, 8 octubre 2012, www.heartmath.org/articles-of-the-heart/the-math-of-the-heart/what-is-intuition.

23. Jeffrey Zaslow, «Interview: Robert Redford», 25 noviembre 2001, http://159.54.226.237/01_issues/011125/011125redford.html.

24. Maggie Harbour, «EXCLUSIVE: Mark Wahlberg Changes His Plan to Fly Commercial to LA Today and Hires Private Jet Instead After

He Cheated Death on 9/11», *Daily Mail*, 11 septiembre 2001, www.dailymail.co.uk/news/article-2752304/EXCLUSIVE-Mark-Wahlberg-changes-plan-fly-commercial-today-Los-Angeles-hires-private-jet-not-taking-chances-cheated-death-9-11.html.

25. Mike Sager, «What I've Learned: Jaime Pressly», *Esquire*, 20 febrero 2007, www.esquire.com/entertainment/interviews/a2289/esq0107jaimepressly.

26. Elaine Hernández Soto, «Olmos Captivates Crowd with Speech», *Gazette-Enterprise*, 20 septiembre 2001, http://www.web.archive.org/web/20011130084223/http:/web.seguingazette.com/story.lasso?-datasource=seguin&-table=newsc&-keyfield=ID&-op=eq&ID=402&-search.

27. D. J. Bem, «Feeling the Future: Experimental Evidence for Anomalous Retroactive Influences on Cognition and Affect», *Journal of Personality and Social Psychology*, 31 enero 2011, publicación previa *online*, DOI:10.1037/a0021524.

28. R. McCraty, M. Atkinson y R.T. Bradley, «Electrophysiological Evidence of Intuition: Part 1. The Surprising Role of the Heart», *The Journal of Alternative and Complementary Medicine*, vol. 10, n.º 1, 2004, págs. 133-143.

29. E. W. Silvertooth, «Special Relativity,» *Nature*, vol. 322, agosto 1986, pág. 59.

Capítulo 2: Resiliencia desde el corazón

1. «Beyond 9/11», Número especial de *Time*, www.time.com/time/beyond911/#.

2. Íbid.

3. Definición de *resiliencia* de la Asociación Psicológica Americana, http://psychcentral.com/lib/2007/what-is-resilience.

4. En la página del Centro de Resiliencia de Estocolmo, www.stockholmresilience.org/21/research/what-is-resilience.html, se puede encontrar una definición ampliada de *resiliencia* aplicable tanto a la naturaleza como a la sociedad.

5. Janice Harris Lord y Kevin O'Brien, «Core Elements and Strategies for Victim Service Providers to Develop Resilience», fragmento de «Chapter 10: Developing Resilience», *National Victim Assistance Academy Track 1: Foundation-Level Training*, marzo 2011, págs. 9-18, www.ovcttac.gov/downloads/views/TrainingMaterials/NVAA/Documents_NVAA2011/ParticipantText/10_NVAA_MAR_2011_Developing_ResiliencePText_final.doc.

6. Peter Corbett, «Ex-Iran Hostage Survived on Faith, Power of Prayer», *The Arizona Republic*, 9 noviembre 2012, obtenido en www.azcentral.com/community/articles/20121106ex-iran-hostage-survived-faith-power-prayer.html.

7. Terry Anderson, citado en Pierre Tristam, «Terry Anderson Remembers His Ordeal as a Hostage in Lebanon», *Middle East Issues*, About.com., http://middleeast.about.com/od/lebanon/a/me081206f.htm.

8. Scott Barry Kaufman, «The Will and Ways of Hope», *Psychology Today*, 26 diciembre 2011, www.psychologytoday.com/blog/beautiful-minds/201112/the-will-and-ways-hope.

9. Íbid.

10. Jennifer Holmes, «Healthy Relationships: Their Influence on Physical Health», BC Council for Families (2011), www.bccf.ca/all/resources/healthy-relationships-their-influence-physical-health.

11. Eleanor Roosevelt, *You Learn by Living: Eleven Keys for a More Fulfilling Life*, Louisville, KY, Westminster John Knox Press, 1960.

12. Bruce Lipton, *The Biology of Belief: Unleashing the Power of Consciousness, Matter & Miracles*, Santa Rosa, CA, Mountain of Love/Elite Books, 2005, págs. 146-150 (en castellano: *La biología de la creencia: la liberación del poder de la conciencia, la materia y los milagros*, Gaia Ediciones, 2014).

13. Rollin McCraty, Bob Barrios-Choplin, Deborah Rozman, Mike Atkinson y Alan D. Watkins, «The Impact of a New Emotional Self-Management Program on Stress, Emotions, Heart Rate Variability, DHEA and Cortisol», *Integrative Physiological and Behavioral Science*, vol. 33, n.º 2, 1998, págs. 151-170, www.heartmath.org/research/research-publications/impact-of-a-new-emotional-self-management-program-on-stress-emotions-heart-rate-variability.html.

14. Íbid.

15. Kahlil Gibran, *The Prophet*, Nueva York, Alfred A. Knopf, 1923, pág. 30 (en castellano: *El profeta*, Edimat Libros, 2000).

16. Rollin McCraty, Raymond Trevor Bradley y Dana Tomasino, «The Resonant Heart», *Shift*, diciembre 2004-febrero 2005, págs. 15-19.

17. Es una de las citas que más me gustan sobre la naturaleza interrelacionada de la comunidad, la vida y las personas. M. Scott Peck, psiquiatra estadounidense y escritor, *The Different Drum: Making Community and Peace*, Nueva York, Touchstone, 1987.

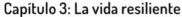

Capítulo 3: La vida resiliente

1. Zerihun Kassa, citado en Bethany Marinelli, «Herds to Harvest: A Community Transformed», *Global Hope Network International*, 20 febrero 2013, www.globalhopenetwork.org/herds-to-harvest-a-community-transformed.
2. Íbid.
3. Michael Krasny, «What Is Community?», *Mother Jones*, mayo/junio 1994, www.motherjones.com/politics/1994/05/what-community.
4. Íbid.
5. Íbid.
6. *Regreso al futuro* (1985), dirigida por Robert Zemeckis, con Michael J. Fox, Christopher Lloyd, Lea Thompson y Crispin Glover.
7. Anthony Giddens, *The Consequences of Modernity*, Stanford, CA, Stanford University Press, 1990, pág. 64 (en castellano: *Consecuencias de la modernidad*, Alianza Editorial, 1997).
8. «Glossary: Globalisation», United Nations Educational, Scientific, and Cultural Organization, www.unesco.org/new/en/social-and-human-sciences/themes/international-migration/glossary/globalisation.
9. Henry M. Paulson júnior, «It Could Have Been A Lot Worse: A Conversation with Henry Paulson», *The American Interest*, mayo/junio 2010, www.the-american-interest.com/article.cfm?piece=815.
10. Lee Crockett, «Overfishing 101: Protecting Tuna with Technology», *National Geographic*, 27 septiembre 2011, www.newswatch.nationalgeographic.com/2011/09/27/overfishing-101-protecting-tuna-with-technology.
11. Theodore Bestor, citado en un artículo de Ken Gewertz, «Fish Story: Anthropologist Bestor Looks at Globalization and Culture Through Study of Sushi Market», *Harvard University Gazette*, 6 diciembre 2001.
12. Thomas L. Friedman, «Overblown Fears, #10: Globalization», *Newsweek*, 2010, www.2010.newsweek.com/top-10/most-overblown-fears/globalization.html.
13. Íbid.
14. Judith Rodin y Robert Garris, «Reconsidering Resilience for the 21st Century», artículo basado en otro estudio anterior de varios miembros de la Fundación Rockefeller, entre ellos Heather Grady, Claudia Juech, Anna Brown, Ashvin Dayal, Bethany Martin-Breen, Stefan Nachuk, Cristina Rumbaitis del Río y Fern Uennatornwaranggoon, The Rockefeller Foundation, /www.rockefellerfoundation.org/blog/reconsidering-resilience-21st-century.
15. Judith Rodin, citada en Arianna Huffington, «Worldwide Resilience Key to Our Future», *Chicago Tribune*, 23 enero 2013.

16. Íbid.

17. Massoud Amin, «U.S. Electrical Grid Gets Less Reliable as Outages Increase and R&D Decreases», *University of Minnesota College of Science and Engineering*, 22 febrero 2011, www.tli.umn.edu/blog/security -technology/u-s-electrical-grid-gets-less-reliable-as-outages-increase-and-rd-decreases.

18. «Some Grocery Store Shelves Empty in NYC», *ABC New York News*, 30 diciembre 2010, www.abclocal.go.com/wabc/story?section=news/local/new_york&id=7870930.

19. Kayla Webley, con Christopher Matthews, «Hurricane Sandy by the Numbers: A Superstorm's Statistics, One Month Later», *Time*, 26 noviembre 2012, http://nation.time.com/2012/11/26/hurricane-sandy-one-month-later.

20. Atribuido por Diógenes Laercio a Heráclito, www.en.wikiquote.org/wiki/Heraclitus.

21. Isaac Asimov, «My Own View», *The Encyclopedia of Science Fiction*, comp. Robert Holdstock, 1978.

22. Robert Cherry, director médico de Penn State Shock Trauma Center, «Business Testimonials: Penn State University», Federal Emergency Management Agency, http://www.ready.gov/business/business-testimonials.

23. Íbid.

24. Íbid.

25. Margaret J. Wheatley explica su trabajo en el Instituto Berkana en http://berkana.org/about.

26. Resumen de la idea de comunidad del Instituto Berkana; http://resilientcommunities.org.

27. Con el fin de que cien ciudades pudieran afrontar mejor los grandes retos del siglo XXI, la Fundación Rockefeller invitó a las ciudades de todo el mundo a participar en el Reto de las 100 ciudades resilientes, www.100resilientcities.rockefellerfoundation.org/resilience.

28. Diversas conferencias destinadas a generar mayor resiliencia en la ciudad de Filadelfia, www.phil.frb.org/community-development/events/2012/reinventing-older-communities.

29. El objetivo es «modernizar los edificios y las infraestructuras que sostienen la vida de la ciudad. Pretendemos asegurar la resiliencia de San Francisco y nuestra capacidad no solo de sobrevivir a los desastres, sino de prosperar en ellos», www.spur.org/initiative/resilient-city.

30. Una innovadora iniciativa neoyorquina que subraya la necesidad de una agenda holística y respuestas a las preguntas: «¿Cuál es el grado de resiliencia de Nueva York? ¿Somos capaces de asimilar el impacto

repentino contra la economía, el medio ambiente y nuestro modo de vida?», www.mas.org/mass-resilience-agenda y http://mas.org/video/ building-resilient-cities-future-model-sustainability-community.

Capítulo 4: El mundo ya no es el que era

1. Johan Rockström, Will Steffen, Kevin Noone *et al.*, «A Safe Operating Space for Humanity», *Nature*, vol. 461, 24 septiembre 2009, págs. 472-475, www.nature.com/nature/journal/v461/n7263/full/461472a.html.

2. Omar Baddour, citado en Sarah Lyall, «Heat, Flood or Icy Cold, Extreme Weather Rages Worldwide», *The New York Times*, 10 enero 2013, pág A4, www.nytimes.com/2013/01/11/science/earth/extreme-weather-grows-in-frequency-and-intensity-around-world.html.

3. Dim Coumou, citado en «Global Warming Has Increased Monthly Heat Records Worldwide by a Factor of Five, Study Finds», *Science Daily*, 14 enero 2013, http://www.sciencedaily.com/releases/2013/01/130114101732.htm.

4. Íbid.

5. Craig Loehle y J. Huston McCulloch, «Correction to: A 2000-Year Global Temperature Reconstruction Based on Non-Tree Ring Proxies», *Energy & Environment*, vol. 19, n.º 1, 2008, págs. 93-100, www.econ.ohio-state.edu/jhm/AGW/Loehle/Loehle_McC_E&E_2008.pdf.

6. Joel E. Cohen, «Human Population Grows Up», *Scientific American*, número especial «Crossroads for Planet Earth», septiembre 2005, pág. 48.

7. Central Intelligence Agency, «Population Growth Rate», *The World Factbook*, obtenido 21 junio 2013 en www.cia.gov/library/publications/theworld-factbook/rankorder/2002rank.html?countryName=Fiji&countryCode=fj&regionCode=au&rank=136.

8. «How Much Coal Is Left?», *Greenbang*, www.greenbang.com/how-much-coal-is-left_21367.html.

9. Alfred J. Cavallo, «Hubbert's Petroleum Production Model: An Evaluation and Implications for World Oil Production Forecasts», *Natural Resources Research*, vol. 13, n.º 4, diciembre 2004, págs. 211-221.

10. Obtenido 31 diciembre 2016 en www.google.es/?gfe_rd=cr&ei=2k1nWLWQI66p8weKn5mwAg#q=definici%C3%B3n+de+moneda+de+reserva.

11. Reloj interactivo que calcula al segundo la deuda conjunta de las mayores economías del mundo: «The Global Debt Clock», *The Economist*, www.economist.com/content/global_debt_clock.

12. Tabla de PIB y ratios de deuda de las economías avanzadas y emergentes del mundo desde 2010 hasta pasado 2016, con cálculos más allá de 2013, «Comparing Debt Ratios», *The Wall Street Journal*, 20 abril 2011, www.online.wsj.com/article/SB100014240527487037 891045762728915153444726.html.

13. Tim McMahon, «What Is the Inflation Adjusted Price of Corn?», InflationData.com, 26 noviembre 2011, http://inflationdata.com/Inflation/Inflation_Articles/Corn_Inflation.asp.

14. Tim McMahon, «Inflation Adjusted Gasoline Prices», InflationData.com, 16 julio 2013, www.inflationdata.com/Infl ation/Inflation_Rate/Gasoline_Inflation.asp.

15. Peggy Noonan, «A Time of Lore: We Live Through an Agincourt a Day, Yet Life Goes On», *The Wall Street Journal*, 26 julio 2002, www.online.wsj.com/article/SB122418845573142011.html.

16. Lonnie Thompson, citado en un artículo de Earle Holland, «Major Climate Change Occurred 5,200 Years Ago: Evidence Suggests That History Could Repeat Itself», *Ohio State University Research News*, 15 diciembre 2004, www.researchnews.osu.edu/archive/5200event.htm.

17. Íbid.

18. George Musser, «The Climax of Humanity», *Scientific American*, número especial «Encrucijadas del planeta Tierra», septiembre 2005, págs. 44-47.

19. Resumen y enlace al informe completo del Foro Económico Global *Riesgos Globales para 2013*, Lee Howell, editor jefe, www.weforum.org/reports/global-risks-2013-eighth-edition.

20. «The Climax of Humanity», págs. 44-47.

21. Stephen Konarik, citado en Childs Walker, «Magnitude of Friday's Storm Shocked Meteorologists, Utility Workers», *The Baltimore Sun*, 30 junio 2012, www.articles.baltimoresun.com/2012-06-30/news/bs-md-storm-unexpected-20120630_1_utility-workers-storm-bge.

22. Íbid.

Capítulo 5: La buena noticia

1. Garson O'Toole, Quote Investigator, «The Chains of Habit Are Too Light to Be Felt Until They Are Too Heavy to Be Broken», www.quoteinvestigator.com/2013/07/13/chains-of-habit.

2. Peter Drucker, *Management Challenges for the 21st Century*, Burlington, MA, Elsevier, 1999, pág. 62 (en castellano: *El management del siglo XXI*, EDHASA, 2000).

3. Presidente John F. Kennedy (1917-1963), fragmento del anuncio de que Estados Unidos iba a concentrar sus recursos en enviar la primera misión a la Luna antes de 1970, NASA, www.nasa.gov/vision/space/features/jfk_speech_text.html.

4. Dichas por Neil Armstrong. «One Small Step, Corrected Transcript and Commentary by Eric M. Jones», 1995. Disponible también el vídeo del histórico alunizaje, NASA, www.hq.nasa.gov/alsj/a11/a11.step.html.

5. «2013 World Hunger and Poverty Facts and Statistics», *Hunger Notes. World Hunger Education Service*, www.worldhunger.org/articles/Learn/world%20hunger%20facts%202002.htm.

6. Íbid.

7. Íbid.

8. United States Environmental Protection Agency, «Natural Gas», www.epa.gov/cleanenergy/energy-and-you/affect/natural-gas.html.

9. Los avances en las energías renovables las harán más viables como alternativas para complementar los sistemas locales de energía. Green Progress, «Alternative Energy», www.greenprogress.com/alternative_energy.php.

10. El objetivo de reducción de la pobreza establecido en los Objetivos de Desarrollo del Milenio de Naciones Unidos se alcanzó antes de lo previsto. Naciones Unidas, www.un.org/millenniumgoals///poverty.shtml.

11. Lester R. Brown, «Is Our Civilization at a Tipping Point?», *Hunger Notes, World Hunger Education Service*, www.worldhunger.org/articles/09/editorials/brown_tipping.htm.

12. David Gershon, «Social Change 2.0: A Blueprint for Reinventing Our World», Sustainable City Network, 12 noviembre 2010, http://www.sustainablecitynetwork.com/blogs/david_gershon/article_5b8f63d2-eea0-11df-8077-0017a4a78c22.html.

13. Comunidad Arcosanti de Paolo Soleri, http://www.arcosanti.org.

14. Edmund J. Bourne, *Global Shift: How a New Worldview Is Transforming Humanity*, Oakland, CA, New Harbinger Publications, 2008, pág. 322.

15. Íbid.

16. Gregg Braden, *Deep Truth: Igniting the Memory of Our Origin, History, Destiny and Fate*, Carlsbad, CA, Hay House, 2011, págs. 219-222 (en castellano: *La verdad profunda*, Editorial Sirio, 2012).

17. Íbid., pp. 139-183.

18. Gregg Braden, *The Divine Matrix: Bridging Time, Space, Miracles, and Belief*, Carlsbad, CA, Hay House, 2007, págs. 101-122 (en castellano: *La matriz divina*, Editorial Sirio, 2013).

19. Íbid.
20. *Deep Truth*, págs. 93-138.
21. Íbid.
22. Íbid., págs. 219-222.
23. Íbid., págs. 139-183.
24. *The Divine Matrix*, págs. 61-100.
25. Íbid, págs. 37-58.
26. Lawrence H. Keeley, citado en R. Brian Ferguson, «The Birth of War», *Natural History*, vol. 112, n.º 6, julio/agosto 2003, www.iweb. tntech.edu/kosburn/history-444/birth_of_war.htm.
27. Ravi Logan, Prout Institute, «Opening Address for the Symposium on the Humanistic Aspects of Regional Development», Birobidzhán (Rusia), septiembre 1993.
28. Sir Martin Rees, profesor investigador de la Royal Society en la Universidad de Cambridge, citado por Andrew Walker, «Sir Martin Rees: Prophet of Doom?», *BBC News*, 25 abril 2003, www.news.bbc. co.uk/1/hi/in_depth/uk/2000/newsmakers/2976279.stm.
29. George Musser, «The Climax of Humanity», *Scientific American*, número especial, «Crossroads for Planet Earth», septiembre 2005, págs. 44-47.
30. Íbid, pág. 47.
31. Íbid.
32. Tad Williams, *To Green Angel Tower, Part 1*, Nueva York, DAW Books, 1993, pág. 771 (en castellano: *La torre del ángel verde 1*, Timun Mas Narrativa, 2000).
33. Paul R. Ehrlich, *The Population Bomb*, Nueva York, Ballantine Books, 1968, pág. XI. (en castellano: *La explosion demográfica*, Salvat Editores, 1994).
34. Paul R. Ehrlich y Anne H. Ehrlich, «The Population Bomb Revisited», *Electronic Journal of Sustainable Development*, vol. 1, n.º 3, 2009, págs. 63-71.
35. Íbid.
36. Worldometers, www.worldometers.info/cars.
37. Paul Chefurka, «How Tight Is the Link between Oil, Food and Population?», 15 febrero 2011, www.paulchefurka.ca/GrainOilPop.html.
38. Íbid.
39. «UN Raises "Low" Population Projection for 2050», Worldwatch Institute, 2 julio 2013, http://www.worldwatch.org/node/6038.
40. Food and Agriculture Organization of the United Nations, «Global Hunger Declining, but Still Unacceptably High», 20 septiembre

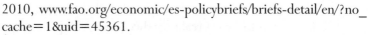

2010, www.fao.org/economic/es-policybriefs/briefs-detail/en/?no_cache=1&uid=45361.

41. Íbid.

Capítulo 6: De los puntos críticos a los puntos de inflexión

1. Tom Stoppard, citado en «Stoppard Overwhelmed by World's Problems», *The New York Times*, 11 julio 2008, www.nytimes.com/2008/07/11/arts/11arts-STOPPARDOVER_BRF.html?_r=0.
2. Íbid.
3. «Q and A with Malcolm», Malcolm Gladwell, web oficial del autor, www.gladwell.com/the-tipping-point-q-and-a.
4. Zach Van Hart, «How Weight Loss Saved My Life: The Story of Bill Smith», *SparkPeople*, www.sparkpeople.com/resource/motivation_articles.asp?id=79.
5. Palabras de Neil Armstrong, «Un pequeño paso», transcripción corregida y comentario, *Apollo 11 Lunar Surface Journal*, última revisión 18 enero 2013, www.hq.nasa.gov/alsj/a11/a11.step.html.
6. «How Weight Loss Saved My Life: The Story of Bill Smith».
7. The Harvard School of Public Health, «Fats and Cholesterol», *Nutrition Source*, www.hsph.harvard.edu/nutritionsource/fats-and-cholesterol.
8. Leon Festinger acuñó la expresión *disonancia cognitiva* en su libro *A Theory of Cognitive Dissonance*, Stanford, CA, Stanford University Press, 1957 (en castellano: *Teoría de la disonancia cognoscitiva*, Centro de Estudios Políticos y Constitucionales, 1975).
9. Web de Ken Kuhne sobre los invernaderos para todo tipo de clima construidos en Santa Fe (Nuevo México), www.raisedbed.biz.10.
10. James A. Blumenthal, profesor de psicología médica del Centro Médico de la Universidad Duke de Durham, en Nueva York, citado en un artículo de Rebecca Clay, «Research to the Heart of the Matter: Psychologists are producing clear evidence that psychosocial factors contribute to cardiovascular disease and are coming up with interventions that may help patients live healthier lives», *American Psychological Association*, vol. 32, n.º 1, enero 2001, www.apa.org/monitor/jan01/coverheart.aspx.

Capítulo 7: Tomarse en serio la vida transformada

1. «Stanislav Grof, Receives Prestigious VISION 97 Award», *Merlian News*, 25 octubre 2007, www.merliannews.com/People_36/Stanislav_Grof_M_D__Receives_Prestigious_VISION_97_Award_printer.shtml.

2. Fragmento del discurso de aceptación del premio VIZE 97 de Stanislav Grof, http://www.realitysandwich.com/acceptance_speech.

3. Íbid.

4. Atribuido al biólogo estadounidense E. O. Wilson, http://www.goodquotes.com/quote/e-o-wilson/it-s-obvious-that-the-key-problem-faci.

5. Johan Rockström, Will Steffen, Kevin Noone *et al.*, «A Safe Operating Space for Humanity», *Nature*, vol. 461, 24 septiembre 2009, págs. 472-475, http://www.nature.com/nature/journal/v461/n7263/full/461472a.html.

6. Elaborado bajo la dirección del Consejo Nacional de Inteligencia, *Global Trends 2015: A Dialogue about the Future with Nongovernment Experts*, National Foreign Intelligence Board, 20 diciembre 2000, http://www.dni.gov/files/documents/Global%20Trends_2015%20Report.pdf.

7. *My World: The United Nations Global Survey for a Better World*, www.myworld2015.org/index.html.

8. Megan Quinn, «The Power of Community: How Cuba Survived Peak Oil», *Energy Bulletin*, 25 febrero 2006, www2.energybulletin.net/node/13171.

9. Íbid.

10. «IEA Lauds Unconventional Gas Reserves», UPI.com, 19 enero 2011, http://www.upi.com/Science_News/Resource-Wars/2011/01/19/IEA-lauds-unconventional-gas-reserves/UPI-83531295444312.

11. Existen varios estudios técnicos sobre el torio como fuente de energía, pero me refiero a este en particular precisamente porque no es técnico y señala con claridad las ventajas y los inconvenientes de esta tecnología. Victor Stenger, «LFTR: A Long Term Energy Solution?», *Huffington Post*, 9 enero 2012, www.huffingtonpost.com/victor-stenger/lftr-a-longterm-energy-so_b_1192584.html.

AGRADECIMIENTOS

La redacción de este libro es solo el primer paso de un proceso que lo lleva de mi mesa a tu bolsillo, tu cartera, tu librería o tu mesita de noche. En todo él, correctores, lectores de galeradas, diseñadores gráficos, representantes de *marketing*, publicistas, organizadores de eventos y distribuidores han ajustado su vida y sus planes de modo que *Resiliencia desde el corazón* estuviera listo en el momento que prometí. Nunca voy a conocer personalmente a la mayoría de estas personas, pero sé que están ahí. Es para mí un gran honor compartir nuestro viaje, y estaré eternamente agradecido por todo lo que hacen día a día para ayudar a que este mundo sea un lugar mejor. Estas páginas son mi oportunidad para manifestar de forma particular mi agradecimiento a aquellos cuyos esfuerzos han contribuido directamente a hacer posible este libro.

Estoy particularmente agradecido a:

Todas y cada una de las personas del mejor grupo con el que jamás podía imaginar que trabajaría: los miembros de nuestra familia Hay House, Inc. A Louise Hay y Reid Tracy: muchísimas gracias por vuestra permanente visión y vuestra entrega a la forma realmente extraordinaria de trabajar que se ha convertido en el sello del éxito de Hay House. *Resiliencia desde el corazón* es mi séptimo libro con esta editorial, y marca el décimo aniversario del viaje que juntos emprendimos en 2004. A Reid Tracy, presidente y consejero delegado: mi más profundo agradecimiento por tu apoyo, tus sabios consejos y tu confianza en mí y en mi trabajo. Me ilusiona pensar a dónde nos vayan a llevar los próximos años.

Erin Dupree, mi extraordinaria publicista internacional; Alex Freemon, mi increíble corrector y el de más talento; Margarete Nielsen, directora de operaciones, sólido eslabón entre mi mesa de trabajo y el gran mundo editorial; Christy Salinas y su equipo de magníficos diseñadores y dibujantes; Nancy Levin, la directora de eventos más formidable del mundo; Rocky George, el perfecto ingeniero de audio, siempre atento al sonido exacto, y todas las personas trabajadoras y de sonrisa permanente, desde los almacenes de California hasta las mesas de libros perfectamente apilados de nuestros eventos: todos sois los mejores. No podría pedir un grupo de personas más amables con las que trabajar ni un equipo más dispuesto a colaborar con mi obra. No hay quien pueda superar vuestra ilusión y vuestra profesionalidad, y me siento orgulloso de participar en todo lo bueno que la familia de Hay House aporta a nuestro mundo.

Nerd Leavitt, mi agente literario: muchísimas gracias por tu saber hacer, tu integridad y el toque humano que le das a cada hito que superamos juntos. Con tu guía por el mundo siempre cambiante de la publicidad, mis libros han llegado a más personas y más países que nunca, con nuestro estimulante mensaje de esperanza y posibilidad. Aprecio profundamente tu orientación, y estoy especialmente agradecido por nuestra amistad y por la confianza que me demuestras.

A Stephanie Gunning, mi extraordinaria gurú editorial durante más de una década y hoy mi amiga: siento el más profundo respeto por tu conocimiento del mundo, tu entrega a nuestros proyectos y tus habilidades editoriales que prodigas en cada uno de ellos. Siempre estaré agradecido por todo lo que haces para ayudarme a compartir las complejidades de la ciencia y las verdades de la vida de forma dichosa y significativa. Gracias por hacer siempre la pregunta adecuada, del modo adecuado, que me lleva a las mejores decisiones.

Estoy orgulloso de formar parte del equipo (y la familia) virtual que se ha ido formando y aumentando en torno a la difusión de mis obras durante años, incluida mi queridísima Lauri Willmot, mi mejor (y única) gerente desde 1996. Te admiro enormemente, te respeto profundamente y aprecio las innumerables formas que tienes de estar siempre presente, sobre todo cuando más falta hace. Gracias por representarme de forma consecuente con todo lo bueno que se nos ha dado.

A mis queridísimos amigos que han cruzado la puerta de acceso al mundo siguiente: Robin Miner (fundador de Source Books) y Debbie Ford (mi hermana en el camino). Ambos abandonasteis este mundo mientras escribía este libro, y vuestra fortaleza, vuestro coraje, vuestras prioridades y vuestro tránsito forman parte de lo que escribo. Os echo de menos y os doy las gracias por cómo habéis compartido vuestro amor conmigo y con el mundo.

A Rita Curtis, mi extraordinaria gerente y hoy amiga: aprecio profundamente tu visión, tu claridad y tus habilidades para llevarnos cada mes a donde nos proponemos llegar. Y, sobre todo, agradezco tu confianza, tu apertura a nuevas ideas y, de modo especial, tu amistad.

A mi madre, Sylvia, y a mi hermano, Eric: gracias por vuestro inagotable cariño y por creer en mí incluso cuando no me entendéis. Somos una familia pequeña, pero juntos hemos descubierto que la familia mayor de la que formamos parte y a la que nos une el amor es más numerosa de lo que nunca imaginamos. Gracias por todo lo que aportáis a mi vida todos los días.

A la única persona que ha visto todo lo que hay en mí, lo mejor y lo peor, mi admirable esposa, Martha: sé que tu aceptación, tu permanente amistad, tu exquisita y delicada sabiduría y tu amor incondicional todos los días de mi vida son con lo que cuento para salir adelante. Con el «Oso» *Woody* y *Nemo*, estos seres peludos con quienes compartimos la vida, sois la familia que hace que merezca la pena cada viaje de vuelta a casa. Gracias por todo lo que me das, todo lo que compartes y todo lo que aportas a mi vida.

Gracias muy en especial a todos los que me habéis ayudado en mi trabajo, mis libros, mis grabaciones y mis presentaciones en directo a lo largo de los años. Vuestra confianza me honra, admiro vuestra visión de un mundo mejor y valoro sumamente vuestra pasión por hacerlo realidad. En vuestra presencia, he aprendido a escuchar mejor y he oído palabras que me permiten compartir nuestro fortalecedor mensaje de esperanza y posibilidad. Gracias a todos y por todo.

PERMISOS

Agradezco al Instituto HeartMath el permiso para reproducir la Técnica de la Respiración con actitud, *copyright* © 2013 Institute of HeartMath, la ilustración de la figura 2.1 y la Técnica de Coherencia Rápida (o cardíaca), *copyright* © Institute of HeartMath.

Gracias también por los correspondientes permisos para reproducir imágenes del banco Dreamstime, miembro de PACA y CPIC.

EL AUTOR

G regg Braden es autor de varios éxitos de ventas incluidos en la lista de *The New York Times* y pionero de prestigio internacional de la unión de la ciencia, la sabiduría tradicional y el mundo real. Después de una magnífica carrera como geólogo informático durante la crisis energética de los años setenta, trabajó de diseñador de sistemas informáticos con Martin Marietta Defense Systems durante los últimos años de la Guerra Fría. En 1991, se convirtió en el primer director de operaciones eléctricas de Cisco Systems.

Desde 1986 Gregg ha estado explorando y estudiando pueblos de alta montaña, remotos monasterios y textos olvidados para fundir sus secretos eternos con la mejor ciencia actual. Sus descubrimientos se pueden leer hoy en treinta y cuatro lenguas, en libros paradigmáticos como *La matriz divina*, *La verdad profunda*, *El código de Dios*, *La curación espontánea*, *Secretos de un modo de orar olvidado* y *El tiempo fractal*.

Su libro superventas La Matriz Divina, publicado en 2007 en Estados Unidos y también en esta editorial, ha servido como fuente de inspiración para la realización del programa de televisión Entanglement, y ahora se utiliza como libro de texto para los cursos universitarios que exploran los nuevos descubrimientos de la ciencia y nuestra relación con el mundo

Ha recibido muchos premios en reconocimiento a sus ideas, entre ellos la nominación en 2015 al prestigioso Premio Templeton, y la renombrada revista británica *Watkins' Mind Body Spirit* lo incluyó entre las cincuenta personas de mayor influencia espiritual del mundo. Trabaja activamente en organizaciones visionarias como la Global Coherence Initiative del Instituto HeartMath y el grupo Evolutionary Leaders, fundado por la Source of Synergy Foundation en 2008. Sus libros han recibido seis premios de oro en las categorías de Ciencia y Cosmología, Religión y Cambio Social de los Nautilus Book Awards.

Gregg ha hecho presentaciones e impartido cursos de formación en empresas de Fortune 500, en las Naciones Unidas y en el ejército estadounidense, y actualmente participa en programas especiales que emiten las principales emisoras y cadenas de televisión de Norteamérica y Europa.

Puedes visitar su página web:
www.greggbraden.com